有澤法律事務所（台湾）
虎門中央法律事務所 ［編］

台湾進出企業の法務・コンプライアンス

●設立・運営から紛争解決手続・撤退まで●

民事法研究会

はしがき

　現在、台湾経済は、個人消費と輸出を牽引役として好調を維持し、とりわけハイテク・IT産業・電子工学の分野では世界の最先端を走っている。

　日本と台湾は、歴史的な結びつきを背景として、経済的にも緊密な関係にあり、台湾に進出している日本企業は、実に3000社を超えるとされている。業種別では、製造業と卸売業が多いが、サービス業、小売業、金融保険業等も積極的に進出しており、実に多岐にわたっている。

　いうまでもなく、海外進出とは、企業にとって新たな市場の開拓であり、発展と成長の機会である。しかし、同時にそれは、日本国の主権が及ばない法域における経済活動という新たなリスクの始まりも意味している。台湾の民主主義は世界的にみても非常に成熟したレベルにあるが、（その民主的なプロセスで成立した）法令を遵守しない企業に対しては、当然ながら相応のペナルティが待ち受けている。時として、それは事業の存続自体にかかわる問題ともなりうる。このように、台湾法令のリーガルリスクに係るマネジメントは、台湾における成長を企図する企業にとっては、避けて通れない課題である。このマネジメントは、①リーガルリスクの基準の確立、②リスクアセスメント（リスク特定、リスク分析、リスク評価）、そして③リスク対応というプロセスをたどることになる。当然、その方法論は画一的なものではなく、100社あれば100通りのやり方があり、各社は自らにとって最適な管理体制を確立していかなければならない。

　台湾をベースとする有澤法律事務所と日本をベースとする虎門中央法律事務所は長年のアライアンス関係にあり、常日頃より台日クロスボーダー案件の対応を協同で行っている。

　本書は、両事務所がタッグを組み、台湾ビジネスに係る法令について、網羅的・基礎的情報を概説しつつ、実務的な要所もカバーする入門書というコンセプトで企画、編集、執筆を行った。基本的には日本の読者を想定して、わかりやすいものになるよう台湾法弁護士と日本法弁護士が議論を重ねて完成に至ったものである。

　台湾ですでにビジネス展開をしている、あるいはこれから進出する企業の

はしがき

担当者が、台湾進出に係るリーガルリスク・マネジメントのファースト・ステップを踏み出す際に、本書を携えていただければ幸いである。

2024年9月

虎門中央法律事務所　今 井 和 男

は し が き

　世界経済の状況が絶えず変動している今日、企業は事業拡大と投資意思決定において、多くの難題に直面している。台湾は、世界経済システムの一員として、民主的で現代化された自由経済システムを有しているだけでなく、歴史、文化および経済等の面で、日本と緊密な友好関係や共通の価値観も有している。そのため、多くの日本企業は、初めての海外投資先として台湾を選択している。しかし、このような投資行為には、必然的に複雑な法律上の課題や規制の要求が伴うことになる。

　本書は、台湾の有澤法律事務所と日本の虎門中央法律事務所が手を携え、両事務所が長年にわたって蓄積してきた企業向けサービスに関する豊富な経験を融合し、ESG（環境、社会、企業統治）がますます重視されているという背景を出発点として、日本企業のニーズに応えるという観点から共同で執筆したものである。本書では、台湾で投資を行う際によくみられるコンプライアンスに関する問題について、詳しく掘り下げて解説している。

　本書の目的は、詳細な法律面の分析を通して、日本企業が台湾で投資を行う際に必要な法律知識への理解を助け、日本企業の事業活動が適法性、透明性および永続性という基礎の上で発展できるよう支援することである。本書は、契約法、労働法、知的財産権、営業秘密、個人情報の保護、公正取引法規、多国籍企業の合規性および紛争解決手続等のテーマを幅広く取り扱う総合的な法律指南書となっている。本書の狙いは、法律に関する全方位的な観点を読者に提供するとともに、有澤法律事務所および虎門中央法律事務所の豊富な案件対応の経験を実際の事例を用いて共有することにより、日本企業に台湾投資に関するより踏み込んだ法律情報を提供することである。

　本書で提供する解説や助言が、日本企業による適切なリスク管理、台湾の提携パートナーとの長期的かつ安定的な提携関係の構築に役立ち、ひいては国際投資で直面しうる各種の難題を乗り越え、投資を成功させる一助となれば幸いである。

　2024年9月

有澤法律事務所　黄　馨慧

目 次

『台湾進出企業の法務・コンプライアンス』

目　次

序　章　台湾法概説

1　はじめに　▷2

2　法の階層　▷2

(1)　憲　法　▷2

(2)　法　律　▷2

(3)　法規命令　▷3

(4)　地方法規　▷3

(5)　主務官庁の行政通達　▷4

3　中央および地方機関　▷5

4　司法救済体系　▷6

(1)　裁判所　▷6

(2)　裁判外紛争解決制度（Alternative Dispute Resolution：ADR）　▷9

5　本書の章立ての概説　▷9

第1章　資金投入および会社設立段階における コンプライアンス

第1節　資金投入段階におけるコンプライアンス　▷12

Ⅰ　駐在員事務所、支店または子会社の選択　▷12

　　〔表1-1〕　駐在員事務所、支店および子会社の簡潔な比較　▷15

目 次

Ⅱ　外国人投資許可の申請　▷ 18

　〔表1－2〕　外国会社による台湾への投資の類型および投資申請
　　　　　の要否　▷ 20

　〔表1－3〕　華僑および外国人による投資が禁止される業種　▷ 21

　〔表1－4〕　華僑および外国人による投資が制限される業種　▷ 21

Ⅲ　「中国資本」による台湾への投資の申請および特別な制限　▷ 25

Ⅳ　会社設立登記　▷ 29

Ⅴ　土地の使用にあたって注意すべき事項　▷ 34

　〔表1－5〕　再生可能エネルギー発電設備の設置に関する規定の
　　　　　概要　▷ 37

第2節　会社設立段階におけるコンプライアンス　▷ 40

Ⅰ　会社組織の選択　▷ 40

　〔表1－6〕　会社の組織形態　▷ 41

　〔表1－7〕　有限公司と股份有限公司との主な相違点　▷ 41

　〔表1－8〕　閉鎖性股份有限公司の特色　▷ 44

Ⅱ　出資金の払戻し　▷ 46

　〔表1－9〕　会社が出資金を払い戻した場合の法律上の責任　▷ 49

Ⅲ　会社の董事、監察人の人数　▷ 50

　〔表1－10〕　1名の法人株主からなる股份有限公司の董事と監察
　　　　　人の人数の配置方法　▷ 51

　〔表1－11〕　2名以上の株主からなる股份有限公司の董事と監察
　　　　　人の人数の配置方法　▷ 52

Ⅳ　法人董事／監察人と、法人代表人董事／監察人　▷ 54

　〔表1－12〕　法人董事／監察人と法人代表人董事／監察人の定義　▷ 55

　〔表1－13〕　法人株主による推薦変更後の結果　▷ 55

Ⅴ　董事会と株主総会の招集・開催　▷ 58

5

目　次

〔表1－14〕　株主総会の開催方法と議決権の行使方法　　▷ 59

〔表1－15〕　董事会の開催方法と決議の方法　　▷ 61

Ⅵ　会社による保証の提供　　▷ 64

〔表1－16〕　会社が保証人となる場合についての整理　　▷ 65

〔表1－17〕　会社が違法な保証をした場合の効果　　▷ 66

Ⅶ　会社による資金の貸付け　　▷ 67

〔表1－18〕　会社が他人に貸付けをする場合についての整理　　▷ 67

Ⅷ　会社による投資行為　　▷ 70

〔表1－19〕　会社による投資行為の制限　　▷ 71

〔表1－20〕　公開発行会社が他の会社の有限責任の出資者になる
ときの投資総額の制限　　▷ 71

〔表1－21〕　会社による投資行為が法律の規定に違反する場合の
効果　　▷ 72

第2章　会社運営段階におけるコンプライアンス

第1節　労働法および人事管理に関するコンプライアンス　▷ 74

Ⅰ　就職差別の禁止、プライバシーの保護、試用期間　　▷ 75

Ⅱ　賃金、違約金　　▷ 81

Ⅲ　休暇の取得および休暇の種類　　▷ 86

〔表2－1〕　休暇の取得による皆勤手当への影響　　▷ 87

〔表2－2〕　休職の類型　　▷ 89

Ⅳ　労働時間　　▷ 91

〔表2－3〕　労働時間の定義　　▷ 93

Ⅴ　人事評価　　▷ 96

目 次

VI 職場におけるいじめについての法的責任と対応　▷ 100

　〔表2－4〕 職場のいじめの形態と刑事責任　▷ 104

VII 最低勤務期間条項の適法性　▷ 106

VIII 予告解雇の法的要件と手続　▷ 110

　〔表2－5〕 勤務年数と解雇予告期間　▷ 112

　〔表2－6〕 解雇手当の計算基準　▷ 113

IX 懲　戒　▷ 115

　〔表2－7〕 懲戒において遵守すべき原則　▷ 116

X 「離職後の競業避止義務の約定」の適法性　▷ 119

　〔表2－8〕 競業避止義務の合理性の判断基準　▷ 121

第2節　個人情報に関するコンプライアンス　▷ 124

I 台湾での企業経営にあたって注意すべき個人情報に関する規制　▷ 124

　〔表2－9〕 個人情報保護法に規定される個人情報　▷ 126

　〔表2－10〕 個人情報保護法による規制の態様　▷ 126

　〔表2－11〕 個人情報の収集、処理、利用にあたって注意すべき点　▷ 127

II 個人情報保護法が個人情報の保有者に要求する「適切な安全措置」　▷ 130

III 企業による従業員の個人情報の保護　▷ 134

　〔表2－12〕 従業員が個人情報の削除を求めたときの対応方法等　▷ 136

IV 企業による社外の者個人情報の保護　▷ 138

　〔表2－13〕 個人情報に関する同意書に必要な項目　▷ 139

　〔表2－14〕 個人情報に関する告知内容　▷ 140

　〔表2－15〕 個人情報を不正に収集等した場合に企業が負う責任　▷ 142

7

目 次

第3節　営業秘密の保護とコンプライアンス　▷ 146

Ⅰ　営業秘密の基本概念　▷ 146

〔表2−16〕　営業秘密の三大要件　▷ 147

Ⅱ　営業秘密侵害行為およびその法的責任　▷ 151

●日本法の観点から●　▷ 153

Ⅲ　営業秘密が侵害された場合に権利を主張する方法　▷ 155

第4節　公平交易法分野に関するコンプライアンス　▷ 160

Ⅰ　企業結合　▷ 160

Ⅱ　独占的地位の濫用行為　▷ 165

〔表2−17〕　独占的地位濫用行為の態様　▷ 167

Ⅲ　カルテル（企業連合）行為　▷ 171

Ⅳ　再販売価格の拘束　▷ 176

Ⅴ　公正な競争を阻害する行為──「販売地域の制限」を例として　▷ 180

Ⅵ　不実の広告　▷ 183

第5節　知的財産分野に関するコンプライアンス　▷ 187

Ⅰ　著作権の保護　▷ 187

Ⅱ　職務上作成した著作物の著作権の帰属　▷ 190

●日本法の観点から●　▷ 191

Ⅲ　他人の著作権を侵害しないための注意事項　▷ 193

Ⅳ　模倣品を防止するための商標の保護措置　▷ 196

〔表2−18〕　商標権侵害となる事例　▷ 197

Ⅴ　専利権の保護措置　▷ 199

Ⅵ　専利権侵害の警告を発する前の注意事項　▷ 201

8

目　次

第6節　企業の腐敗防止に関するコンプライアンス　▷204

　Ⅰ　刑事法上の「公務員」の定義　▷204

　Ⅱ　職務に反しない行為に係る贈賄罪　▷206

　　〔表2−19〕　刑法と汚職治罪条例における贈賄罪の構成要件の異同　▷207

　Ⅲ　公務員への接待または贈物の際に注意すべき事項　▷209

　Ⅳ　企業間の腐敗行為が法に触れる場合　▷214

　　〔表2−20〕　会社の贈収賄への対応策　▷216

第7節　消費者保護および商品表示分野に関する
　　　　コンプライアンス　▷218

　Ⅰ　定型化契約　▷218

　Ⅱ　クーリング・オフ期間　▷222

　　●日本法の観点から●　▷225

　Ⅲ　消費者紛争の処理（訴訟手続に入る前の段階）　▷226

　Ⅳ　企業経営者の責任　▷229

　Ⅴ　場屋の主人の責任　▷232

　Ⅵ　広告による契約上の義務　▷235

　Ⅶ　商品表示分野に関する法令遵守　▷237

第8節　環境保護に関するコンプライアンス　▷240

　Ⅰ　環境保護法令の基本類型　▷240

　Ⅱ　廃棄物の清掃　▷244

　　〔表2−21〕　廃棄物の種類　▷245

　　〔表2−22〕　廃棄物の種類と清掃、処理の規制等　▷246

　Ⅲ　用地の所有者の義務　▷249

　　〔表2−23〕　土壌及び地下水汚染浄化法上の関係する義務者　▷250

9

目　次

〔表 2 − 24〕　汚染区域の類型ととるべき措置等　▷ 251

第 9 節　資金洗浄（マネー・ローンダリング）の防止　▷ 254

Ⅰ　会社の内部者情報の申告　▷ 254

〔表 2 − 25〕　申告すべき内部者の範囲と申告事項　▷ 255

〔表 2 − 26〕　会社法27条による董事等の選任の場合の申告すべき
内部者　▷ 256

〔表 2 − 27〕　申告期限　▷ 256

Ⅱ　資金洗浄の罪　▷ 258

〔表 2 − 28〕　資金洗浄の罪における特定の犯罪　▷ 260

Ⅲ　金融機関による資金洗浄防止の手続と特殊な資金洗浄の罪　▷ 262

〔表 2 − 29〕　会社が金融機関に提供すべき情報　▷ 264

〔表 2 − 30〕　特殊な資金洗浄の罪の構成要件　▷ 265

第 10 節　反社会的勢力の排除　▷ 267

〔表 2 − 31〕　取引の相手方の確認方法　▷ 269

第 11 節　電気事業に対する規制の枠組み　▷ 272

第 3 章　上場企業におけるコーポレートガバナンスとコンプライアンス

Ⅰ　董事会　▷ 278

Ⅱ　審計委員会　▷ 282

Ⅲ　董事候補者の指名制度　▷ 285

Ⅳ　株主総会における株主の議題提案権　▷ 288

目　次

Ⅴ　株主総会における電子投票制　▷291

Ⅵ　財務情報の公開　▷294

第4章　台湾事業撤退に関するコンプライアンス

Ⅰ　会社の解散手続　▷301

〔表4-1〕　解散の種類　▷302

Ⅱ　会社の清算手続　▷306

〔表4-2〕　税務申告で実施すべき事項　▷309

〔表4-3〕　普通清算手続を履行しなかった場合の関連罰則　▷310

Ⅲ　労働者の大量解雇　▷312

〔表4-4〕　大解法が適用される基準　▷313

〈図4-1〉　大量解雇手続の流れ　▷314

〔表4-5〕　董事長および実際の責任者の出国制限の基準　▷315

第5章　台湾における紛争解決手続

第1節　民事紛争の解決手続　▷318

〔表5-1〕　台湾における民事紛争解決のための制度　▷318

Ⅰ　紛争解決手続の選択　▷320

〔表5-2〕　民事訴訟の手続の種類　▷321

Ⅱ　知的財産権関連事件の審理を行う裁判所　▷325

Ⅲ　商業事件の審理を行う裁判所　▷327

〔表5-3〕　商業訴訟事件の特徴　▷330

目　次

Ⅳ　仲裁手続　▷ *332*

〔表5-4〕　訴訟手続と比較した場合の仲裁手続の長所　▷ *333*

Ⅴ　外国の判決または仲裁判断の台湾における執行　▷ *334*

Ⅵ　労働事件法の紹介　▷ *337*

第2節　刑事訴訟手続　▷ *341*

1　はじめに／2　刑事訴訟手続の基本的な流れ／3　三級三審制
／4　刑事訴訟の重要な基本原則

Ⅰ　証人、被告人、被疑者、関係者　▷ *344*

Ⅱ　人身と行動の自由に対する強制処分　▷ *348*

Ⅲ　緩起訴　▷ *351*

Ⅳ　告訴と自訴　▷ *353*

第3節　行政訴訟手続　▷ *355*

1　はじめに／2　取消訴訟／3　義務付け訴訟／4　特殊な救済手続

〈図5-1〉　行政救済手続　▷ *357*

Ⅰ　意見陳述　▷ *358*

Ⅱ　行政指導　▷ *360*

編者紹介・執筆者一覧　▷ *363*

12

〔本書の構成〕

　本書第1章〜第5章については、それぞれ、①台湾進出企業が直面するで
あろう事案を取り上げ、②その法的ポイントと、③関連する台湾法の基本概
念を解説し、④事案に法律をあてはめて、台湾進出企業において留意してお
くべき事項等を解説している。

序　章

台湾法概説

序　章　台湾法概説

1　はじめに

　台湾には、日本統治時代（1894年から1945年まで）に西洋の大陸法系が導入され、戦後、さらに中国から来た中華民国の法体系を承継した。その後は台湾社会の発展と進歩に伴い、少しずつ現地化、現代化され、今日の「台湾法」と呼ばれる体系を形づくっている。

　法律を承継する過程では、中華民国の民法、刑法および民事訴訟法等の基礎となる法律は、当時の日本法制の影響を深く受けていたため、それらが台湾社会に移植されたことにより、台湾に住む人々が戦前に使用していた日本法と微妙なつながりをもっている。また、台湾は戦後から現在までの長い期間にわたって、ドイツ法および日本法を比較法における参考および学習の対象としてきたため、台湾の法体系は日本法と一定程度の相似性を有している。しかし、台湾法は戦後80年近く独立して発展してきた法体系であることから、日本法とは異なる点も当然多く存在する。そこで、本書の内容をさらに理解していただくための一助として、以下では台湾法の基本的な概念を紹介する。

2　法の階層

(1)　憲　法

　一般的な立憲主義、民主主義の国家と同様に、台湾の法体系は憲法を最高法規としており、憲法は最も強い法的効力を有している。憲法では、国家権力の組織および運用方法を規定しているだけでなく、人民の基本権も保障している。このうち、法治国家の下での重要な憲法の基本原則である「法律の留保の原則」は、人民の基本権を制限または剥奪する国家の行為は、すべて法律で規定しなければならない、としている。

(2)　法　律

　中央法規標準法2条には、法律の名称には「法」（たとえば、会社法）、「律」（ただし、現行の法律に「律」と名づけられたものは存在しない）、「条例」（たとえ

2

ば、組織犯罪条例）または「通則」（通常は、各機関の組織法）という名称を使用することができる、と規定されている。これらは、立法院の三読会を通過し、総統が公布した法律である。人民には法を遵守する義務があるほか、「法律による行政」および「法律による審判」の要求により、すべての公権力機関、司法機関にも法律を遵守する義務がある。

　法律には、公権力機関と人民との関係が定められているほか、私人間の権利および義務が定められていることもある（たとえば、民法）。ただし、法の階層は憲法より下位にあるため、いかなる法律も憲法の趣旨に抵触してはならず、抵触した場合、憲法裁判所から無効であると宣告される可能性がある。

　　(3)　法規命令

　行政手続法150条1項において「法規命令」とは、行政機関が法律の授権に基づいて発し、不特定多数の人民を対象にして一般的な事項について抽象的、対外的な法律効果を発生させる規定のことをいう。また、中央法規標準法3条の規定によれば、各機関が発する命令は、その性質に応じて、「規程」、「規則」、「細則」、「弁法」、「綱要」、「標準」または「準則」と呼ばれ、主に主務官庁が法律の授権に基づき、授権の目的、範囲内で制定した「授権命令」のことをいう。これは、法律の内容を補うために、主務官庁にその管轄事項について、当該事務の領域における専門性、執行上の必要性等に基づいて、より詳細な規定を定めさせるものである。

　法規命令が憲法または法律等の上位法に違反した場合は無効となり、裁判所は直接適用を拒むことができる。本書において取り扱った法規命令は、たとえば「公平交易法施行細則」等である。

　　(4)　地方法規

　これは、さらに「自治条例」と「自治規則」に区分することができる。自治条例は、地方の立法機関（県市議会）が、その自治事項または法律および上位法の授権に基づいて作成、可決し、各地方行政機関が公布したものである。自治規則は、地方行政機関が自ら作成し、公布または下達したものである（地

方制度法25条を参照）。前者の階層は後者より上位である。また、地方法規が前述のより上位の階層の法規に抵触した場合は無効となる。

　本書の各章節においては、地方法規について具体的には紹介していないが、事業者が各地方で営業活動に従事する場合には、地方法規にも注意を払う必要がある。たとえば、台北市で飲食を提供する事業を運営する場合は、台北市食品安全自治条例の規定を遵守しなければならない。

(5) 主務官庁の行政通達

　台湾の行政機関は、法に基づき法規命令を制定する以外に、行政通達という方法で、管轄する法律または法規命令に対する解釈を行うことも多い。このような行政機関の通達の性質は、行政手続法159条1項にいう「行政規則」に該当する。具体的には、上級機関が下級機関に対して、または長官がその部下に対して、その権限または職権に基づき、機関内部の秩序および運営について定めるために制定し、直接対外的に法規範の効力が発生するものではない一般、抽象的な規定のことをいう。なお、分類上、行政機関の組織内部の規定のほかに「解釈的行政規則」および「裁量基準」も行政規則に含まれる。

　主務官庁の行政通達が前記(3)で紹介した法規命令と異なる点は、法規命令には「直接的な対外的効力」があるのに対し、行政規則には「間接的な対外的効力」しかないという点である。いわゆる行政規則の間接的な対外的効力とは、行政規則自体に直接的な法的効力はないものの、機関の「行政の自己拘束の原則」に基づき、上級機関が一度行政規則を公布すれば、当該行政規則は上級、下級の行政機関の間における統一された法執行の基準となり、行政機関には法規を適用するにあたって当該行政規則の内容を遵守する必要が生じるため、人民は間接的に当該行政規則による拘束を受けることになる、という意味である。

　したがって、主務官庁が公布した行政通達に直接的な法的効力はないものの、コンプライアンスの面で、主務官庁の通達に随時注意を払っておくことには実務上重要な意義がある。たとえば、労働法の領域または税法の領域で

は、主務官庁の行政通達は非常に重要な地位を有しており、裁判所も通常は
これを尊重し、判決の根拠として援用している。

3　中央および地方機関

　台湾の政府の構造は、中央と地方という2つの階層に分かれており、中央
と地方は憲法が規定する所掌分担に従って任務を行っている。

　中央政府は、行政院を最高行政機関とする。行政院の下には複数の部会が
設置され、それぞれが教育、交通、衛生等の各方面の政策執行を担っている。

　一方、立法院は中央の立法機関であり、法律案および予算案の審議を行う。

　地方政府には、「直轄市」と一般の「県」、「市」という異なる階層が存在する。
最高の階層は直轄市であり、たとえば台北市、台中市および高雄市等がこれ
に該当する。直轄市の下には「区」が設けられている（たとえば、有澤法律事
務所は「台北市松山区」に位置する）。非直轄市の県、市政府の下には、郷、鎮、
市または区等が設けられている。ただし、現在の直轄市と非直轄市の違いは、
主に予算分配の面でみられ、両者の機能に違いはない。

　中央と地方政府との間の権利および責任の分配原則は、憲法に定められて
いる。その大原則は、中央政府が国防、外交等の渉外事務および全国的に統
一して行うべき事務を担い、地方政府は全国的に統一して行う必要はない事
務および憲法上明確に地方に割り当てられた事務（たとえば、地方衛生事務）
を担うというものである。しかし、この中央と地方の権限の線引きは、通常
は法律に明確に規定されており、これが争点となることは少ない。台湾で投
資を行う外国の事業者は、原則として中央主務官庁または地方主務官庁の特
定業務の窓口に注意してさえいれば差し支えない。しかし、実務上、同一事
件でありながら中央および地方の主務官庁から処罰を受ける事案が稀に発生
するので、行政処分を受けたときは、中央主務官庁および地方主務官庁から
同時に処罰を受けるという、いわゆる「二重処罰」の状況の有無に注意を払
う必要がある。この場合、処分を受けた者は、中央主務官庁および地方主務

序　章　台湾法概説

官庁に対して、同時に司法救済を提起することができる。

4　司法救済体系

　台湾の司法救済体系については、裁判所における裁判のほかに、調停、仲裁等の裁判外紛争解決制度も設けられている。以下にて簡潔に説明を行うが、詳細は第5章をご参照いただきたい。

(1)　裁判所

　裁判所は、民事および刑事案件を所掌する「普通裁判所」（この下には、民事法廷および刑事法廷が設けられている）と、行政裁判所、家事裁判所、並びに知的財産及び商業裁判所という専門的な領域を所掌する「専門裁判所」に区分することができる。このほか、2022年1月4日に憲法訴訟法が施行され、これまで司法院の大法官会議が行っていた憲法解釈は、「憲法裁判所」が裁判するよう変更された。

(A)　普通裁判所

　台湾の普通裁判所は、原則として「三級三審制」が採用されている。「三級」とは最高裁判所、高等裁判所および地方裁判所のことを指し、「三審」とは、原則として案件は三級の裁判所で審理を行うことができることを指す。民事案件であるか刑事案件であるかを問わず、地方裁判所の訴訟事件において自身に不利となる決定を受けたときは、高等裁判所に上訴することができる。また、高等裁判所の裁判に不服があるときは、最高裁判所に上訴することができる。地方裁判所と高等裁判所は事実審であり、最高裁判所は法律審である。

　ただし、日本の最高裁判所と異なるのは、法律が違憲かどうかについて判断し、宣告することは前述の憲法裁判所の職権であって、台湾の最高裁判所にその権限はないという点である。また、すべての案件が最高裁判所に上訴できるわけではないということにも注意が必要である。民事訴訟では、訴訟の目的の価額が新台湾ドル150万元を超える場合に限って、最高裁判所に上訴することができる。一方、刑事訴訟では、その訴訟にかかわる犯罪が何で

6

あるかによって、最高裁判所に上訴できるものであるかが決定される。

(B) 行政裁判所

台湾の行政裁判所は「三級二審制」を採用している。「三級」とは最高行政裁判所、高等行政裁判所および高等行政裁判所の下に設置された地方裁判所行政訴訟法廷のことをいう。「二審」とは、2つの審級のことを指す。訴訟は、訴訟の目的物の価額や種類に応じて、「通常訴訟手続」と「簡易訴訟手続」に分かれる。これらの訴訟手続における2つの審級は、以下の解説のとおりである。

2023年8月15日に正式に施行された行政訴訟の新制度によれば、地方行政訴訟法廷は一部の第1審の通常訴訟手続事件（訴訟の目的の金額もしくは価額が新台湾ドル150万元以下の租税、過料もしくはそれに附帯するその他の処罰的、規制的な不利益処分、またはその他の公法上の財産関係訴訟）、簡易訴訟手続事件（訴訟の目的の金額が新台湾ドル50万元以下の案件）、交通裁決事件、収容申立て事件およびその他法律が規定する事件を担当する。そして、地方裁判所行政訴訟法廷の裁判に不服があるときは、高等行政裁判所に上訴、抗告することができる。

なお、上記類型の案件以外の場合は、高等行政裁判所を第1審の管轄裁判所とし、その裁判に不服があるときは、最高行政裁判所に上訴、抗告することができる。

(C) 知的財産及び商業裁判所

台湾では、2008年7月1日に知的財産裁判所が成立したが、その後、2021年に立法院で可決された「商業事件審理法」等の改正内容に基づき、「知的財産及び商業裁判所」に改組された。知的財産及び商業裁判所は、知的財産事件および商業事件の審理を担当する。前者は、専利、商標、著作権、営業秘密等の各種の知的財産案件のことをいう。一方、後者には商業事件審理法2条に規定されている商業訴訟事件および商業非訟事件が含まれる。

注意が必要なのは、知的財産及び商業裁判所が管轄する案件には、知的財

産に関連する民事事件の第1審および第2審が含まれる（知的財産及び商業裁判所は新北市に1カ所しかないため、第1審と第2審は同一の裁判所で審理される）。さらに、刑事事件の第2審および行政訴訟事件の第1審も管轄する。なお、商業事件は二級二審制であるため、知的財産及び商業裁判所が第1審の事件を受理する。

その他の詳細な内容については、第5章Ⅰをご参照いただきたい。

(D) 憲法裁判所

台湾では、2022年1月4日に憲法訴訟法が施行された。憲法訴訟の類型には、過去の大法官解釈時代にすでに存在した「法規範の憲法審査」（法規自体が違憲かどうかを審査するもの）、「法律の統一解釈」（最高裁判所における異なる判決の法的見解に差異があるときに、見解を統一するもの）、および憲法機関の間の権限に係る争議（権力分立事件）が含まれる。

憲法訴訟法では、さらに「裁判の憲法審査」が新設された。これは、裁判に適用された法律または裁判上の見解が憲法に違反するかどうかを憲法裁判所が審査するものである（単に法律自体を審査するだけではなく、裁判所が個別具体的な案件において法律をどのように適用したのかを審査する）。裁判で適用された法律、命令等の法規範が違憲であるときには、違憲である法令を適用した裁判は憲法裁判所によって破棄され、管轄裁判所に差し戻されることになる。一方、法令自体は違憲ではないものの、裁判で適用された法令に係る見解が憲法の趣旨に違反するときは、憲法裁判所は「法規範は違憲ではないが、判決は違憲である」と宣告し、原判決のうち違憲である部分を破棄して管轄裁判所に差し戻し、管轄裁判所に憲法裁判所の判決の見解に基づきあらためて審理させることになる可能性がある。

なお、法規範の憲法審査、法律の統一解釈および裁判の憲法審査の対象となるのは、原則として最高裁判所または最高行政裁判所の確定判決であり、確定判決でなければ憲法訴訟が提起されることはない。ただし、各審級の裁判所における案件の審理中に、当該案件に適用される法律が憲法に違反して

いると裁判官が確信した場合、審判手続を一時停止し、法規範の憲法審査を申し立てることが可能である。

(2) 裁判外紛争解決制度（Alternative Dispute Resolution：ADR）

　台湾の法律制度にも、仲裁や調停等の裁判外紛争解決制度が存在する。それらは確定判決と同等の効力を有し、紛争を迅速に解決できるとともに、強制執行を申し立てることもできる。

　調停については、民事訴訟法に裁判所の調停制度が規定されている。また、政府調達法（たとえば、公共工事に関する紛争）にも、行政調停制度が設けられている。一方、仲裁は商業活動において運用されており、現在は工事に関する紛争で使用されることが多い。当事者が裁判所における裁判と裁判外紛争解決制度のうちどちらの手続を選択するかは自由であり、契約においてあらかじめ定めておくことができる。詳細は、第5章Ⅰをご参照いただきたい。

5　本書の章立ての概説

　本書の目標は、日本企業が台湾に進出する際の有用な法律入門書となること、特に台湾で事業活動を行う際のコンプライアンスに関する参考書としてご活用いただくことである。そこで第1章では、資金投入段階および会社成立段階のコンプライアンスに関するテーマを紹介している。続く第2章では、労働法規および人事管理、個人情報の保護、営業秘密の保護、公平取引法、知的財産の領域、腐敗防止、消費者保護、環境保護、資金洗浄（マネー・ローンダリング）防止、および日本企業が特に関心を払っている反社会的勢力の排除等、会社が日常的な事業運営において直面しうる法令遵守に関するテーマを選択した。第3章では、上場企業のコーポレートガバナンスについて取り扱っている。また、第4章では、台湾事業撤退に関するコンプライアンスにちて紹介している。最終章である第5章では、台湾の民事、刑事および行政訴訟手続について紹介している。これらの章を通じて、台湾への投資を検討する日本企業の読者の皆様には、最初の一歩としての投資や会社設立の方

序　章　台湾法概説

法、日常の会社運営におけるコンプライアンス、再生可能エネルギーやコーポレートガバナンス等の重要なテーマ、そして万が一司法救済が必要になった場合における台湾の司法救済の方法等について、一定程度ご理解いただけるものと考えている。

　本書は入門書であるため、法規の内容の紹介や具体的な適用については事細やかに記述できていない点もあろうかと思う。読者の皆様には、必要に応じて現地の法律事務所に相談し、専門家のサポートを求めることをお勧めする。

第1章

資金投入および会社設立段階におけるコンプライアンス

第1章　第1節　資金投入段階におけるコンプライアンス

第1節　資金投入段階におけるコンプライアンス

I　駐在員事務所、支店または子会社の選択

1　事　案

外国会社である甲社は、海外市場を開拓するため、台湾を最初の海外
進出先として、自社の商品がアジア市場でどの程度受け入れられるのか
を市場調査をすることにした。甲社はコストを抑えるため、まずは台湾
に拠点を設けず、外国会社の甲社の名義によって台湾で顧客を開拓し、
食品の販売業務を行うことを計画している。

2　法的ポイント

甲社が駐在員事務所、支店または子会社の新設の登記をせずに、台湾で業
務を経営した場合、違法になるのか。甲社の台湾における業務の経営にとっ
て、駐在員事務所、支店または独立した子会社の設立という選択肢には、ど
のような相違点があるのか。

3　基本概念の解説

(1)　営業行為の有無

営利を目的とし、外国の法律に基づき組織され、登記された外国会社[1]（中

1　会社法4条には、「本法において外国会社とは、営利を目的とし、外国の法律に基づ
　き組織され、登記された会社をいう」と規定されている。外国の法律とは、台湾以外の
　国家で制定された法律のことをいう（たとえば、日本の会社法）。

12

国資本を除く。中国資本についての詳細は、後記Ⅲを参照）が台湾で営業行為[2]に従事したい場合には、台湾で支店を設立するか、または子会社を設立しなければならない。これを行わない場合には会社法371条の違反となり、台湾で営業行為に従事した者は、刑事処罰を受ける可能性がある。

　外国会社が台湾で営業行為に従事する意向はなく、単に契約締結、入札、見積りの提供、調達、価格交渉の実施、市場情報の収集、儀礼的な顧客訪問等の行為に従事するだけであって、かつ、これらの行為に経常性、反復性等の性質がない場合には、外国会社は支店または子会社を設立しないことを選択することができる。このような場合に、外国会社が代表者を派遣し、頻繁に台湾域内に滞在してこれらの活動に従事する必要があるときには、駐在員事務所を設立することを選択できる。反対に、外国会社が代表者を派遣して頻繁に台湾域内に滞在する必要がない場合には、駐在員事務所を設立しないことも選択できる。

　以上から、外国会社が台湾へ投資し、拠点を設立する場合、駐在員事務所、支店または子会社等の形態を選択して、商業活動を行えることがわかる。以下では、各形態について紹介する。

(2)　駐在員事務所

　外国会社が、台湾域内で営業行為に従事する意向がない場合、駐在員事務所の設立を選択することができる。この場合、主務官庁に駐在員事務所の設立登記を申請した後、駐在員事務所の代表者として自然人を1名指名すれば、

2　営業行為とは、経常性、反復性を有する商業活動に従事することをいう（経済部2003年10月29日経商字第09202221350号通達）。外国会社が台湾域内で従事する商業活動が「営業行為」に該当し、支店または子会社を設立する必要があるかどうかについては、裁判所が個別の事案の状況に応じて総合的に判断することになる。裁判所は、当該商業活動が経常性、反復性を有しているかを判断するだけでなく、当該商業活動が外国会社自身の経営している事業に関するものであるか、外国会社が台湾域内に固定された事務所を有しているか、および従業員を雇用しているかなども斟酌する可能性があり、裁判所の判断について一概に論じることは困難である。よって、外国会社が台湾で商業活動に従事する前には、経験豊富な弁護士に相談し、慎重に評価することが適切である。

第1章 第1節 資金投入段階におけるコンプライアンス

当該代表者は台湾域内で外国会社のために（すなわち外国会社名義で）契約の締結、入札への参加、見積りの提供、調達[3]、価格交渉の実施、または市場情報の収集等の行為に従事することができる。そのため、駐在員事務所は、台湾で実際に業務を経営するというニーズのない外国会社に適した形態である。

外国会社が駐在員事務所を設立した後に、契約締結、入札、価格交渉の実施、市場情報の収集等の活動を通して、今後は台湾域内で営業行為に従事することを決定したときは、主務官庁に対して、駐在員事務所を直接支店に転換するよう申請することができる。なお、特に注意が必要な点として、駐在員事務所自体に法人格はなく、たとえば、駐在員事務所を主体として銀行から融資を受けることはできない。また、前述した契約の締結、入札への参加等の行為を除き、駐在員事務所は台湾域内で営業行為に従事することもできない。

台湾域内で営業行為に従事した場合、実際に営業行為に従事した者（たとえば、駐在員事務所の代表者）は刑事責任を負うことになる。どのような行為が営業行為にあたるかは、個別の事案ごとに、その具体的な状況に応じて認定されるため、法律に違反しないよう、事前に経験豊富な弁護士に相談することが望ましい。

(3) 支 店

外国会社が営業行為に従事する場合には、台湾域内に支店を設立するという方法が考えられる。外国会社の台湾域内への拡張にあたり、支店を設立するという選択をした場合、支店自体に独立した法人格や財産はないため、支店が対外的に契約を締結するときは、原則として外国会社自身の名義で契約を締結しなければならない。

しかし、台湾の取引実務上、時には支店の名称を契約当事者の欄に直接記載することもある。この場合、当該契約により生じる権利義務は外国会社に

3　調達とは、台湾の会社から原材料、機器設備、商品またはサービス等を購入することをいう。

帰属し、外国会社が支店に生じた債務を弁済する責任を負うことになる。また、支店の業務の範囲内の事項について訴訟が生じた場合、訴訟上の利便性という観点から、台湾の裁判所は支店が訴訟上の当事者能力を有することを認めており、支店は民事訴訟手続上、自己の名義で原告または被告となることができる[4]。

(4) 子会社

企業が台湾で営業行為に従事する場合、前記(3)の支店のほか、子会社[5]を設立する方法を選択することもできる。支店ではなく、子会社の設立を選択する場合は、〔表1－1〕のとおり、親会社が弁済責任を負わないことや、将来的な株式公開といった利点がある。

〔表1－1〕　駐在員事務所、支店および子会社の簡潔な比較

	駐在員事務所	支　店	子会社（股份有限公司を例とする）
名称	（日本の会社の場合）日商○○公司台湾辦事処	（日本の会社の場合）日商○○公司台湾分公司	○○股份有限公司
設立登記	駐在員事務所登記	支店登記	会社登記
営業資格	なし	あり	あり
輸出入資格	なし	あり	あり
法人格	なし	なし	あり
出資者の人数	出資者はいない	出資者はいない	1名以上の法人株主、または2名以上の自然人の株主
最低資本金	なし	制限はない。ただし、特別許可が必要な業種は除く	制限はない。ただし、特別許可が必要な業種は除く

4　最高裁判所1951年台上字第105号判決。
5　子会社とは、外国会社が台湾で出資し、台湾の法律に基づき設立し、登記した会社をいい、当該会社と外国会社はそれぞれ独立した法人格を有している。このほか、子会社は台湾の法律に基づき設立し、登記した会社であることから、子会社は台湾会社であり、他の台湾会社と同等の権利義務を有している。

第1章 第1節 資金投入段階におけるコンプライアンス

株主総会または董事会決議の方法	外国会社の本社の決議による	外国会社の本社の決議による	台湾の会社と同様に、株主総会または董事会決議による
出資者／外国会社の本社の責任	適用なし	外国会社の本社は、支店が弁済しない債務につき連帯責任を負う	株主は、その出資額を限度として、会社に対する責任を負う
営業税の税率	なし（営業不可）	5％	5％
営利事業所得税の税率	なし（営業不可）	20％	20％
利益配当に係る源泉徴収の税率	なし（営業不可）	なし	21％
未処分利益への追加課税の税率	なし	なし	5％
将来的な発展	株式の公開発行不可。外国会社の台湾支店に転換することができる	株式の公開発行不可。支店の設立不可。外国会社は、台湾支店の全部の資産および営業をもって、新設分割の方法または資産価値を評価する方法によって、台湾子会社を設立することができる	株式の公開発行、上場、店頭登録可。台湾における支店の設立可

　子会社の設立にあたっては、台湾の会社法の規定に従って組織形態を選択する必要がある。会社の組織形態には、以下のもの等がある。

①　無限公司

②　両合公司

③　有限公司

④　股份有限公司

このうち最もよくみられる形態は股份有限公司である。

子会社は独立した法人格を有しているため、子会社がした法律行為によって生じる権利義務は当該子会社のみに及び、親会社である外国会社には及ばない。よって原則として、外国会社は子会社に生じた債務に対する弁済責任を負わない。

外国会社が台湾での子会社設立を選択する場合、特に注意が必要な点は、駐在員事務所や支店の設立とは異なり、事前に主務官庁である経済部の「投資審議司」[6]に申請を行って投資許可を取得しなければ、子会社の設立登記を完了させることはできない点である（詳細は、後記Ⅱを参照）。

外国会社が台湾に投資して拠点を設立するにあたり、どの形態を選択するかは、営業行為ができるかという点のほかにも、法人格の有無や税金等、その他の要素も考慮する必要がある。よって、外国会社は投資を行う前に、経験豊富な弁護士や会計士に相談することが望ましい。

4　事案の検討

甲社は、台湾で顧客の開拓、食品の販売業務等を行うことを計画している。これらは営業行為に該当するため、駐在員事務所の設立ではなく、まず台湾で支店または子会社を設立した後、支店または子会社の名義で甲社の計画している業務を行う必要がある。

6　経済部投資審議司は経済部の管轄の行政機関であり、主に華僑、外国人もしくは中国大陸地区の人民が台湾で投資を行う場合、または台湾の人民が台湾域外で投資を行う場合の審査業務を担当している。また、経済部は、産業の発展、国際貿易、エネルギーの発展等経済全般を担当している行政機関であり、会社法の解釈を担当している主務官庁でもある。

Ⅱ　外国人投資許可の申請

1　事案

　外国会社である甲社は、①台湾の股份有限公司である乙社との合弁で、台湾に丙社を設立し、再生可能エネルギー発電事業を行うことを計画している。

　また、甲社は同時に、②甲社が外国に設立した完全子会社である丁社を通して、台湾の興櫃公司（エマージング市場に登録している会社）である戊社の株式に投資し、戊社の株主権の8％を取得することも計画している。

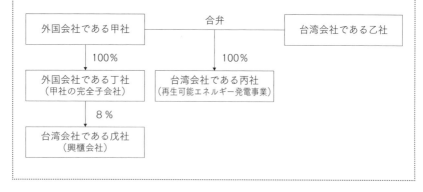

7　台湾における上場企業とは、会社の株式が台湾証券取引所の提供する集中取引市場で取引されている会社のことをいう。また、店頭登録企業とは、会社の株式がタイペイエクスチェンジ（TPEx）の提供する店頭市場で取引されている会社のことをいう。一方、興櫃公司とは、会社の株式がタイペイエクスチェンジ（TPEx）の提供する興櫃株式市場（エマージング市場）で取引されている会社のことをいい、会社は上場または店頭登録をする前に、まず6カ月以上の期間、興櫃公司として登録する必要がある。企業体質が良好で、収益力も高い場合には、上場企業または興櫃公司への転換を申請することができる。

Ⅱ　外国人投資許可の申請

2　法的ポイント

甲社（外国会社）および丁社（甲が外国に設立した完全子会社）は、「外国人投資許可」を申請する必要があるのか。投資許可はどのタイミングで申請すべきなのか。

3　基本概念の解説

外国人投資条例の規定によれば、外国人または外国会社が台湾域内への投資（たとえば、台湾の会社の株式もしくは出資額を保有すること、台湾域内で支店、独資[8]もしくはパートナーシップ事業[9]を設立すること、または上記の投資事業に対して1年以上の貸付けを行うこと）を計画するときは、原則として事前に経済部投資審議司に投資許可を申請し、許可を得る必要がある。ただし、主務官庁の所掌分担により、これらの原則には一部例外が設けられている。以下にて説明する。

(1)　許可の取得が必要な投資類型

経済部投資審議司が公布した「外国人及び華僑による台湾への投資の本部審査業務の範囲の説明」に基づき、〔表1－2〕に整理した。

(2)　ネガティブリスト

外国会社が投資できる業種は、原則として限定されていない。ただし、国家の安全、公の秩序、善良の風俗または国民の健康に不利な影響のある事業および法律で投資が禁止されている事業については、外国会社は投資することができない。

8　独資とは、1名が単独で事業に出資し、経営する状態のことであり、当該事業は出資した自然人が単独で所有する。独資事業の債務については、当該自然人がすべての責任を負う。

9　パートナーシップとは、2名以上の者が出資することを互いに約定し、共同で事業を経営する契約関係のことをいう。パートナーシップの財産がパートナーシップの債務の弁済に不足するときは、各パートナーが不足する金額について連帯責任を負わなければならない。

19

第1章　第1節　資金投入段階におけるコンプライアンス

〔表1-2〕　外国会社による台湾への投資の類型および投資申請の要否

台湾における子会社の新設		経済部投資審議司への投資許可の申請が必要
支店または駐在員事務所の設立		経済部投資審議司への投資許可の申請は<u>不要</u>（ただし、外国会社が台湾に支店または駐在員事務所を設立するときは、経済部商業発展署に申請しなければならない）
台湾の既存会社の株式または出資額の取得	非上場企業、非店頭登録企業、非興櫃公司の株式	投資金額を問わず、経済部投資審議司への投資許可の申請が必要
	上場企業、店頭登録企業、興櫃公司の株式	1回に取得する株式が10%以上のとき：経済部投資審議司への投資許可の申請が必要
		1回に取得する上場企業、店頭登録企業、興櫃公司の株式が10%未満のとき：経済部投資審議司への投資許可の申請は<u>不要</u>（ただし、「華僑及び外国人の証券投資管理弁法」によれば、事前に台湾における代理人（通常は、保管銀行または証券業者）または代表者を指定して、台湾証券取引所で登記を行い、証券業者において証券取引口座を開設した後に限り、有価証券を売買することができる）
加工出口区、科学工業園区への投資		当該園区の管理部門への投資許可の申請が必要

　このほか、一部の業種では、投資を行う前に目的事業の主務官庁の許可または同意を取得する必要がある。前述した、投資の禁止または制限対象になっている業種は、行政院が制定した「華僑及び外国人による投資のネガティブリスト」に列挙されている。そのため、外国会社は投資をする前に、投資を計画している会社の業種がネガティブリストに記載されていないかを確認する必要がある（〔表1-3〕〔表1-4〕[10]参照）。

10　2018年2月8日改正、公布された「華僑及び外国人による投資のネガティブリスト」による。

II 外国人投資許可の申請

〔表1−3〕 華僑および外国人による投資が禁止される業種

	業　種	項　目
1	化学原材料製造業	軍事用のニトログリセリンの製造（火薬の元となり、公共の安全等に影響を及ぼすニトログリセリンに該当するもの）
		水銀法塩基塩酸
		国際連合の化学兵器禁止条約に列挙されている化学物質甲類化学品
		CFC、ハロン、トリクロロエタン、テトラクロロメタン
2	その他化学製品製造業	軍事用の火薬信管、導火剤、起爆剤
3	その他卑金属製造業	金属カドミウム精製工業
4	その他汎用機械設備製造業	軍事用の火器、武器システムの製造、銃器の修理、弾薬、射撃統制装置（軍事用航空機を除く）、高性能武器システム（たとえば、レーザー、マイクロウェーブ、レールガン）およびその他ハイテク武器システム
5	公共路線バス事業	市街地の路線バス、長距離バス
6	タクシー事業	
7	その他バス事業	観光バス事業
8	郵便業	
9	ラジオ放送業	無線ラジオ放送業
10	テレビ番組の制作および放送業	無線テレビ放送業（衛星放送テレビ事業は除く）
11	郵便貯金・為替業	
12	その他法律サービス業	民間公証人サービス
13	特殊娯楽業	音楽ホール、ダンスホールおよび同伴者のいるナイトクラブ、ボールルーム、酒場等を経営する業種

〔表1−4〕 華僑および外国人による投資が制限される業種

	業　種	項　目
1	稲作栽培業	

第1章　第1節　資金投入段階におけるコンプライアンス

2	雑穀栽培業	小麦、そばおよびはと麦の栽培を除く
3	特用作物栽培業	薬草および保健用特用作物（茶を除く）の栽培
4	野菜栽培業	有機野菜、施設栽培（植物工場に限る）の野菜の栽培を除く
5	食用きのこ類栽培業	
6	その他農作物栽培業	
7	牛飼育業	
8	豚飼育業	種豚飼育
9	鶏飼育業	種鶏飼育
10	鴨飼育業	種鴨飼育
11	その他牧畜業	
12	林業	
13	漁業	
14	たばこ製造業	
15	化学原材料製造業	ニトログリセリンの製造（火薬の元となり、公共の安全等に影響を及ぼすニトログリセリンに該当しないもの）
16	コンピューター、電子機器製品および光学製品製造業	軍事用の機材設備
17	その他輸送手段およびその部品の製造業	軍事用の航空機の製造、修理および整備
18	その他未分類の製造業	象牙の加工
19	電力供給業	送配電業
20	気体燃料供給業	導管による気体燃料の供給業
21	用水供給業	水道水事業
22	海上輸送業	船舶輸送
23	河川および湖輸送業	船舶輸送
24	航空輸送業	
25	航空輸送補助業	空港の地上勤務職員、機内食業者、空港の経営管理
26	テレビ番組の制作および放送業	衛星放送テレビ事業（衛星チャンネルの番組の供給事業）

| 27 | 電気通信業 | 有線テレビシステムの経営、衛星放送テレビ事業（直接衛星放送テレビサービス事業）または第一類電気通信事業 |
| 28 | 地政士事務サービス業 | 土地登記専門代理サービス |

(3) 投資の実行と資金審査

外国会社は、経済部投資審議司が発する投資許可を取得した後に限り、投資を実行することができる（たとえば、会社の設立準備オフィスの銀行口座への株式払込金の振込み）。また、経済部投資審議司は、投資許可を発する際に一定の投資期間の制限を設けるので、外国会社は許可された投資期限内に投資を実行する必要がある。許可された投資期限内に投資を実行しない場合、実行されていない投資に係る許可は、期限満了時に取消しの効果が生じる。正当な理由があるときは、投資期間の期限満了前に期限の延長を申請することもできる。

なお、注意が必要なのは、外国会社は投資の実行後、2カ月以内に経済部投資審議司に投資金額の審査を申請する必要がある点である。外国会社が複数回に分けて投資を行う場合、すべての投資が完了した後2カ月以内に、一度に審査を行うことができる。その後、経済部投資審議司は、外国会社が投資許可に従って投資を実行したかを審査し、経済部投資審議司が決定した投資金額を公文書によって外国会社に通知する。

(4) 持株の譲渡と再投資

このほか、外国会社が投資を実行し、資金審査が完了した後、将来的に経営上の理由から一部または全部の持株または出資額を譲渡したいとなった場合、譲渡しようとする外国会社および譲受人は、事前に共同で経済部投資審議司に許可を申請する必要がある。さらに、外国会社の投資先事業の株式または出資額の合計が当該投資先事業の株式総数または資本総額の3分の1を超える場合、その投資先事業が他の会社に投資する際にも、経済部投資審議司の許可を申請する必要がある。

23

第1章　第1節　資金投入段階におけるコンプライアンス

このケースに該当するのは、たとえば外国会社が台湾で子会社を設立し、その後、当該子会社が台湾で再投資（当該子会社がさらに台湾で別の子会社を設立することや、他の会社の持株または出資額を取得することなど）をする場合等である。また、この再投資も前述の「華僑及び外国人による投資のネガティブリスト」による規制を受けることになる。

4　事案の検討

再生可能エネルギーは、現在台湾が積極的に発展を図っている産業であり、「華僑及び外国人による投資のネガティブリスト」に含まれていない。よって、外国会社は台湾域内で再生可能エネルギー事業に投資することができる。

上記の説明からわかるように、甲社と台湾の乙社の合弁で丙社を設立する場合は、事前に経済部投資審議司への申請を行って、投資許可を取得した後に限り、会社設立登記を完了させることができる。また、発電業は「特別許可が必要な業務」に該当するため、丙社は電業法等の関連法令に基づき発電業の許可を取得する必要もある。詳細は後記IV「会社設立登記」を参照されたい。

また、甲社が丁社（外国に設立した完全子会社）を通して台湾の興櫃公司である戊社の株主権8％を取得するため投資することについては、この投資で1回に取得する株主権は10％に達していないため、直接「華僑及び外国人の証券投資管理弁法」の規定に従って行うことができ、事前に経済部投資審議司へ投資許可の申請をする必要はない。

Ⅲ 「中国資本」による台湾への投資の申請および特別な制限

Ⅲ 「中国資本」による台湾への投資の申請および特別な制限

1 事 案

　外国会社である甲社は、香港に設立した子会社の乙社を通して、台湾で不動産仲介業務を経営する丙社を買収することを計画している。なお、乙社は甲社の完全子会社ではなく、乙社の株主には中国大陸の会社である丁社も含まれている。

2 法的ポイント

　株主に中国大陸の丁社がいる香港の子会社・乙社は、「中国投資者」にあたるのか。

　甲社は、香港の子会社・乙社を通して、台湾の丙社を買収することができるのか。乙社が中国投資者にあたるかによって、異なるのか。

3 基本概念の解説

　台湾は現在、中国投資者による台湾への投資に対して比較的厳格な態度をとっており、遵守すべき投資関連規定が、中国投資者ではない一般の外国人や企業（外国投資者）に適用される規定とは異なっている。よって、外国会社が台湾に投資しようとする場合は、事前に、当該会社が「中国投資者」の要件にあてはまるかを判断する必要がある。

　当該会社が「中国投資者」の要件にあてはまる場合、台湾への投資に際して外国投資者に適用される「外国人投資条例」は適用されず、「大陸地区人民の対台湾投資許可弁法」の規定に従わなければならない。

25

(1) 中国投資者の要件

以下の要件にあてはまる投資者は、「中国投資者」である。

① 大陸地区（中華人民共和国が実際に統治している地区を指すが、香港およびマカオ地区は含まれない）の人民、法人団体、その他の機関
② 大陸地区の人民、法人団体、その他の機関が、直接もしくは間接的に30％を超える株式もしくは出資額を保有し、または支配能力を有している会社[11]

なお、投資者が香港またはマカオ地区の人民、法人団体またはその他の機関であるときは、一定の要件を満たした場合（たとえば、法人団体が香港またはマカオ特区の政府から法人団体登記証明書類の発行を受け、かつ、前述の中国投資者の認定基準に達していない場合）には、外国人または外国会社とみなされる。この場合には、「外国人投資条例」の規定が準用され、「大陸地区人民の対台湾投資許可弁法」の規定は適用されない。

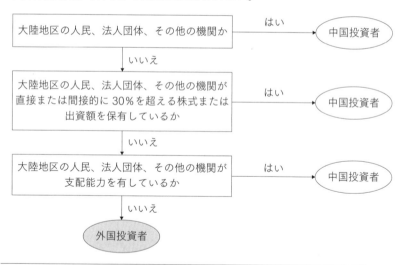

---

11 直接または間接的に30％を超える株式または出資額を保有しているか、および支配能力を有するかは、経済部2020年12月30日経審字第10904606730号解釈令に基づき判断しなければならない。外国会社には、投資を実行する前に経験豊富な弁護士に相談し、中国投資者の要件に該当するかを確認することをお勧めする。

(2) 中国投資者による台湾への投資の形態および制限

中国投資者も外国投資者と同様に、台湾で子会社、支店、独資もしくはパートナーシップ事業を設立し、または台湾の既存会社の株式を取得することができる。ただし、「大陸地区人民の対台湾投資許可弁法」が適用され、投資をする前には、必ず、事前に経済部投資審議司に申請を行い、投資許可を取得する必要がある。

(3) ポジティブリスト

外国会社が投資できる業種については、「ネガティブリスト」方式による管理が採用されている。それとは対照的に、中国投資者が台湾に投資できる業種は、ポジティブリスト方式によって管理されている。つまり、中国投資者が投資できる業種は、リストに列挙されているものに限定されており、リストに列挙されていない業種に投資することはできない。

「ポジティブリスト」に列挙されている業種は、たとえば、砂糖菓子製造業、靴類製造業、石油および石炭製品製造業、合成樹脂およびプラスチック製造業、化粧品製造業、駐車場業、飲食店業、コンピューターソフトウェア設計業、貨物自動車運送業等である[12]。詳細は、経済部投資審議司のウェブサイトで検索することができる[13]。

(4) 投資金額の制限

ポジティブリストに制限条件が特に記載されている場合を除き、投資金額につき、原則として最高または最低投資金額の制限は設けられていない。たとえば、糖果製造業において、中国投資者が投資を行う場合、中国投資者の持株比率は50％を下回っている必要がある。また、汚染防止設備製造業において、既存の事業者に投資する場合、中国投資者の持株比率は20％を上回ってはならない。他の会社との合弁で会社を新設する場合、中国投資者の持株

12　2012年3月30日改正、公布された「ポジティブリスト」による。

13　ポジティブリスト〈https://dir.moea.gov.tw/download-file.jsp?do=BP&id=V4QJk9eyBgY=〉（今後、主務官庁によるURLの調整によって変更される可能性がある）。

第1章　第1節　資金投入段階におけるコンプライアンス

比率は50％を下回っている必要がある。

4　事案の検討

　乙社は香港の会社だが、その株主に中国大陸の会社である丁社がいるため、投資を行う前に、「中国投資者」の要件に該当するかを判断する必要がある。

　丁社が、直接もしくは間接的に乙社の30％を超える株式もしくは出資額を保有するとき、または丁社が乙社に対する支配能力を有するときは、乙社は「中国投資者」に該当する。また、「不動産仲介業」は中国投資者が投資できるポジティブリストには含まれていない。そのため、この場合、乙社は不動産仲介業に投資することも、不動産仲介業務を経営する丙社を買収することもできない。

　反対に、乙社が中国投資者の要件にあてはまらないのであれば、「不動産仲介業」は「華僑及び外国人による投資のネガティブリスト」には含まれていないため、丙社を買収して、台湾で不動産仲介業務を経営することができる。

28

IV　会社設立登記

1　事　案

　外国会社である甲社は、台湾に完全子会社を設立し、台湾の現地の建設業者と提携して、未完成物件の売買業務を経営することにした。甲社は、台湾市場で認知されることを重視して、会社登記にあたって、より馴染みのある英語の名称のみを登記することに決めた。また、当該子会社が経営する主要な業務として、未完成物件の販売代理業務の登記をすることにした。

2　法的ポイント

　会社は設立登記を行うときに、英語の名称で登記できるのか。

　会社が「特別許可」が必要な業務に従事したい場合（当該業務に適用される法令の規定により、政府の許可を得なければ、会社設立登記ができない業務があり、「特別許可が必要な業務」と呼ばれている）、会社設立登記ではどのような点に注意すべきなのか。

3　基本概念の解説

　外国会社が台湾で子会社を設立するときは、主務官庁での会社の名称の事前審査および保留、投資許可の申請、投資の実行、投資金額の審査、会社設立登記および税籍登記（営業登記）等を行う必要がある（経営しようとする業務が、特別許可が必要な業務に該当するときは、目的事業の主務官庁への許可申請も要する）。順を追って説明すると、以下のとおりである。

29

(1) 会社の名称および経営する事業の事前審査および保留

会社を設立する前には、まず主務官庁に対し、名称および業務の事前審査を申請する必要がある。この審査では、会社の名称につき、事前に登録されている同一の会社の有無や、政府機関や公益団体と関係があると誤認されやすい名称、または公の秩序や善良な風俗の妨げになる名称の使用の有無が確認される。

主務官庁が審査を行って、上述の問題がないことを確認した後、当該会社の名称は保留されることになる。保留期間中、申請者は当該会社の設立準備オフィスの名義（すなわち、○○股份有限公司設立準備オフィス）を用いて、会社の設立準備作業を行うことができる。その後、他の者が同一の名称を用いて会社を設立しようとした場合には、主務官庁は審査の際に、後の申請者に名称を変更するよう求めることになる。

また、名称については、台湾の会社法の規定によれば、会社は必ず中国語の名称を定めなければならない（なお、会社設立登記の完了後、輸出入等の国際貿易に使用するために、英語の名称の登記を別途申請することができる）。

特に注意が必要なのは、会社の名称が保留されるのは、原則として事前審査の完了後6カ月間のみという点である。そのため、会社は保留期間内に設立登記を完了させる必要がある。会社の名称がすでに他の会社に使用されているかを検索したい場合、経済部の「会社の名称及び経営する事業の事前審査補助検索システム」〈https://serv.gcis.nat.gov.tw/pub/cmpy/nameSearchListAction.do〉（今後、主務官庁によるURLの調整によって変更される可能性がある）を用いて検索することができる。

(2) 経済部投資審議司への投資許可の申請

前記Ⅱで説明したように、外国会社が台湾に投資し、子会社を設立するには、経済部投資審議司に対し、投資許可を申請する必要がある。そこで、外国会社は会社の名称および経営する事業の事前審査が完了したならば、そのあとに、経済部投資審議司への投資許可の申請が必要となる。なお、投資許

可の申請時には、前記(1)の手続の審査が完了したことを示す、主務官庁が発行した「会社の名称及び経営する事業の登記の事前審査表」を添付しなければならない。

(3) 投資の実行および投資金額の審査

外国会社は、前述した手続の完了後に、初めて投資を実行し、投資金額の審査を申請することができる。その詳細は、前記Ⅱの説明のとおりである。

(4) 会社設立登記

外国会社は、経済部投資審議司に対し、投資金額の審査の申請を行い、同司が発行した投資金額の審査書を取得したあとに、会社設立登記を行うことができる。

登記の申請先となる主務官庁については、会社の資本金の額が新台湾ドル5億元以上のときは、経済部商業発展署に会社設立登記を申請する。一方、新台湾ドル5億元に満たないときは、会社の所在地が直轄市の場合には当該直轄市政府に、直轄市以外または金門、馬祖地区の場合には経済部南投オフィスに申請する。なお、加工出口区、科学工業園区および自由貿易港区での投資のときは、直接、当該各区の管理部門に申請する。

(5) 税籍登記（営業登記）、輸出入業者の登記および工場登記

会社設立登記の完了後、会社は会社所在地を管轄する税務機関に税籍登記（営業登記）を申請しなければならない。また、会社が輸出入業務を経営するときは、経済部国際貿易署に英語の名称の事前審査を申請したあとに、輸出入業者の登記を申請する必要がある。

このほか、物品の製造または加工に従事する場合、会社所在地の県市政府に工場登記を申請する必要もある。なお、加工出口区、科学工業園区または農業生物科技園区に工場を設置するときは、当該各園区の管理部門が工場登記の申請先となる。

(6) 「特別許可が必要な業務」の許可の取得

会社の業務が、当該業務に適用される法令の規定により政府の許可を得る

必要があるものであるときは、政府による許可書を取得した場合に限って、会社登記を申請することができる。このような政府の許可を得なければ会社登記ができない業務は、「特別許可が必要な業務（特許業務）」と呼ばれている。

会社の営業する業務が「特別許可が必要な業務」に該当するときは、原則として会社設立登記を行う前に、当該目的事業の主務官庁が発行する「設立準備許可」を得る必要がある。そして、この設立準備許可を得たうえで、会社設立登記を行って登記が完了し、目的事業の主務官庁が発行した許可証を取得したあとに限り、許可を受けた業務の経営をすることができる。

特別許可が必要な業務は、経済部の「公司行号及有限合夥営業項目代碼表検索系統」（和訳「会社商号及び有限パートナーシップ営業項目コード表検索システム」）〈https://gcis.nat.gov.tw/cod/index.jsp〉（今後、主務官庁によるURLの調整によって変更される可能性がある）で検索できる。たとえば、総合建設業、発電業、銀行業、クレジットカード業、不動産仲介業、不動産販売代理仲介

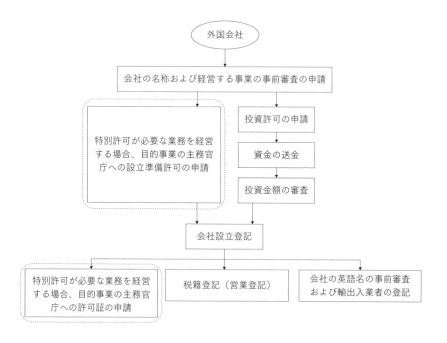

業等があげられる。

4 事案の検討

　甲社は、会社設立登記を行うときに、英語の名称で登記することはできない。ただし、会社設立登記の完了後は、その経営上の必要性に応じて別途英語の名称の登記を申請することができる。このほか、未完成物件の販売代理業務は、特別許可が必要な業務である「不動産販売代理仲介業」に属する。よって、甲社は会社を設立する前に、経済部投資審議司から投資許可を取得するだけでなく、「不動産販売代理仲介業」の主務官庁である会社の設立予定地の地政局／処に対して、不動産販売代理仲介業の設立準備許可を申請する必要もある。

第1章　第1節　資金投入段階におけるコンプライアンス

V　土地の使用にあたって注意すべき事項

1　事　案

　　外国会社である甲社は、台湾で太陽光発電事業を経営したいと考えており、台湾人であるＡが所有する土地に発電設備を設置することを計画している。甲社は土地の使用（たとえば、売買による取得、賃貸借）にあたって、どのような法規制に注意すべきだろうか。

2　法的ポイント

　土地の使用規制について、台湾の法律にはどのような法令上の制限が設けられているのだろうか。

3　基本概念の解説

　台湾の法律における土地の使用制限は、大きく以下のものに区分することができる。

　　(1)　「土地法」における外国人の土地の権利取得に対する制限

　　　(A)　原則として、平等互恵の原則を採用

　外国人による土地の権利の取得または設定（所有権、賃借権、地上権、使用権等の取得）について、「土地法」は原則として平等互恵の原則を採用している。つまり、仮に台湾人がその外国で土地の権利を取得または設定することができるのであれば、当該外国の人民も、台湾において土地の権利を取得または設定することができることになる（土地法18条を参照）。

　ただし、用途が住宅、営業所、事業所、商店および工場、教会、病院、外国人学校、大使館・領事館および公益団体の会館、墓地、並びに中央目的事

34

業の主務官庁[14]が許可した国内の重大建設、経済全体または農業・牧畜に対する投資に使用する土地については、直轄市または地方政府は、その場所または面積を制限することができる（土地法19条を参照）。

(B) 例外的に、取得または賃貸借が絶対的に禁止されている土地

林地、漁場、狩猟地、塩田、鉱山、水源地、要塞および軍備エリア並びに国境に接する土地については、外国人による土地の権利の取得または賃貸借が禁止されている（土地法17条を参照）。

(2) 都市土地における使用制限

都市計画の範囲内における土地の使用制限について、直轄市（台北市、新北市、桃園市、台中市、台南市、高雄市）および台湾省などの地方政府機関は、「都市計画法」の授権により、「施行細則」を制定し、その管轄する土地の用途につき、「使用区分」を設け、規制を設けている。

たとえば、「都市計画法台湾省施行細則」の規定によれば、土地の用途の規制は、住宅区、商業区、工業区、行政区、文教区、体育運動区、風景区、保存区、保護区、農業区、その他使用区の11種に区分することができる。工業区は、さらに特種工業区、甲種工業区、乙種工業区、零細工業区に区分されている。その他の直轄市の施行細則（たとえば「都市計画法台北市施行細則」）にも、これに類似する「使用区分」による規制が存在する。

「都市計画法台湾省施行細則」の規定によれば、上述した各種の使用区分のうち、再生可能エネルギー設備を設置することができるのは、住宅区、商業区、甲種工業区、乙種工業区、特種工業区、保護区、農業区である。

(3) 非都市土地における制限

土地および天然資源の保存・利用を促進し、人口および産業活動の合理的な分布について定めている「区域計画法」の授権により内政部が制定した「非都市土地使用規制規則」の規定によれば、非都市土地では、まず「使用区分」

---

14 台湾の行政院（日本の内閣に類似）に所属する部会（日本の各省庁に類似）のことをいう。たとえば、内政部、経済部、交通部、農業部、金融監督管理委員会等。

第1章　第1節　資金投入段階におけるコンプライアンス

を策定しなければならず、さらに、使用区分の性質に応じて「使用地の類別」
を定めることになっている。

「非都市土地使用規制規則」の土地の使用区分の規定における、再生可能
エネルギー発電設備の設置に関する規定の概要は、〔表1－5〕のとおりであ
る[15]。

　ただし、特に注意が必要な点として、国土計画法という法律が2016年5
月1日に施行され、2020年4月21日に改正もされており、同法45条の規定
によれば、内政部は同法の施行後2年以内に全国国土計画を公告、実施しな
ければならない。また、直轄市、県市政府は、全国国土計画の公告、実施後
3年以内の内政部が指定した日に、直轄市、県市国土計画を公告、実施しな
ければならないほか、直轄市、県市国土計画の公告、実施後4年以内の内政
部が指定した日に、国土機能分区図を公告しなければならない。直轄市、県
市政府が国土機能分区図を公告した日から、上述した区域計画法は適用され
なくなり、非都市土地は国土計画法の規制を受けることになる。よって、将
来、国土機能区分図が正式に公告された後は、土地に再生可能エネルギー発
電設備を設置できるかは、国土機能区分図の規定に基づいて判断する必要が
ある。

4　事案の検討

　甲社は外国会社であるため、台湾人Aが所有する土地を利用して（たとえ
ば、賃貸借、売買による取得）、太陽光発電事業を経営したい場合、次の関係
規範を1つずつ確認する必要がある

①　外国人による関連権利の取得が禁止されている土地かどうか。

②　外国人による関連権利の取得が禁止されている土地ではない場合、そ
　　れが都市土地か否か、さらに区分する必要がある。

15　2022年7月20日に改正、公布された「非都市土地使用規制規則」6条附表1による。

36

V　土地の使用にあたって注意すべき事項

③　都市土地に該当する場合、その土地の政府が制定した「都市計画法施行細則」の使用区分の規制に係る規定に適合している必要がある。

④　非都市土地に該当する場合、「非都市土地使用規制規則」の「使用区分」、「使用地の類別」に関する制限に適合している必要がある。ただし、将来的には「国土機能区分図」の規定内容に注意を払う必要がある。

〔表1－5〕　再生可能エネルギー発電設備の設置に関する規定の概要

設置可能な使用地の類別	説　明
甲種建築用地、乙種建築用地、丙種建築用地	原則として許可を申請する必要はないが、以下の条件および例外規定に注意が必要である。 ①　沿海自然保護区に位置している場合、使用面積は150㎡を超えることができない。 ②　以下の状況に適合する場合、主務官庁の許可を取得しなければならない。 　ⓐ　使用面積が150㎡に達しないものの、沿海自然保護区に位置するとき。 　ⓑ　沿海一般保護区に位置し、かつ、使用面積が0.5ha以上であるとき。 ③　バイオガスを使用して発電すること、または一般廃棄物および一般事業廃棄物を再生可能エネルギーとすることはできない。
丁種建築用地	原則として許可を申請する必要はないが、以下の条件および例外規定に注意が必要である。 ①　沿海自然保護区に位置している場合、使用面積は150㎡を超えることができない。 ②　以下の状況に適合する場合、主務官庁の許可を取得しなければならない。 　ⓐ　使用面積が150㎡に達しないものの、沿海自然保護区に位置するとき。 　ⓑ　沿海一般保護区に位置し、かつ、使用面積が0.5ha以上であるとき。

37

	③　工業区以外の区域に位置している場合、工場設置者に限り設置することができる（ただし、バイオガスを使用して発電すること、または一般廃棄物および一般事業廃棄物を再生可能エネルギーとすることはできない）。
農牧用地、林業用地、養殖用地、国土保安用地	主務官庁の許可を取得しなければならず、かつ、以下の条件に注意が必要である。 ①　沿海自然保護区に位置するときは、保護区の主務官庁の許可を取得しなければならない。 ②　風力発電、太陽光発電、小水力発電および地熱発電の発電施設の設置に限るほか、点状の使用に限る。また、点状使用の面積は660㎡を超過することができない。小水力発電施設は、用水路またはその他既存の水利施設における設置に限り、かつ、設置容量は20MWを超過することができない。地熱発電施設の設置容量は、50MWを超過することができない。 ③　太陽光発電、小水利発電および地熱発電施設の特定農業区における設置は禁止されている。
塩業用地、窯業用地	主務官庁の許可を取得しなければならず、かつ、以下の条件に注意する必要がある。 ○　風力発電、太陽光発電の発電施設の点状使用に限り、点状使用の面積は660㎡を超過することができない。
鉱業用地	主務官庁の許可を取得しなければならず、かつ、以下の条件に注意する必要がある。 ①　沿海自然保護区に位置するときは、保護区の主務官庁の許可を取得しなければならない。 ②　風力発電、太陽光発電の発電施設の点状使用に限り、点状使用の面積は660㎡を超過することはできない。また、地熱発電施設に使用することはできない。
交通用地	主務官庁の許可を取得しなければならず、かつ、以下の条件に注意する必要がある。 ①　沿海自然保護区に位置するときは、保護区の主務官庁の許可を取得しなければならない。 ②　バイオガスを使用して発電すること、または一般廃棄物および一般事業廃棄物を再生可能エネルギーとすることは

V　土地の使用にあたって注意すべき事項

	できない。
水利用地	主務官庁の許可を取得しなければならず、かつ、以下の条件に注意する必要がある。 ① 沿海自然保護区に位置するときは、保護区の主務官庁の許可を取得しなければならない。 ② 風力発電、太陽光発電、地熱発電および小水力発電の発電施設の使用に限る。ただし、風力発電および地熱発電の施設の点状使用の面積は、660㎡を超過することができない。 ③ 貯水、給水および洪水防止等の機能が影響を受けないように確保するため、水利に関する法規の使用許可の規定に基づいて対応しなければならない。
レクリエーション用地	主務官庁の許可を取得しなければならず、かつ、以下の条件に注意する必要がある。 ① 沿海自然保護区に位置するときは、保護区の主務官庁の許可を取得しなければならない。 ② 風力発電および地熱発電の発電施設は、レクリエーション施設における使用に限る。 ③ 風力発電、太陽光発電、地熱発電の発電施設の使用に限る。ただし、風力発電および地熱発電の施設の点状使用の面積は、660㎡を超過することができない。 ④ 太陽光発電施設の設置は、レクリエーション用地の性質および機能に影響を与えてはならない。
墓地	主務官庁の許可を取得しなければならず、かつ、以下の条件に注意する必要がある。 ① 沿海自然保護区に位置するときは、保護区の主務官庁の許可を取得しなければならない。 ② 太陽光発電施設の使用に限る。 ③ 公共墓地内の設置に限り、直轄市、県市の葬儀の主務官庁の同意を取得しなければならない。

39

第1章　第2節　会社設立段階におけるコンプライアンス

第2節　会社設立段階におけるコンプライアンス

Ⅰ　会社組織の選択

1　事　案

　　外国会社である甲社は、台湾への投資を検討している。甲社は台湾の
投資に関する法規や環境に詳しくないため、台湾の会社である乙社との
合弁で股份有限公司を設立して、台湾で業務を経営し、発展させること
を検討している。

2　法的ポイント

　台湾法における会社には、どのような組織形態があるのか。合弁会社に適
した組織形態はどれか。

3　基本概念の解説

(1)　会社の組織形態は計4種類

　会社法2条1項によれば、会社には計4種類の組織形態があり、その定義
は〔表1-6〕のとおりである。

　定義からわかるように、無限公司と両合公司の無限責任の出資者は、会社
の債務に対して連帯して無限の弁済責任を負う必要がある。投資者にとって
は、この2種の形態の会社組織を選択した場合、投資リスクを限定すること
ができない。そのため、実務上、長きにわたって、投資者が会社を設立する
際に、無限公司と両合公司の採用を検討する例は見受けられない。

40

〔表1-6〕 会社の組織形態

種　類	定　義
無限公司	2名以上の出資者により組織され、会社の債務に対して連帯して無限の弁済責任を負う会社
有限公司	1名以上の出資者により組織され、出資者がその出資額を限度として、会社に対する責任を負う会社
両合公司	1名以上の無限責任の出資者と、1名以上の有限責任の出資者により組織され、無限責任の出資者は会社の債務に対して連帯して無限の弁済責任を負い、有限責任の出資者はその出資額を限度として、会社に対する責任を負う会社
股份有限公司	2名以上の株主（政府、法人株主の場合は1名以上でも可）により組織され、すべての資本を株式として細分化し、株主は引き受けた株式について、会社に対する責任を負う会社

(2) 有限公司と股份有限公司の相違点

　有限公司と股份有限公司の出資者または株主は、どちらも会社の債務に対して有限責任のみを負い、台湾の会社実務上、これらの組織形態が最もよく採用される。しかし、有限公司と股份有限公司には数多くの相違点が存在する。会社法の規定によれば、両者の主な相違点は〔表1-7〕のとおりである。

〔表1-7〕 有限公司と股份有限公司との主な相違点

項　目	有限公司	股份有限公司
株主または出資者の人数	1名以上（自然人と法人を区分しない）	政府または法人が株主のとき：1名以上 自然人が株主のとき：2名以上
資本の総額	すべての出資者が一度に全額の払込みを行う	複数回に分けて株式を発行することができる。第三者に対し株式の公募をすることもできる（ただし、閉鎖性股份有限公司の場合は不可）
議決権	原則として出資者1名あたり1議決権	原則として1株1議決権。例外として、定款により、1株につき複数の議決権を与える特別株式、特

41

第1章　第2節　会社設立段階におけるコンプライアンス

		定の議案に対する拒否権を有する特別株式、または議決権がない特別株式※を発行することは可能
出資の形式	株式の概念はなく、出資者による出資が出資額となる	株式（また、上記の説明のとおり、定款で特別株式を定めることができる）
株主または出資者の総会	なし	あり
業務執行機関	董事（出資者の中から選任する。董事の人数は1名から3名まで。多数存在するときは、過半数の同意により業務を執行する）	董事または董事会（董事が株主である必要はない。詳細は後記Ⅲ3を参照）
監査機関	董事以外の出資者	監察人
出資の譲渡	董事である者の出資額の譲渡：他の出資者の議決権の3分の2以上の同意を得なければならない 董事以外の出資者の出資額の譲渡：他の出資者の議決権の過半数の同意を得なければならない	株式は原則として自由に譲渡できる。ただし、閉鎖性股份有限公司においては定款で譲渡制限を付すことが可能
実務上の選択	中小企業は、出資者の構成の安定性を確保する（つまり、出資者互いの出資比率、および会社の経営の決定権を有する者が設立当初の出資者のままを維持する）ため、有限公司を採用する傾向にある	股份有限公司は柔軟に制度を構築することができる（たとえば、資本総額を複数回に分けて発行すること、特別株式を定めること、株式の譲渡が自由であることなど）ため、実務上最もよくみられる形態である。特に大企業、ベンチャー企業および合弁会社での採用が多い

※　特別株式とは、定款により発行される、会社法が規定する株主権と異なる権利を与え、または当該株主権に制限をかける株式を指す。日本法における種類株式に類似するものである。

42

Ⅰ　会社組織の選択

(3)　股份有限公司の種類──「公開発行会社」と「非公開発行会社」

　股份有限公司には、「公開発行会社」と「非公開発行会社」という2つの種類がある。その区別の方法は、会社が証券の主務官庁に対して後述の公開発行手続の申請を行い、株式の公開発行を行っているかどうかによるものである。行っている場合は、「公開発行会社」となり、行っていない場合は、一般の股份有限公司に該当し、「非公開発行会社」となる。

　「公開発行会社」と「非公開発行会社」の最大の違いは、一度「公開発行会社」になると、証券取引法における会社の機関設計、財務情報の開示、コーポレートガバナンス等に関する規制を受ける必要がある点である。

　また、いわゆる「公開発行手続」には、主に以下の3つがある。

① 　募集設立：会社の設立時に、不特定の者に対して株式の取得の申込みを勧誘し、証券の主務官庁に審査を申請する（つまり、会社が設立時から公開発行会社になる）。

② 　株式の公募：会社の成立後に、不特定の者に対して株式の取得の申込みを勧誘し、証券の主務官庁に申告する（つまり、会社が設立後に公開発行会社になる）。

③ 　公開発行手続の申請：会社の董事会で決議した後、証券の主務官庁に公開発行会社になるための公開発行手続を申請する。

(4)　閉鎖性股份有限公司

　一般の股份有限公司には、「閉鎖性股份有限公司」と呼ばれる特殊な組織形態が存在する。閉鎖性股份有限公司も股份有限公司であるが、有限公司の特徴を一部兼ね備えている。会社法の規定によれば、閉鎖性股份有限公司の特色は〔表1−8〕のとおりである。

　〔表1−8〕からわかるように、閉鎖性股份有限公司の最大の特徴は、株式の譲渡を制限できることである。このような組織形態は、股份有限公司の柔軟性を保ちながら、会社の株主構成の安定性を確保する機能も兼ね備えている。そのため、多くの外国会社は台湾で合弁会社を設立するにあたり、閉

43

第1章　第2節　会社設立段階におけるコンプライアンス

〔表1－8〕　閉鎖性股份有限公司の特色

項　目	一般の股份有限公司との相違点
株主の人数	股份有限公司には株主の人数に関する制限がないが、閉鎖性股份有限公司の場合には、株主の人数は50人を超えることができない。
出資の種類	股份有限公司において、株主が現金、会社に対する債権、会社の運営に必要な財産や技術をもって出資することができる。閉鎖性股份有限公司の場合には、上記現金等の出資のほか、労務による出資も認められる（ただし、その比率には制限がある）。
資本の募集	閉鎖性股份有限公司は、公開発行手続を行うことはできない。
董事と監察人の選任方法	股份有限公司は累積投票制であるが（後記Ⅲ3(2)を参照）、閉鎖性股份有限公司の場合には、定款に別段の定めがあるときは、累積投票制を採用しないことができる。
株式の譲渡	股份有限公司は株式を自由に譲渡できるが、閉鎖性股份有限公司の場合には、定款において株式の譲渡制限を定めることができる。
株主総会決議の方法	股份有限公司は書面決議を採用することは不可であるが、閉鎖性股份有限公司の場合には、「株主全員の同意があれば、株主はその回の株主総会の議案について、書面により議決権を行使し、実際に会議を招集しない」旨を定款で定めたならば、書面決議を行うことができる（後記Ⅴを参照）。
新株の発行	股份有限公司は、従業員による引受けのために10%～15%の新株を留保する必要があり、当該留保された新株以外の新株について、株主が持株比率に基づき優先的に引き受ける権利を有する。一方で、閉鎖性股份有限公司の場合には、新株を留保する必要がなく、また株主が持株比率に基づき優先的に引き受けるようにする必要もない。

鎖性股份有限公司という組織形態を採用している。

4　事案の検討

　一般的に、甲社と乙社が合弁により会社を設立し、共同で事業を発展させる場合、設立する会社の経営権を甲社または乙社以外の者に掌握されないようにするため、閉鎖性が相当程度重視されると考えられる。その場合、甲社は、

乙社と共同で設立する会社において定款で双方の株式譲渡の条件（たとえば、他の株主全員の決議による同意が必要等）を規定することにより、合弁事業の安定性を確保する閉鎖性股份有限公司を採用するほうが望ましいと思われる。

第1章　第2節　会社設立段階におけるコンプライアンス

Ⅱ　出資金の払戻し

1　事　案

　股份有限公司である甲社は、外国会社である乙社と、台湾の会社である丙社が、台湾で合弁により設立した会社である。丙社に、急遽臨時の運転資金を調達する必要が生じた。そこで丙社は乙社と相談し、すでに甲社（最近設立登記が完成した）に支払った出資金を取り戻して運転資金にあて、顧客から金銭を受領した後で、甲社への出資金を補塡したい旨を伝えた。乙社は、双方の長期にわたる協力関係に基づき、丙社の要求を受け入れ、丙社が出資として支払った出資金を、甲社から丙社に払い戻した。

2　法的ポイント

　会社設立後、出資金を払い戻すことはできるのか。出資金の払戻しにはどのような罰則があるのか。

3　基本概念の解説

(1)　会社による出資金の払戻しの可否

　会社法9条は、「会社が払込みを受けるべき株式払込金について、株主が実際に全額の払込みをしていないときは、会社は申請書類で全額の払込みがあったと表明してはならない。株主が株式払込金の全額を払い込んだときも、会社は会社の登記の完成後に、株式払込金を株主に払い戻し、又は任意に株主に取り戻させてはならない」と規定している。この規定における「会社」には、あらゆる組織形態の会社が含まれている。

46

この規定は、「資本三原則」[16]のうち「資本確定の原則」の表れである。会社の資本金の額は、会社が対外的に表示する資産の額である。また、会社の取引の相手方にとっては、同金額は会社の弁済能力を評価する機能を有している。そのため、会社は、株主が実際に出資金を払い込むこと、払い込んだ出資金が資本金の額と同額となることを確保しなければならない。そうでなければ、資本金の額は取引の安全を保障するという機能を喪失することになる。

(2) 株式譲渡による資金回収

前述したように（前記Ｉ）、外国会社の多くは、台湾で設立する会社の形態として股份有限公司を選択しているが、股份有限公司も、前述の「出資金の任意の払戻し禁止」の規定による規制を受ける。また同時に、「株式譲渡の自由」は股份有限公司の原則として法定されている（会社法163条を参照）。そこで、株主に急遽資金調達の必要性が生じたときは、株式を自由に譲渡する方法により、出資した金額を回収することができる。

(3) 合弁会社における株式譲渡の制限と効力

合弁会社は株主構成の安定を重視する企業であるため、合弁会社の株主が株式を任意に第三者に対して譲渡した場合、株主構成の閉鎖性が損なわれることになる。しかし、2015年の改正以前の会社法においては、会社は定款またはその他の何らかの方法によって、株主の「株式譲渡の自由」を制限することはできなかった。そのため、合弁会社の株主が合弁契約において株式の譲渡制限に関する条項を定める例（たとえば、他の合弁会社の株主の同意を得なければ、譲渡することができない、または譲渡前に事前に合弁会社の株主に

---

16 資本三原則とは、「資本確定の原則」、「資本維持の原則」および「資本不変の原則」という３つの原則を指す。「資本確定の原則」とは、会社設立時に定款に資本の総額を明記し、発起人が当該総額に相当する資金を払い込む必要があることを意味する。「資本維持の原則」とは、会社の存続期間中に、会社が資本の総額に相当する資金をもつよう維持する必要があることを意味する。「資本不変の原則」とは、会社資本の総額が確定後、法律の規定によらずに変更することはできないことを意味する。しかし、現在の台湾の会社法では、授権資本制度を採用しているため、資本の総額（すなわち、授権資本金）より、払込資本金のほうが会社の債権者にとって有意義なものである。

第1章　第2節　会社設立段階におけるコンプライアンス

通知し、合弁会社の株主に優先購入権を与えなければならないなど）が数多くみられた。

しかし、合弁会社の株主が、たとえ合弁契約における株式の譲渡制限の規定に違反したとしても、株主間契約の違約の効果が生じるにとどまり、他の合弁会社の株主は、当該株式譲渡の無効を主張できなかった。

2015年の会社法改正後は、合弁会社の株主が株式に譲渡制限を付したい場合、閉鎖性股份有限公司という組織形態を採用できるようになった。この場合、閉鎖性股份有限公司の株主が株式の譲渡制限の方法を定款で定めさえすれば、株式譲渡によって第三者が合弁会社に加入することを確実に防ぐことができる。しかし、閉鎖性股份有限公司の株主が定款に規定する株式譲渡の要件（たとえば、自分以外の株主に対してのみ株式を譲渡できる、または定款が規定する特定の第三者に譲渡できる）にあたる場合、自分の持株を譲渡することができるようになる。そうすると、株主が株式の取引に係る金額を受領するという方法により、合弁会社に投入した資金を取り戻すことができる（ただし、株式の価額は合弁会社の現在価値によって変動するため、株式の取引に係る金額が最初に投入した資金の額と一致するとは限らない）。

　⑷　出資金を払い戻した場合の罰則等

会社法9条には、会社が出資金を任意に払い戻した場合における、法律上の責任が〔表1－9〕のように定められている。

4　事案の検討

甲社が丙社に出資金を払い戻す行為は、会社法9条の会社は出資金を任意に払い戻してはならないという規定に違反する。よって、甲社の董事長は、これにより刑事責任を問われる可能性があるほか、丙社と連帯して、甲社または第三者の損失を賠償する必要もある。

甲社が閉鎖性股份有限公司であるときは、乙社と丙社は、合弁会社の他の株主に対してのみ株式を譲渡できる旨を定款で定めることができる。このよ

〔表1－9〕 会社が出資金を払い戻した場合の法律上の責任

責任の類型	内　容
刑事責任	会社責任者を5年以下の懲役、拘留に処し、もしくは新台湾ドル50万元以上250万元以下の罰金を科し、または併科する
行政責任	会社が速やかに資本金の額を補正しない場合、刑事訴訟の判決により会社責任者の有罪が確定した後、主務官庁は会社の資本金の額の登記を抹消または廃止する
民事責任	会社責任者と、当該出資金の払戻しを受けた株主は、会社が出資金を払い戻したことによって会社または第三者に生じた損害を連帯して賠償する

うな定めをおくことで、丙社は持株を乙社に譲渡して、全部または一部の出資金額を取り戻すことができる。乙社も、第三者が丙社に代わって合弁会社の株主となり、甲社の閉鎖性に影響を及ぼすことがないようにすることができる。

第1章　第2節　会社設立段階におけるコンプライアンス

Ⅲ　会社の董事、監察人の人数

1　事　案

外国会社である甲社は、台湾で業務を展開するために、甲社が株式の100％を保有する股份有限公司の乙社を台湾に設立することを計画している。乙社は、甲社が株式の全数を保有する会社であるため、甲社の経営陣は、経営の効率化と、乙社の各種業務の決定方針はすべて事前に甲社の取締役会の決議を経ることを考慮して、乙社には董事1名のみを置き、乙社の実際の経営事項は、すべて当該董事1名により決定、執行させることを計画している。また、監察人は置かない予定である。

2　法的ポイント

股份有限公司の董事および監察人の人数に、何らかの制限はあるのか。

3　基本概念の解説

(1)　1名の株主からなる股份有限公司

(A)　法人株主

会社法の規定により、1名の株主が股份有限公司を設立する場合、当該株主は必ず政府または法人（以下、あわせて「法人株主」という）でなければならない（前記Ⅰ3(2)を参照）。このような股份有限公司の株主が1名のみであることから、経営の効率化を図るため、会社法では、会社の機関の配置について、下記(2)で説明する、2名以上の株主からなる股份有限公司の規定とは異なる規定が設けられた。

50

Ⅲ　会社の董事、監察人の人数

(B)　董事と監察人の人数

会社法128条の１第２項・３項、216条１項・２項によれば、１名の法人株主からなる股份有限公司の董事と監察人の人数の配置方法は、〔表１－10〕のとおりである。

〔表１－10〕からわかるように、１名の法人株主からなる股份有限公司は、定款で定めることにより、董事１名のみを置き、監察人を置かないことができる。

(C)　その他の特別規定

１名の法人株主からなる股份有限公司の株主は１名のみであることを考慮し、会社法128条の１第１項と４項は、１名の法人株主からなる股份有限公司においては、株主総会の職権を董事会（董事１名のみを置くときは、当該董事）が行使し、会社法の株主総会に関する規定は適用されないこと、会社の董事

〔表１－10〕　１名の法人株主からなる股份有限公司の董事と監察人の人数の配置方法

役　職	人　数	董事会／監察人会設置の有無	適用の前提
董事	１名	董事会は設置されず、当該董事が董事長となり、当該董事が董事会の職権を行使する	定款の定めを要する
	２名	董事会は設置されないが、董事会の規定が準用される	定款の定めを要する
	３名以上（原則）	会社法192条１項の規定により、董事会を設置する	定款に上述の定めがない場合、３名以上の董事を設置する必要がある
監察人		監察人を置かない場合、会社法の監察人に関する規定は適用されない	定款の定めを要する
	１名以上（原則）	会社法221条の規定により、監察人は各自が単独で監査権を行使することができる。そのため、会社法には「監察人会」の機関設計は存在しない	定款に上述の定めがない場合、１名以上の監察人を設置する必要がある

51

第1章　第2節　会社設立段階におけるコンプライアンス

と監察人（置かれている場合）は、当該法人株主が会社に対する指名書の発行により決定し、株主総会において選任手続を行う必要はないことを規定している。

(2)　2名以上の株主からなる股份有限公司

会社法192条1項・2項、216条1項・2項によれば、2名以上の株主からなる股份有限公司の董事と監察人の人数の配置方法は、〔表1－11〕のとおりである。

〔表1－11〕からわかるように、2名以上の株主からなる股份有限公司は、1名の法人株主からなる股份有限公司とは異なり、定款で監察人を置かない旨を定めることはできない。よって、2名以上の株主からなる股份有限公司において、董事と監察人の人数の最もシンプルな配置は、董事1名と監察人1名のみを置くことである。

このほか、董事と監察人は、どちらも株主総会で選任され、株主である必

〔表1－11〕　2名以上の株主からなる股份有限公司の董事と監察人の人数の配置方法

役　職	人　数	董事会／監察人会設置の有無	適用の前提
董事	1名	董事会は設置されず、当該董事が董事長となり、当該董事が董事会の職権を行使する	定款の定めを要する
	2名	董事会は設置されないが、董事会の規定が準用される	定款の定めを要する
	3名以上（原則）	会社法192条1項の規定により、董事会を設置する	定款に上述の定めがない場合、3名以上の董事を設置する必要がある
監察人	1名以上	会社法221条の規定により、監察人は各自が単独で監査権を行使することができる。そのため、会社法には「監察人会」の機関設計は存在しない	

要はない。選任手続については、会社法198条1項および227条の規定により、董事と監察人の選挙方法には累積投票制が採用される。

(3) 監察人の住所の問題

会社法216条1項には、「監察人のうち、少なくとも1名は国内に住所を有する必要がある」と規定されている。ただし、外国人投資条例15条1項には、外国投資者による投資が経済部投資審議司に許可された場合には、会社法216条1項の規定は適用しないと規定されている。

現時点での経済部投資審議司の見解によれば、外国投資者による投資が許可を受け、会社法216条1項の監察人の住所に関する規定（すなわち、台湾に住所を有する必要があるとの規定）の適用が除外されるのは、①外国会社である株主が、自ら100％出資して設立した股份有限公司について会社法128条の1第4項に基づき指名書の発行により決定した監察人、および②外国会社である株主が、会社法27条1項または2項に基づき選任した監察人（詳細は下記Ⅳのとおり）の2つの場合である。

4 事案の検討

乙社には単一法人株主の甲社しか存在しないため、会社法128条の1第1項に規定する1名の法人株主からなる股份有限公司にあたる。よって、乙社の定款で定めることにより、監察人を置かずに董事1名のみを設置して、乙社の経営事項のすべてを当該董事に執行させることができる。

第1章　第2節　会社設立段階におけるコンプライアンス

IV　法人董事／監察人と、法人代表人董事／監察人

1　事案

　外国会社である甲社と、台湾の会社である乙社は、合弁により台湾に股份有限公司を設立することを計画している。合弁契約には、合弁会社の董事3名および監察人2名の定員のうち、甲社が董事2名および監察人1名を推薦する旨が定められている。そこで、甲社が同社の3名の部長を推薦して、甲社の代表人として合弁会社の董事2名および監察人1名に選任することを計画している。

2　法的ポイント

　法人董事／監察人と、法人の代表人である董事／監察人の違いは何か。法人株主は、代表人を推薦し、同時に董事および監察人を選任することができるのか。

3　基本概念の解説

(1)　「法人董事／監察人」と「法人の代表人である董事／監察人」

　会社法27条1項と2項によれば、「法人董事／監察人」と「法人代表人董事／監察人」の定義は〔表1－12〕のとおりである。

　「法人董事／監察人」と「法人の代表人である董事／監察人」の間には〔表1－12〕のような相違点が存在する。そのため、経済部は、過去に通達により、法人株主は上記の2つの方法のいずれか一方しか選択することができず、自らが董事または監察人に選任されると同時に、代表人を推薦して董事または監察人に選任することはできない旨を示している（経済部1998年9月29日経商

54

Ⅳ　法人董事／監察人と、法人代表人董事／監察人

〔表1－12〕　法人董事／監察人と法人代表人董事／監察人の定義

類　型	法人董事／監察人	法人代表人董事／監察人
根拠条文	会社法27条1項	会社法27条2項
董事／監察人となる者	法人株主	法人株主が推薦した自然人の代表人
その他の規定	法人株主自身は董事または監察人の職務を行うことができないため、法人株主が選任された後、自然人の代表人を指定して、その者が職務を行う	①　法人株主は、多数の代表人を推薦して、複数の董事または監察人に選任できる ②　登記実務上、法人の代表人の身分で董事または監察人に選任された者について、登記機関は、当該董事または監察人の欄に、これらの者が代表する法人株主を注記する

字第87223431号通達）。

(2)　法人株主による推薦者の随時変更権

　会社法27条3項の規定によれば、「法人董事／監察人」であるか「法人の代表人である董事／監察人」であるかを問わず、法人株主は、任期内に随時に代表人を変更することができる。推薦変更後の結果は〔表1－13〕のとおりである。

　しかし、「法人の代表人である董事」が董事長にも選任されている場合、経済部の通達によれば、法人株主が変更した代表人は、現董事の任期のみを引

〔表1－13〕　法人株主による推薦変更後の結果

類　型	法人董事／監察人の場合	法人の代表人である董事／監察人の場合
変更後の被推薦者の位置づけ	法人株主を代表して董事または監察人の職務を行う自然人	法人株主が推薦し、董事または監察人に選任された代表人
変更後の董事／監察人	法人株主は依然として董事／監察人である	変更後の代表人が新しい董事／監察人である

55

第1章　第2節　会社設立段階におけるコンプライアンス

き継ぐことができ、董事長の職務を引き継ぐことはできない、とされている（経済部1990年10月17日経商字第218571号通達、経済部2005年5月20日経商字第09402061340号通達）。つまりこの場合、会社はあらためて董事長を選任しなければならない。

(3)　法人の代表人が、同時に董事および監察人となることの可否

法人株主は、多数の代表人を董事または監察人に推薦し、選任することができる。しかし、会社法27条2項ただし書の規定によれば、法人株主が複数の代表人を推薦したときは、これらの代表人が同時に董事および監察人に選任され、または就任することはできない。この規定は、法人株主が同時に董事と監察人の職務を掌握し、監察人の監査権が骨抜きにされるのを防ぐためにある。

経済部の通達によれば、前述の規定に違反した場合、法人株主は董事と監察人のどちらに就任するかを自ら選択できる（経済部2012年11月5日経商字第10102146330号通達）。董事と監察人のうち選ばれなかったほうの職務は、選任が無効となるか、または当然に解任となり、会社はあらためて欠員の補選を行う必要がある。

4　事案の検討

甲社が推薦する3名の部長は、甲社の代表人として合弁会社の董事および監察人に選任される。そのため、これら3名の部長は、「法人の代表人である董事」および「法人の代表人である監察人」にあたる。しかし、会社法27条2項ただし書の規定により、甲社が代表人を同時に董事および監察人として推薦し、選任することはできない。そのため、甲社は董事と監察人のいずれかを選択する必要がある。選択されなかったほうの職務は選任が無効となり、合弁会社はあらためて補選を行う必要がある。

甲社が合弁契約の定めに基づき、甲社の人員を董事および監察人に選任したい場合、甲社は、自社の従業員の一部を法人の代表人の身分で董事に選任

56

IV　法人董事／監察人と、法人代表人董事／監察人

し、他の従業員を、従業員個人として監察人に選任する方法によることができる。この場合、当該監察人に選任された者は、甲社の代表人として選任されたわけではないので、前述した法人の代表人が同時に董事および監察人に選任されることはできないとの規定にも抵触せず、合法的に選任することができる（ただし、この監察人は法人の代表人ではないため、法人株主がいつでも推薦を変更できる旨の規定は適用されない。よって、人選を変更したい場合には、解任／辞職した後に、再度選任手続を行う必要がある）。

57

第1章　第2節　会社設立段階におけるコンプライアンス

Ⅴ　董事会と株主総会の招集・開催

1　事　案

　　甲社は閉鎖性股份有限公司である。甲社の株主は法人株主2名のみである。董事3名と監察人1名は、この2名の株主の合意により選任された各法人株主の代表人である。会議の招集に係る時間的コストを考慮して、甲社の董事会と株主総会では、書面による決議のみを行っており、これまで実際に会議の招集および開催を行ったことはない。

2　法的ポイント

　会社は、株主総会と董事会の決議を任意に書面により行い、会議を実際に招集しないことができるのか。

　また、株主総会と董事会の招集手続が法律に違反する場合、その決議の法的効果はどのようになるのか。

3　基本概念の解説

⑴　株主総会

　株主総会の開催と議決権行使の方法を簡潔にまとめると、〔表1－14〕のとおりである。

(A)　開催方法

　株主総会の開催方法について、2015年および2018年に改正される前の会社法では、ビデオ会議またはその他の方法による開催は認められていなかった。そのため、株主自らが出席し、または代理人に出席を委託する必要があった（経済部2004年3月11日商字第09302036200号）。

58

V　董事会と株主総会の招集・開催

〔表 1 － 14〕　株主総会の開催方法と議決権の行使方法

一般の股份有限公司			
株主総会の開催方法		株主総会の議決権行使の方法	
要　件	方　法	要　件	方　法
定款に定めがない場合	実際にリアル（対面式）の会議を開催する	招集通知に記載されていない場合	実際に会議に出席して議決権を行使する
		招集通知に記載されている場合	書面または電磁的方法により議決権を行使できる
定款に定めがある場合	ビデオ会議を開催する	招集通知に記載されていない場合	実際にビデオ会議に出席して議決権を行使する
		招集通知に記載されている場合	書面または電磁的方法により議決権を行使できる
	その他中央主務官庁が認可の公告をした方法により開催する（現時点では公告はない）		
閉鎖性股份有限公司			
株主総会の開催方法		株主総会の議決権行使の方法	
要　件	方　法	要　件	方　法
定款に定めがない場合	実際にリアル（対面式）の会議を開催する	招集通知に記載されていない場合	実際に会議に出席して議決権を行使する
定款に定めがある場合	ビデオ会議を開催する	招集通知に記載されていない場合	実際にビデオ会議に出席して議決権を行使する
	その他中央主務官庁が認可の公告をした方法により開催する（現時点では公告はない）		
定款に定めがあり、当該会議の前に株主全員の同意がある場合	実際にリアル（対面式）の会議を開催せず、書面により開催する	書面により議決権を行使する	

59

しかし、2015年の改正により、会社法に閉鎖性股份有限公司に関する規定が新設された後、閉鎖性股份有限公司について、定款に定めがある場合、ビデオ会議またはその他中央主務官庁が認可の公告をした方法により会議を開催することができる（会社法356条の8を参照）という、特別規定が設けられた。また、定款に「その回の株主全員が書面により議決権を行使することに同意した場合、実際にリアル（対面式）の会議を開催せず、書面による方法で開催することができる」と規定することもできる。

なお、特に注意が必要な点として、会社が書面による開催方法をとることができるのは、定款に特別規定がある場合に限られることである。また、株主の同意の範囲は、その回の株主総会の開催方法に限られ、将来のすべての株主総会を書面により開催することを包括的に同意することはできない。

2018年の会社法改正後、会社法は、一般の股份有限公司についても閉鎖性股份有限公司と同様の規定を制定した（前記Iの解説を参照）。つまり、定款に定めがある場合、ビデオ会議またはその他中央主務官庁が認可の公告をした方法により会議を開催することができるようになった（会社法172条の2を参照）。ただし、ビデオ会議以外に、現在会議の開催について認可の公告がされたその他の方法は存在しない。

(B) 決議方法

次に、株主総会の決議の方法については、書面または電磁的方法により議決権を行使することができる。ただし、株主総会の招集通知において、書面または電磁的方法により議決権を行使する株主は、自ら株主総会に出席したものとみなす旨を、事前に明記しなければならない（会社法177条の1を参照）。

(C) 開催方法・決議方法等に瑕疵がある場合

株主総会の開催方法が違法であるか、または株主総会の招集手続もしくは決議の方法が法令もしくは定款に違反するときは、株主は決議の日から起算して30日以内に、裁判所にその決議の取消しを申し立てることができる（会社法189条を参照）。また、無効な董事会決議により招集された株主総会につ

V　董事会と株主総会の招集・開催

いては、招集手続に違法があるとして、株主総会で行った決議を取り消すことができる（最高裁判所2007年度台上字第2833号判決）。

　ただし、特に注意が必要なのは、出席した株主が法定の定足数に達していない場合であり、最高裁判所は、その場合は招集手続の法令違反の問題ではなく、株主総会は不成立であると認定していることである（最高裁判所2014年第11回民事廷決議）。そのため、株主総会決議は当然に不存在となり、株主または第三者は、裁判所に対して株主総会決議の取消しの申立てではなく、株主総会決議不存在確認の訴えを提起することになる。株主総会決議不存在「確認の訴え」なので、「取消し」の申立てではないから、会社法189条に定める30日の期限制限を受けないこととなり、定足数に達していない場合には、決議の日から30日を経過しても、法律違反が治癒されることがない。

(2)　董事会

　董事会の開催と決議の方法を簡潔にまとめると、〔表1−15〕のとおりである。

　2018年の会社法改正では、董事会の開催方法の柔軟性を高めるため、ビ

〔表1−15〕　董事会の開催方法と決議の方法

一般の股份有限公司および閉鎖性股份有限公司			
董事会の開催方法		董事会の議決権行使の方法	
要　件	方　法	要　件	方　法
会社が自由に決定する	実際にリアル（対面式）の会議を開催する		実際に会議に出席して議決権を行使する
	ビデオ会議を開催する		実際にビデオ会議に出席して議決権を行使する
定款に定めがあり、当該会議の前に董事全員の同意がある場合	実際にリアル（対面式）の会議を招集せず、書面により開催する		書面により議決権を行使する

デオ会議以外に、書面による開催方法も会社法に新設され、書面により議決権を行使することもできるようになった（会社法205条5項を参照）。ただし、書面により開催する旨の規定は閉鎖性股份有限公司以外の会社には適用されない。

閉鎖性股份有限公司には、董事会の開催方法についての別段の規定は存在しないが、閉鎖性会社も股份有限公司であるため、股份有限公司の規定が適用される。特に注意が必要な点として、定款に定めがある場合に限り、董事全員の同意を得て、会社は書面により董事会を開催することができ、また、董事の同意はその回の董事会の開催方法に限られ、将来のすべての董事会を書面により開催することを包括的に同意することはできないことである。

董事会の招集手続または決議の方法が法令または定款に違反する場合、多くの裁判実務では、その回の董事会決議は無効であると判断されている（たとえば、最高裁判所2017年度台上字第57号民事判決、最高裁判所2008年度台上字第925号民事判決）。

4　事案の検討

閉鎖性股份有限公司が書面により株主総会または董事会を開催し、書面により議決権を行使することは、次の2つの要件のいずれをも満たした場合に限り、認められる。

①　定款に定めがある。

②　各回の会議の開催前に、その回の会議で書面による開催方法を採用することについて、株主総会の場合は株主、董事会の場合はは董事の同意を得る。

甲社の株主総会と董事会が上記の要件を満たさないにもかかわらず、書面による会議の開催や決議を行った場合には、いずれも法令違反となる。

甲社の株主総会の開催方法、議決権行使方法が違法である場合、台湾の裁判実務によれば、合法的に出席した者がいない株主総会と判断され、株主総

会開催の定足数に達していない総会となり、株主総会とその決議は当然に不存在となる。

甲社の董事会の開催方法、議決権行使方法が違法である場合、台湾の裁判実務によれば、招集手続と決議の方法が違法であると判断されるため、その決議は当然に無効となる。

会社法は、株主総会、董事会の招集手続（通知期限、開催方法等を含む）および決議の方法について、細かい規定を数多くおいている。何らかの違法事由があった場合、それを事後に更正することはできず、通常、決議は無効、不存在または取り消すことができるものとなる。これは、会社内部の意思決定や運営に影響を及ぼすだけでなく、董事が会社に対して賠償責任を負うことや、会社の対外的な意思表示の瑕疵にもつながり、その影響は甚大である。そのため、会社が株主総会または董事会を招集する際には、会社法の関係規定に特に注意が必要である。

第1章　第2節　会社設立段階におけるコンプライアンス

VI　会社による保証の提供

1　事　案

　股份有限公司である乙社は、外国会社である甲社が台湾に設立した完全子会社である。甲社は経営上の必要性から、複数の銀行にシンジケートローン[17]を申請した。シンジケート団は、甲社のすべての関係企業が保証書を提出し、甲社への融資に係る債務を担保することを求めている。そのため、甲社は乙社を含むすべての子会社に対し、シンジケート団に保証書を提出するよう求めた。乙社は直ちに董事会を招集し、決議により保証書への署名に関する議案を可決した。

2　法的ポイント

　会社が他人のために保証を提供することに、法律上の制限はあるのか。違法な保証の提供には、どのような法的効果があるのか。

3　基本概念の解説

　会社が保証人となる場合について簡単に整理すると、〔表1-16〕のようになる。

(1)　保証人となることの制限

　会社の財務状況を安定させ、会社の正常な運営および取引の安全を維持するため、会社法は会社が保証人となる場合について特に制限を設けている。

17　シンジケートローンとは、資金調達のニーズに対し複数の金融機関が協調してシンジケート団を組成し、1つの融資契約書に基づき同一条件で融資を行う資金調達手法である。

VI　会社による保証の提供

〔表1－16〕　会社が保証人となる場合についての整理

保証の種類	定款または法律に定めがある場合	定款または法律に定めがない場合
保証人	○	×
物的担保	○	×
債務引受け	○	×
手形の裏書	○	○

　会社法の規定によれば、定款または法律に特別な規定がある場合を除き、会社が保証人となることはできない（会社法16条を参照）。この「法律に特別な規定がある場合」について、たとえば銀行法には、特殊な産業別の特別規定が設けられている。

　定款に定めがない場合、たとえ株主全員の同意があったとしても、会社は保証人となることができない。つまり、会社が他人のために保証を提供しようとする場合は、先に定款を変更する必要がある。

　「保証人となる」ことの意味については、保証契約のほかにも、実務見解は会社が自らの資産を他人の担保に供すること（たとえば、抵当権、質権の設定）も、保証に該当すると認定している（最高裁判所1985年台上字第703号判例）。このほか、これと類似する状況として、たとえば会社が他人の債務を引き受けること（債務引受け）にも、会社法による保証の制限に関する規定が適用される（最高裁判所2003年度第914号判決）。つまり、上記の行為はいずれも会社法16条による制限を受ける。

　一方、手形の裏書により、裏書人の責任を負うことは、他人のために保証を提供することに該当するのだろうか。これについて、最高裁判所は、裏書人が負う責任は手形法に定められた手形上の文言に従った責任であって、契約の履行責任ではないことから、保証人とは異なり、会社法16条の規定による制限は受けないと認定している。

(2)　会社が違法な保証をした場合の効果

　会社が主たる債務者（被保証人）のために保証を提供し、債権者に保証書

65

第1章　第2節　会社設立段階におけるコンプライアンス

を発行する法律行為が会社法の規定に違反する場合、その法律関係は、〔表1－17〕のようになる。

4　事案の検討

　乙社が甲社の保証人となることができるかは、乙社の定款に、乙社が保証を提供できる旨の定めがあるかによる。乙社の定款に第三者のために保証を提供できるとの定めがない場合、乙社が提出した保証書は無効であり、乙社の責任者は、債権者、すなわちシンジケート団に対して、自ら保証人としての責任を負わなければならない。

　乙社の定款に、会社が保証人となることができる旨の規定がない場合、有効な保証を行うためには、まず株主総会（単一法人株主の会社であるときは、董事会）を招集し、乙社の定款を変更する必要がある。次に、会社が第三者の保証人となることは、会社の業務執行範囲内の内容であるため、実務上、シンジケート団は争いを減少させるため、会社による保証について有効に決議した董事会の議事録を提出するよう乙社に求めることが一般的である。

〔表1－17〕　会社が違法な保証をした場合の効果

関係者	効　力
会社と債権者との間	会社法16条は強行規定であり、学説上、この規定は会社の権利能力の制限にあたると考えられているため、保証行為は無効となる（大法官会議解釈第59号解釈）
会社の責任者と債権者との間	会社の責任者は第三者に対して、自ら保証の責任を負わなければならない（会社法16条2項前段を参照）
会社の責任者と会社との間	これにより会社に損害が生じた場合、会社の責任者は、会社に対して損害賠償責任を負わなければならない（会社法16条2項後段を参照）

Ⅶ　会社による資金の貸付け

1　事　案

　外国会社である甲社は、運営上の都合により、甲社と同一の企業グループに属し兄弟会社である台湾の股份有限公司である乙社から、資金を借り入れることを決定した。乙社は普段、甲社と商取引を行っていないが、同一の企業グループに属しているため、乙社の董事会では、甲社に対する資金の貸付けの議案を決議により可決した。

2　法的ポイント

　会社は他人に資金を貸し付けることができるのか。違法な資金の貸付けにはどのような法的効果があるのか。

3　基本概念の解説

　会社が他人に貸付けをする場合について簡単に整理すると、〔表 1 － 18〕のようになる。

〔表 1 － 18〕　会社が他人に貸付けをする場合についての整理

会社が他人に貸付けをできる場合	貸付けの対象	貸付金額の制限
商取引がある場合	①　台湾の会社または外国会社 ②　商業登記法に基づき商業登記を行った事業者	なし
1 年以内を期間として、資金を融通する必要がある場合		会社の純資産の40%

67

第1章　第2節　会社設立段階におけるコンプライアンス

(1)　貸付けの制限

会社が他人に資金を貸し付けることにより、会社の財務が不安定になり、会社の運営に影響を及ぼす可能性がある。そのため、会社法は会社が他人に金銭を貸し付けることに対し、明文で制限を設けている。会社法15条の規定により、会社は原則として、株主または他人に資金を貸し付けることはできない。

ただし、次の2つの場合、会社は例外的に第三者に金銭を貸し付けることができる。

① 　会社間または行号（商業登記法に基づき商業登記を行った事業者。後記
(3)②参照）間に商取引がある場合

② 　会社間または行号間で短期資金を融通する必要がある場合　　この場
合、融資する金額は、貸付けを行う会社の純資産の40%を超過すること
ができない。

(2)　「短期」「純資産」の意味

「短期」とは、1年または1営業周期以内（いずれか長いものによる）に弁済する負債を指す（経済部2002年1月7日経商字第09002270580号通達）。

「純資産」とは、会社が貸付けを行うときに、貸付人の資産の総額から負債の総額を差し引いた額（すなわち、equity）を指す（経済部2002年11月11日経商字第09102252820号通達）。

(3)　貸付けの対象

貸付けの対象には、次の2種類が含まれる。

① 　会社：台湾の会社以外に、外国会社も含む（経済部2002年1月7日経商
字第09002270580号通達）

② 　行号：商業登記法に基づき商業登記を行った事業者（経済部2009年8
月27日経商字第09802114930号通達）

(4)　貸付けが違法である場合の効果

会社法の貸付けに関する規定に違反した場合、会社の責任者は、借受人と

連帯して返還の責任を負わなければならない。会社が損害を受けた場合も、会社の責任者が損害賠償責任を負わなければならない（会社法15条2項を参照）。

一方で、会社法の規定に違反した貸付契約の効力については、最高裁判所は、会社法15条は効力規定ではないため、貸付契約自体は有効であると判断している（最高裁判所2014年台上字第2282号裁定、最高裁判所2008年度台上字第2030号判決）。

4　事案の検討

乙社と甲社は商取引を行っていないため、乙社は原則として「会社間に商取引がある場合」という規定による甲社への貸付けは行うことができず、「1年以内を期間として、資金を融通する必要がある場合」という規定による貸付けに限られる。

この際、貸付けの弁済期が1年または1営業周期を超えてはならないことのほか、貸付金額にも上限があり、乙社の純資産の40％を超えてはならないことにも注意が必要である。

乙社が違法な貸付けを行った場合も、裁判所が貸付契約は有効であると判断する可能性はある。しかし、乙社の責任者（董事または董事長）は、甲社との貸付契約について、乙社と連帯して弁済責任を負わなければならず、乙社に損害が生じたときには、損害賠償責任も負わなければならない。

第1章 第2節 会社設立段階におけるコンプライアンス

Ⅷ 会社による投資行為

1 事 案

　株份有限公司である甲社は元々家電製造業ではなかったが、経営の多角化により本業のリスクを分散するため、他の家電研究開発業者への投資を検討している。甲社は調査を行った後、家電の製造と研究開発の経営に専門特化している株份有限公司である乙社に投資し、乙社の株式の10％を取得することを決めた。この投資議案は、甲社の董事会決議により可決された。

2 法的ポイント

　会社による投資行為には制限が設けられているか。制限に違反した場合には、どのような法的効果があるのか。

3 基本概念の解説

　会社法は、会社による投資行為に制限を設けている。これを整理すると、〔表1－19〕のとおりである。

(1) 投資行為の制限

　会社法は、会社が他の会社の無限責任の出資者またはパートナーとなったときは、これにより連帯して無限の弁済責任を負うことになり、会社の株主および債権者の権利に損害が生じる可能性があることを考慮し、会社がこのような投資行為を行うことを絶対的に禁止している（会社法13条1項を参照）。

　他の会社の有限責任の出資者となる場合について、会社法が2018年に改正される前は、どのような類型の会社であっても、払込資本金の40％とい

70

〔表1－19〕　会社による投資行為の制限

会社の種類	投資の内容	可　否	違法の場合の効果
あらゆる類型の会社	その他の会社の無限責任の投資者となること	不可	無効
	パートナーシップ事業のパートナーとなること	不可	無効
	他の会社の有限責任の出資者となること	可。ただし、公開発行会社の再投資総額には制限あり（詳細は〔表1－20〕のとおり）	有効

〔表1－20〕　公開発行会社が他の会社の有限責任の出資者になるときの投資総額の制限

制限の内容		状　況
原則	払込資本金の40％を超えてはならない	
例外	払込資本金の40％を超えることができる	投資を専門とする場合
		定款に明文による定めがある場合
		発行済株式総数の3分の2以上を代表する株主が出席し、出席した株主の議決権の過半数の同意による株主総会決議（特別決議）があった場合

う上限を超える投資を行ってはならないとの制限があった。

　しかし、2018年の会社法改正により、非公開発行会社については、投資行為への規制が廃止された。一方、公開発行会社については、経営の多角化のために投資することが、公開発行会社にとって重大な財務上の業務行為であり、不特定多数の投資者の権益にかかわるものであること、公開発行会社の財務上の業務管理の健全性を維持するため、不当な投資により会社が過度に高いリスクを負い会社の業務経営や、株主の権益に影響を及ぼすことなどへの配慮により、原則として、払込資金の40％を超えてはならないという投

第1章　第2節　会社設立段階におけるコンプライアンス

資行為の規制が維持されている（会社法13条2項を参照）。よって、現在、非公開発行会社が投資を行う際には、払込資本金の40％という上限規制はない。

(2)　違反した場合の法的効果

会社法13条5項は、会社による投資行為が法律の規定に違反する場合、会社の責任者は会社に対して損害賠償責任を負わなければならないと規定している。一方、会社の投資行為が有効かは、それぞれの状況に応じて判断する必要がある（〔表1－21〕参照）。

4　事案の検討

甲社が公開発行会社である場合、その投資の金額が法定の上限を超えないよう注意しなければならない。この上限は甲社の払込資本金の40％である（投資を受ける乙社の払込資本金ではない。つまり、甲社が乙社の40％を超える株主権を取得してはならないというわけではない）。ただし、甲社が非公開発行会社である場合、その投資の金額は前述の制限を受けない。

〔表1－21〕　会社による投資行為が法律の規定に違反する場合の効果

状　況	投資行為の効力	同時に生じる効力
投資により無限責任の出資者またはパートナーとなる場合	投資行為（株式の取得またはパートナーシップ契約の締結）は強行規定に抵触するため、無効となる（最高裁判所2004年度台上字第2078号民事判決、台湾台北地方裁判所2013年度訴字第925号民事判決）	会社の責任者は、会社に対して損害賠償責任を負う
公開発行会社が投資を行う際に、会社法の払込資本金の40％という上限に違反した場合	多数の学説は、投資行為（株式の取得）は有効であると認定している	

第2章

会社運営段階における
コンプライアンス

第1節　労働法および人事管理に関する
　　　　コンプライアンス

　台湾の労働法制体系は日本と相似している。

　台湾の労働法制体系において、最も重要な法律は、日本法と同じく労働基準法である。労働基準法の規律対象は、雇用主と個別の労働者の間の労働契約の内容である。たとえば、最低勤務期間、競業避止義務、労働契約の期限、配置転換、解雇、賃金、労働時間、休暇、退職、労働災害の補償等である。労働基準法は労働条件の最低基準の規定でもあり、労使双方が約定した労働条件が労働基準法に定められた基準を下回る場合、当該約定は無効となる。

　また、就業服務法は、雇用主が従業員を募集する場合や外国人を雇用する場合に遵守すべき事項について定めている。職業安全衛生法は、職業安全衛生について定めている。性別平等工作法は、職場における性差別およびセクシュアルハラスメントの防止、並びに職場におけるジェンダー平等の促進措置について規定している。労働者の社会保障や福利については、労働者保険条例、労働者労働災害保険及び保護法、就業保険法、労働者退職金条例、職工福利金条例等に定められている。

　そして、雇用主と労働組合との間の集団的労使関係を規律する法律は、労働組合法、労働協約法および労使紛争処理法である。

　労使紛争を処理する際には、以上の法律の定めに加え、関係する裁判所の判決および中央主務官庁（すなわち、労働部）の行政解釈にも注意を払う必要がある。

Ⅰ　就職差別の禁止、プライバシーの保護、試用期間

Ⅰ　就職差別の禁止、プライバシーの保護、試用期間

1　事　案

甲社は、以下のような英語秘書の求人情報を掲載した。

職種：英語秘書

業務内容：英語の文書の処理

待遇：応相談

業務の性質：フルタイム勤務

性別：女性限定

勤務時間：日勤・08：30 ～ 18：00

休日：週休 2 日制

学歴の要求：大卒以上

言語能力の条件：英語──リスニング／上級、スピーキング／上級、
　　リーディング／上級、ライティング／上級

試用期間：3 カ月

　女性のＡが求人情報に基づいて甲社に履歴書を送ったところ、甲社は
Ａに健康診断の報告書、家族計画および警察刑事記録証明書（俗称「良
民証」。犯罪経歴証明書に相当）等の資料を別途提供するように求めたほか、
採用された場合の月給は新台湾ドル 3 万 2000 元であると伝えた。

2　法的ポイント

①　甲社は人材を募集する際に、従業員の待遇を「応相談」とすることが

75

第2章　第1節　労働法および人事管理に関するコンプライアンス

できるか。

② 甲社は人材を募集する際に、いずれかの性別に限定することができるか。また、その他の資格制限を記載することはできるか。

③ 甲社は人材を募集する際に、従業員にどのような資料の提出を要求できるのか。

④ 甲社は従業員の試用期間について定めをおくことができるか。甲社が試用期間満了をもって労働契約を終了させた場合、解雇手当を支払うべきか。

3　基本概念の解説

(1)　賃金の開示

就業服務法は、会社が人材を募集する際の賃金の開示について規定を設けている。

就業服務法5条2項6号には、「雇用主が従業員を募集又は雇用するときには、以下の状況があってはならない。……六、募集する職務に提供する経常性賃金が新台湾ドル4万元に達しないときに、その賃金の範囲を公開掲示又は告知しないこと」と規定されている。

したがって、雇用主が募集する職務に提供する経常性賃金が新台湾ドル4万元以上である場合を除き、その賃金の範囲を公開する必要がある。賃金の範囲には、固定額（たとえば、新台湾ドル3万元）、一定の幅のある記載（たとえば、新台湾ドル3万元から新台湾ドル3万5000元まで）、または最低額の定め（たとえば、新台湾ドル3万元以上）が含まれる。就業服務法5条2項6号に違反した場合、主務官庁は新台湾ドル6万元以上30万元以下の過料を科すことができる。

なお、経常性賃金とは、月給制の労働者を例にすると、労働者が通常毎月受領できる労働の報酬のことをいう。たとえば、本給および毎月支給される固定的な手当または賞与は経常性賃金に該当する。一方、労働者の仕事ぶり

76

に応じて支給されるかどうかが決まる業績賞与は経常性賃金には該当しない。

(2) 雇用時の差別の禁止

性別平等工作法と就業服務法は、雇用時の差別の禁止について規定を設けている

性別平等工作法7条には、「雇用主は、求職者又は被用者の募集、選抜、任用、割当、配置、業績評価又は昇進等について、性別又は性的指向による差別待遇をしてはならない。ただし、業務の性質が特定の性別のみに適するものであるときは、この限りでない」と規定されている。

したがって、募集しようとしている業務の内容が、特定の性別の求職者または被用者が従事しなければ行うことができないもの、または行うことが困難であるものである場合を除き、「性別」を募集の要件とすることはできない。

また、性別、性的指向以外のその他の差別については、就業服務法5条1項において、「国民の就業機会の平等を保障するために、雇用主は求職者又は雇用する従業員に対して、種族、階級、言語、思想、宗教、党派、戸籍、出生地、性別、性的指向、年齢、婚姻、容貌、五官、心身の障害、星座、血液型又は過去の労働組合員の身分を理由として、差別してはならない」と規定されている。

性別平等工作法7条の規定、就業服務法5条1項の規定のいずれに違反した場合でも、主務官庁は新台湾ドル30万元以上150万元以下の過料を科すことができるほか、過料を科す際に事業単位の名称、責任者の氏名を公表し、期限を定めて改善を命じることができる（期限までに改善されないときは、違反した回数に応じて処罰される）。

(3) 提供を求める資料

「就業服務法」は、会社が人材を募集する際に求職者に提供を求める資料について規定を設けている。

就業服務法5条2項2号、就業服務法施行細則1条の1では、それぞれ以下のように規定されている。「雇用主が従業員を募集又は雇用するときには、

以下の状況があってはならない。……二、求職者又は従業員の意思に反して、その国民身分証、在職証明書若しくはその他の証明書類の返却に応じず、又は就業に必要ではないプライバシーに関わる資料を提供するよう要求すること」。

上記の条文における「プライバシーに関わる資料」について、就業服務法施行細則1条の1第1項の定義は以下のとおりである。

① 生理情報　遺伝子検査、薬物検査、医療検査、HIV検査、知能検査または指紋等

② 心理情報　心理テスト、誠実度テスト、嘘発見テスト等

③ 個人的な生活の情報　信用記録、犯罪記録、家族計画または背景調査等

このほか、就業服務法施行細則1条の1第2項には、「雇用主が求職者又は従業員にプライバシーに関わる資料の提供を要求する場合には、当事者の権益を尊重しなければならず、経済的な必要性又は公共の利益の保護等、特定の目的に基づく必要な範囲を超えてはならず、目的との間に正当かつ合理的な関連性がなければならない」と規定されている。

よって雇用主は、当該募集しようとする業務に必須となるプライバシーにかかわる資料以外については、求職者に提供を求めることができない。違反した場合、主務官庁は新台湾ドル6万元以上30万元以下の過料を科すことができる。

(4) 試用期間

裁判所は、従業員の試用期間に関する法的な争点について、遵守すべき明確な見解を示している

台湾の人事管理実務上、多くの雇用主は新入社員の募集にあたって試用期間を設け、通常3カ月から6カ月の間で試用期間を設定している。しかし、そもそも、試用期間を定めることができるのか、定めることができる場合に、試用期間の満了後に雇用を継続しないということができるのかについては、

労働基準法に明文の規定はない。

最高裁判所は、以下のように判示している。

① 試用期間について約定する目的は、労働者に業務に堪えうる能力があるのかを試験し、審査すると同時に、労働者側が試用期間中に企業文化を知ることである。

② そのため、試用期間の定めをおくことも許される。

③ 試用期間の満了前または試用期間の満了時には、権利濫用にあたらない限り、労使双方は原則として契約を終了することができる。

④ 試用期間の長短については、職務内容の違いに応じて3カ月から6カ月の期間を定めることは一般的に適切である。

雇用主が当該職務には不適任であることを理由として試用期間の満了をもって労働契約を終了させる場合、解雇手当を支払う必要があるのかについて、多数の裁判例は、試用期間の満了による労働契約の終了には、労働基準法は適用されないと認定している一方で、一部の裁判例は、試用期間の満了による労働契約の終了は、労働基準法11条5号（業務に堪えないこと）に基づいて行う会社都合による解雇に相当し、法に基づき解雇手当を支払わなければならないと認定するなど、裁判例の判断は分かれている。

4 事案の検討

(1) 前記2（法的ポイント）①について

甲社の募集情報には、「応相談」と表示してはならない。甲社が募集する職務の賃金は新台湾ドル4万元未満であり、求人情報において賃金の額または賃金の範囲（たとえば、新台湾ドル3万元から新台湾ドル3万5000元まで、新台湾ドル3万元以上）を開示する必要がある。

(2) 前記2②について

甲社は募集を行う際に、いずれかの性別に限定することができないため、募集情報に「女性限定」と表示することはできない。「英語秘書」の職務は、「特

79

第2章　第1節　労働法および人事管理に関するコンプライアンス

定の性別の求職者又は被用者が従事しなければ行うことができない、又は行うことが困難である業務」ではない。そのため、「性別平等工作法」の規定によれば、甲社は「女性」だけがこの職務に応募できると限定することはできない。

(3)　前記2③について

甲社がAに提供を求めることができるのは、「英語秘書」の職務に関係する資料のみである。健康診断の報告書については、法令の規定により、雇用主には求職者の身体の状態が当該募集する業務に従事するのに適するかを確認する義務が課されているため（職業安全衛生法21条1項を参照）、従業員に健康診断の報告書の提出を求めることは、当該業務に必要な資料の提供に該当する。しかし、上述の就業服務法施行細則1条の1第2項により、「英語秘書」という業務の性質上、刑事犯罪の前科または家族計画の有無を確認する経済的な必要性（たとえば、企業の生産性向上、雇用主の賠償責任保険の保険料の引下げ、雇用主による不法行為の防止など）はないと考えられる。したがって、甲社がAに「良民証」と「妊娠計画」の提出を求めることは、違法である。

(4)　前記2④について

甲社が、Aが当該職務には不適任であると認定した場合、多数の裁判所の見解によれば、試用期間の満了前または試用期間の満了時に、双方の労働契約を終了することができる。この場合に解雇手当を支給する必要があるかについては、裁判例により判断が異なる。たとえ試用期間が6カ月であっても、これにより換算される解雇手当は約4分の1カ月分の給与であって高額ではないため、争いを避けるためにも、労働基準法または労働者退職金条例に基づき解雇手当を計算し、支給することが推奨される。

80

II　賃金、違約金

II　賃金、違約金

1　事　案

　　甲社は、「賞与支給規則」において、「(一) 年末賞与：従業員が１年を
通して在職し、かつ、業務上の過失がない場合、当社は２か月分の基本
給に相当する年末賞与を固定的に支給する。　(二) 業績賞与：業績が
従業員全体の上位10％の者に対して、当社は当年度の売上高の状況に
応じて、業績賞与を支給する。……」と規定している。

　　このほか、甲社は職場の秩序を守るため、就業規則において、「従業
員が次の規定に違反したときは、当社は状況に応じてその月の給与から
新台湾ドル1,000元を控除することができる：一、遅刻、二、身だしな
みが整っていない。……」と規定している。

　　ある日、甲社は従業員Ａがその月に10回遅刻したと認定して、その
月の給与から新台湾ドル１万元を控除した。しかし、従業員Ａは、自身
は遅刻していないと主張した。また、上述した就業規則における賃金の
控除に関する規定は、労働基準法22条の「賃金は全額支払わなければな
らない」という義務に違反していると考え、憤って離職し、甲社に解雇
手当を支払うよう請求した。解雇手当の計算においては、従業員Ａは「年
末賞与」と「業績賞与」の双方を算入しなければならないと主張した。

2　法的ポイント

① 　甲社が従業員に支給する「年末賞与」と「業績賞与」は、労働基準法
　　上の「賃金」にあたり、解雇手当に算入する必要があるのか。
② 　甲社が従業員Ａの「賃金」を控除することは違法なのか。

81

第2章　第1節　労働法および人事管理に関するコンプライアンス

3　基本概念の解説

(1)　「賃金」の認定とその重要性

　「賃金」の定義について、労働基準法2条3号は、「労働者が労働によって獲得する報酬をいう。賃金、給与並びに時間払、日払、月払、出来高払により、現金又は現物等の方法で支払われる賞与、手当及びその他名称の如何を問わず経常性給与は、いずれもこれに該当する」と規定されている。

　裁判所は、「賃金」は「労務対価性」および「給与の経常性」という2つの要件を同時に満たすことを要求している。「労務対価性」とは、当該支払われた金銭が、従業員が労務を提供した対価として与えられた報酬であることをいう。「給与の経常性」には、「時間的経常性」および「制度的経常性」が含まれるが、このどちらかを満たしていれば、裁判所から「給与の経常性」を有していると認定される可能性がある。前者は、従業員が経常的に（すなわち、「時間的経常性」）その金銭の支払いを受けられることをいう（たとえば、毎月または四半期ごとに支払われる賞与）。後者は、会社の就業規則等において、従業員が一定の条件を満たした場合、会社が必ずその金銭を支払い、かつ、金額は固定額である旨が規定されており、制度としてその支払いが保障されていることをいう（たとえば、個人の業績目標を達成した場合に、会社が内部規定に基づき必ず一定額の賞与を支給する場合）。

　反対に、雇用主が従業員に支給する金銭が、労働者の労をねぎらう恩恵的なものにすぎず、労働者が提供する労務とは無関係である場合であって、かつ、支給する金額が固定額ではないときには、当該金銭の支給は労働基準法上の「賃金」には該当しない。

　雇用主が従業員に支給する解雇手当、労働者保険、労働災害保険や全民健康保険等の社会保険費用の雇用主（事業主）負担部分、労働者退職金における雇用主の積立金額等は、いずれも「賃金」を前提として設計されている。よって、雇用主が支給する金銭が「賃金」であるかどうかは、非常に重要である。

82

たとえば、労働者退職金条例14条１項によれば、雇用主は毎月労働者のために退職金を積み立てなければならず、積み立てる退職金は労働者の毎月の賃金の６％を下回ってはならない。よって、雇用主が労働者に支給する金銭が「賃金」であると認定された場合、雇用主が積み立てる労働者退職金の額もその分増加することになる。

(2) 賃金の控除

　雇用主が就業規則において賃金を控除する旨を約定できるのかに関しては、民事裁判所と行政裁判所の見解は異なっている。さらに、労働基準法の規定では、賃金には「全額払いの原則」が採用されている。よって、雇用主において金銭を控除する前に、労働者に給与の控除額に対する異議がないことの確認を行うことを推奨する。

　労働基準法22条２項には、「賃金は全額を直接労働者に支払わなければならない。ただし、法令に別段の規定があるとき、又は労使双方が別段の約定をしたときは、この限りでない」と規定されている。また、同法26条には、「雇用主は、労働者の賃金から違約金又は賠償費用として賃金の一部をあらかじめ控除することはできない」と規定されている。

　雇用主が就業規則において給与の控除について規定することができるのかについて、行政裁判所は、「規則違反による給与の控除の本質は違約金である。これは労使双方が約定しなければならず、雇用主が一方的に決定することはできない」と認定している。よって、雇用主は就業規則においてこうした約定をすることはできない。一方、多くの民事裁判所は、「雇用主は労働者に対して懲戒権を有しており、懲戒項目が事前に明示され、公告されており、かつ、処理手続が合理的かつ妥当である場合には、就業規則において給与の控除について規定することができる」と認定している。

　従業員が就業規則に違反した場合には、従業員が同意した控除額に限って、雇用主は労働者の賃金から適法に同額を控除することができる。反対に、就業規則への違反の事実や控除額について従業員が争った場合、雇用主が直接

第2章　第1節　労働法および人事管理に関するコンプライアンス

賃金から控除することは避け、訴訟によってこの金額の確認を求め、判決が確定した後に限り、賃金からこの金額を控除すべきである。

4　事案の検討

(1)　前記2（法的ポイント）①について

甲社が従業員に固定的に支給する2カ月分の年末賞与は、労働基準法上の「賃金」である可能性がある。甲社は、1年を通して在職し、かつ、業務上の過失のない従業員に年末賞与を支給している。したがって、この金額は従業員の労務の提供に関するものであり、「労務対価性」を具備していると認定しうる。さらに、甲社は毎年2カ月分の年末賞与を固定的に支給しており、「時間的経常性」を有している。さらに、この賞与の支給条件は甲社が制定した「賞与支給規則」に明確に規定されており、労働者が条件を満たした場合、甲社はこの賞与を支給する必要がある。したがって、「制度的経常性」も備えている。よって、甲社が支給する年末賞与は労働基準法上の「賃金」である可能性がある。

甲社が設計した業績賞与は、労働基準法上の「賃金」ではない可能性がある。業績賞与については、支給対象は業績が上位10％の従業員に限られている。さらに、支給金額は会社の当年度における売上高の状況に応じて定められる。よって、金額は固定的ではないことがわかる。つまり、たとえ当年度の業績が上位10％の従業員であっても、会社の売上高の状況が芳しくない場合には、業績賞与を受給できない可能性もある。よって、業績賞与には労務対価性と給付上の経常性が欠けており、労働基準法上の賃金ではない可能性がある。

(2)　前記2②について

甲社が従業員Aの「賃金」から違約金を直接控除することは、労働基準法における関係規定に違反しているおそれがある。雇用主が就業規則において金銭の控除について定めることができるかについては、裁判実務においても争いがある。さらに、従業員Aは自身が遅刻した事実の有無について会社と

84

II 賃金、違約金

異なる認識を有している。そのため、甲社が従業員Aの同意を得る前に任意に金銭を控除する行為は、労働基準法22条2項と同法26条に違反していると認定される可能性があり、主務官庁はそれぞれ新台湾ドル2万元以上100万元以下の過料、および新台湾ドル9万元以上45万元以下の過料を科すことができる。

第2章　第1節　労働法および人事管理に関するコンプライアンス

Ⅲ　休暇の取得および休暇の種類

1　事　案

　甲社は従業員Ａを雇用しており、従業員がその月に休まず出勤した場合には、毎月の給料以外に、さらに会社から皆勤手当を支給すると定めている。従業員Ａは入社した月に、配偶者が病院で妊婦健診を受けるのに付き添うために１日間の休暇取得を申請した。このほか、幼い娘が水痘に罹患したために３日間の休暇を取得した。そこで甲社は、従業員Ａがその月に休暇を取得したことを理由として、皆勤手当の支給を拒んだ。また、従業員Ａが計４日間の休暇を取得したために、当該４日分の給与の支給も拒んだ。

2　法的ポイント

　甲社は法に基づき、従業員にどのような休暇を与えなければならないのか。甲社は、従業員Ａへの皆勤手当の支給を拒むことはできるのか。また、甲社は休暇を取得した４日分の給与の支給を拒むことはできるのか。

3　基本概念の解説

　労働者の休暇の種類および労働者による休暇の取得が皆勤手当に影響を及ぼすのかは、「労働者休暇取得規則」、「性別平等工作法」および「兵役法」に明確に定められている（〔表２－１〕参照）。

　「休職」とは、一定期間、労働者は被用者の身分を維持したままであるが、労働者は労務を提供する義務を負わず、雇用主にも給与を支給する義務はない状態のことをいう。法律で休職できると規定されている類型は、〔表２－２〕

86

Ⅲ　休暇の取得および休暇の種類

〔表２－１〕　休暇の取得による皆勤手当への影響

休暇の種類	休暇取得の原則	給与支給の有無	皆勤となるか
結婚休暇	８日間。結婚する日の10日前から３カ月以内に取得を完了する必要がある。ただし、雇用主が同意したときは、１年以内に取得を完了することができる	あり ※休暇取得日当日の給与も支給される	なる ※皆勤手当に影響を及ぼさない
忌引休暇	①　父母、養父母、継父母、配偶者が死亡したときは、８日間の忌引休暇を取得できる ②　祖父母、子女、配偶者の父母、配偶者の養父母または継父母が死亡したときは、６日間の忌引休暇を取得できる ③　曽祖父母、兄弟姉妹、配偶者の祖父母が死亡したときは、３日間の忌引休暇を取得できる	あり	なる
普通傷病休暇	①　入院を伴わない場合、１年以内の合計日数は30日間を超えることができない ②　入院を伴う場合、２年以内の合計日数は１年を超えることができない ③　入院を伴わない傷病休暇と入院を伴う傷病休暇の２年以内の合計日数は１年を超えることができない ④　医師の診断により、がん（ステージ０のがんを含む）であると診断され、外来診察の方法で治療をするとき、または妊娠期間中に流産等防止のために休養する必要があるときは、その治療または休養期間は、入院を伴う傷病休暇の計算に算入する	１年以内に３０日を超過しない部分は、賃金の半額を支給する	ならない
公傷病休暇	労働災害により失能、傷害または疾病が生じたときは、その治療、休養期間中は、	あり	なる

87

第2章　第1節　労働法および人事管理に関するコンプライアンス

	公傷病休暇を与える		
事情休暇	これは労働者が私的な用事を行う必要がある場合に取得できる休暇であり、1年以内の合計日数は、14日間を超えることができない	なし	ならない
公休暇	法令の規定により、労働者は国民の義務を履行する際、国から休暇を与えられる（たとえば、予備役の教育招集による公休／防疫業務の執行による公休等）	あり	なる
生理休暇	毎月1日間の生理休暇を取得できる。年間を通じた休暇取得日数のうち3日間を超過しない部分は、病気休暇の計算に算入しない。残りの日数は病気休暇の計算に算入する	賃金の半額を支給する	なる
出産休暇	出産日の前後に、8週間の出産休暇を取得することができる。妊娠3カ月以上で流産したときは、4週間の出産休暇を取得できる（勤務期間が6カ月以上の者には賃金の全額を、勤務期間が6カ月未満の者には賃金の半額を支給する）妊娠2カ月以上3カ月未満で流産したときは、1週間の出産休暇を取得できる。妊娠2カ月未満で流産したときは、5日間の出産休暇を取得できる（賃金は支給しないことができる）	詳細は左記のとおり	なる
配偶者出産休暇および配偶者妊婦健診休暇	配偶者の妊娠健診または配偶者の分娩に付き添う場合に、配偶者出産休暇および配偶者妊婦健診休暇を計7日間取得できる	あり	なる
妊婦健診休暇	妊娠期間中、7日間の妊婦健診休暇を取得することができる	あり	なる
授乳（搾乳）時間	子女が2歳未満であって、自ら授乳（搾乳）する必要があるときは、雇用主は毎日60分間の授乳（搾乳）時間を与えなければな	あり	なる

88

Ⅲ　休暇の取得および休暇の種類

	らない。毎日の正常な労働時間外の延長労働時間が１時間以上に達するときは、雇用主は30分間の授乳（搾乳）時間を与えなければならない		
労働時間の減少または調整	30人以上を雇用する事業所における、３歳未満の子女を育児する者は、毎日の労働時間を１時間減少すること、または労働時間を調整することを請求できる	減少した労働時間については、賃金を支給しない	なる
家庭看護休暇	家族が予防接種を受ける、または重度の疾病もしくはその他重大な事故が生じたことにより、自ら看護をする必要があるときは、家庭看護休暇を取得することができる。その休暇の取得日数は事情休暇の計算に算入し、年間を通じて７日間を上限とする	なし	なる
教育招集公休	国家の教育招集、勤務招集および点呼招集を受けた労働者は、公休を取得することができる（兵役法施行法43条を参照）	あり	なる

〔表２－２〕　休職の類型

休暇の種類	休暇取得の原則	給与支給の有無	皆勤となるか
育児休業	勤務期間が満６カ月以上の者は、子女が満３歳になるまでの期間、育児休業を申請することができる。その期間は当該子女が満３歳になるまでであるが、２年間を超過することはできない。同時に２人以上の子女を養育している場合は、その育児休業の期間は合算し、最年少の子女を２年間育児することを上限とする	なし	なる
普通傷病未完治の休職	普通傷病休暇の取得日数が規定された上限に達し、事情休暇または有給休假を使	なし	ならない

89

用してもなお完治しないときは、休職することができる。ただし、1年間を上限とする		

のとおりである。

4　事案の検討

　性別平等工作法21条の規定により、従業員が配偶者妊婦健診休暇、生理休暇、家庭看護休暇、出産休暇、配偶者出産休暇、妊婦健診休暇、育児休業もしくは授乳（搾乳）時間を取得するとき、または労働時間の減少もしくは調整を申請するときは、雇用主は従業員の請求を拒むことができないだけでなく、欠勤とみなしてその皆勤手当、業績評価に影響を与え、またはその他不利益な処分をしてはならない。従業員Aは、配偶者が病院で妊婦健診を受けるのに付き添うために1日間の「配偶者妊婦健診休暇」を取得し、また、家族が水痘に罹患したために3日間の「家庭看護休暇」を取得した。これらの休暇は、いずれも欠勤とみなすことはできない。よって、甲社は従業員Aへの皆勤手当の支給を拒むことはできない。支給を拒んだ場合には、主務官庁は性別平等工作法38条1項の規定に基づき、新台湾ドル2万元以上30万元以下の過料を科すことができる。

　給与の支給については、性別平等工作法15条6項の規定により、配偶者妊婦健診休暇の期間中の給与は全額を支給しなければならない。よって、甲社は従業員Aの配偶者妊婦健診休暇当日の給与の支給を拒むことはできない。なお、家庭看護休暇の給与は、一般の事情休暇と同様に処理する。よって、甲社は従業員Aの家庭看護休暇期間中における3日分の給与を支給しないとすることができる。

IV　労働時間

1　事案

　甲社は、元々入退室管理システムによって従業員の出勤時間を記録していた。しかし、感染症の流行により、甲社は従業員Aに在宅勤務に変更するよう求めた。

①　甲社は、2022年3月1日午前10時から10時10分までの勤務時間中に、従業員Aと連絡がつかなかったことを発見した。その後確認したところ、従業員Aはその時間に水分補給し、トイレ休憩をとっていた。

②　主務官庁は労働検査の際に、甲社に従業員Aの出勤記録の提出を求めた。しかし、従業員Aは出退勤時にオフィスに出入りする必要はなかったため、出退勤時の入退室管理システムの記録は存在しない。

2　法的ポイント

①　甲社は、2022年3月1日の従業員Aが水分補給し、トイレ休憩をとっていた時間は労働時間ではないと主張して、3月分の給与を減額することができるか。

②　甲社は、在宅勤務の従業員について出勤記録を残しておく必要があるのか。

第2章　第1節　労働法および人事管理に関するコンプライアンス

3　基本概念の解説

(1)　労働時間

労働時間の定義については、法律には明文の規定がない。裁判例における見解および労働部（日本の厚生労働省に相当する機関）が制定した「労働者の事業場外における労働時間指導原則」[1]に基づき、その定義を〔表2-3〕に整理した。

(2)　出勤記録の作成および形式

出勤記録の作成および形式については、労働基準法に規定が設けられているほか、主務官庁もその見解を示している。

労働基準法30条には、「（5項）雇用主は、労働者の出勤記録を作成し、5年間保存しなければならない。（6項）前項の出勤記録には、1日ごとの労働者の出勤状況を、分の単位まで記載しなければならない」と規定されている。

「労働者の事業場外における労働時間指導原則」1条には、「近年、産業の変遷により、経済活動はますます複雑かつ多元化しており、労働者が事業場外で従事する業務の類型は日増しに増加している。これは、雇用主の施設内又は指定された場所で労務を提供するという伝統的な、又は固定的な形態とは異なっており、『労働時間の認定』、『出勤記録の記載』等に関する争いが数多く生じている。事業所に対し、事業所外で勤務する労働者の『労働時間』の認定及び『出勤記録』の記載の参考例を提供し、労働者の労働権を保障するために、本指導原則を制定する」と規定されている。

よって、労働者が仕事をする場所が事業場内であるかどうかは、雇用主による出勤記録の作成義務には影響を及ぼさない。

1　「労働者の事業場外における労働時間指導原則」は、労働者が事業場外で労働した場合、労働時間の認定が容易ではないという状況に対応するために、労働部が労働時間の認定方法、出勤記録の記載方法を定めた行政指針である。法的拘束力はないものの、一部の裁判例では判断にあたり参考として用いられている。

92

Ⅳ　労働時間

〔表2-3〕　労働時間の定義

類　型	説　明	労働時間かどうか
実際に労働に従事している時間	雇用主の指揮命令下で、業務に従事し、または労務を提供している時間	労働時間である
手待ち時間	実際に労務を提供しているわけではないが、当該時間内において、相当高い確率で実際に労務を提供する必要があることが合理的に予期される時間	労働時間である
待機時間	<u>いつでも労務を提供できるよう準備をしている</u>状態であるが、実際に労務を提供しているわけではない時間	労働時間である
オンコール待機時間(on call)	実際に労務を提供しているわけではなく、また、実際に労務を提供する必要はない確率が極めて高く、労務を提供することが実際には極めて例外的な状況である時間。<u>労働者は、連絡先を雇用主に伝え、雇用主の要求に応えて労務を提供できるように備えておくだけでよい。</u>また、雇用主に労務を提供するよう求められてから、実際に労務を提供するまでの間に、一定の通勤時間が許容されている	労働時間ではない
休憩時間	雇用主の指揮、監督を受けている状態から脱して、<u>自由に利用</u>できる時間（基本的に、いつでも労務を提供できるよう準備をしておく義務はない）	労働時間ではない

　労働基準法施行細則21条1項には、「本法第30条第5項に定める出勤記録には、出勤簿、出勤カード、カードリーダーによる記録、入退室管理カード、生体認証システム、パソコンの出勤記録システム又はその他出勤時間の記載を確認できるツールによって行う記録が含まれる」と規定されている。

　「労働者の事業場外における労働時間指導原則」2条6号にも、「事業所外で勤務する労働者の労働時間の記録方法は、事業所の出勤簿又は出勤カード

93

第2章　第1節　労働法および人事管理に関するコンプライアンス

に限らず、パソコンの情報又は電子通信設備を用いて記載を行うこともできる。例えばドライブレコーダー、GPSロガー、電話、携帯電話によるタイムカードへの記録、インターネットによる報告、顧客のサイン、通信ソフト又はその他出勤記録を確認できるツールが挙げられる。労働検査を受けるときには、書面による記録も提出しなければならない」と規定されている。

　よって、出勤時間の記載を確認できるツールによって行う記録であれば、労働基準法に定める出勤記録に該当する。

4　事案の検討

　(1)　前記2（法的ポイント）①について

　主務官庁の見解によれば、従業員Aが勤務時間内に短時間水分補給し、トイレ休憩をとっていたとしても、従業員Aはいつでも労務を提供できるよう準備をしている状態にある。これは「待機時間」であり、労働時間にあたる。よって、甲社は、水分補給し、トイレ休憩をとっていた時間は労働時間ではないことを理由として、従業員Aの3月分の給与を減額することはできない。

　甲社が上記の理由によって従業員Aの給与を減額した場合、労働基準法22条2項に定められている「賃金の全額払いの原則」への違反となり、同法79条1項1号、80条の1の規定により、主務官庁は新台湾ドル2万元以上100万元以下の過料を科すほか、事業者の名称、責任者の氏名、処分の年月日、違反した条文および過料の金額を公表することができる。

　(2)　前記2②について

　たとえ従業員Aが在宅勤務をしていても、法に基づき従業員Aの出勤記録を作成しなければならない。したがって、従業員Aがオフィスに出勤する必要がなく、入退室管理システムの記録がない場合でも、甲社は他の確認可能な方法によって従業員Aの出勤時間を記録しておかなければならない。

　甲社が労働基準法30条5項に従って出勤記録を作成していない場合、同法79条2項、80条の1の規定により、主務官庁は新台湾ドル9万元以上45

94

IV 労働時間

万元以下の過料を科すほか、事業者の名称、責任者の氏名、処分の年月日、
違反した条文および過料の金額を公表することができる。

第2章　第1節　労働法および人事管理に関するコンプライアンス

V　人事評価

1　事　案

　　X社は、従業員Aの○年度の仕事ぶりに基づいて、従業員Aに対して
C評価を付けた。従業員Aは評価結果に非常に不満であり、自身の○年
度の仕事ぶりに基づけば、評価はAのはずだと考えている。そこで従業
員Aは、X社が行ったC評価は無効であり、X社はA評価を付けるべき
であると主張した。

2　法的ポイント

　X社は、人事評価を行う際にどのような法律の規定または法原理を遵守す
べきなのだろうか。従業員Aは、訴訟によって評価の効力を争うことができ
るのだろうか。裁判所は、原評価は無効であると認定したときは、雇用主に
対して特定の評価を行うよう直接命じることができるのだろうか。

3　基本概念の解説

(1)　人事評価の意義

　人事評価とは、雇用主が労働者の過去の一定期間内における仕事ぶり、ま
たは完成させた一定の任務に対して、その貢献度を評価するものである。

　人事評価は、労働者の業務適応性および将来性を理解するのに役立つ。ま
た、整備された人事評価制度は、雇用主による賞罰、人事異動、給与の調整、
研修および業務の改善等の根拠となるほか、労働者のモチベーションを刺激
し、組織の士気を高めて組織の発展を推進したり、企業精神を発揮したりす
ることもできる。

96

(2) 人事評価にかかわる労働法の問題

人事評価は、(特に成果主義の給与制度においては)給与や賞与の支給の有無、支給金額にかかわることが多い。また、雇用主が業績の悪い労働者の職務を変更することや、さらには業務に堪えないことを理由として、業績の悪い労働者を解雇することさえある。したがって、人事評価の過程または結果に対しては、給与の支給、配置転換または解雇の効力を伴った争いが生じることも多い。

しかし、現行の台湾の労働法には、人事評価に関する明文の規定はまだ設けられていない。そのため、雇用主が人事評価権を行使するにあたっては、主に裁判例が示す法理や原則に注意を払い、これらを遵守する必要がある。

このほか、人事評価は雇用主の人事権の一環と位置づけられている。よって、裁判所が雇用主の定めた人事評価の基準、または雇用主が行った具体的な人事評価の結果を審査することの可否や、どのような範囲であれば審査が可能なのかも、実務上よく問題となる。

(3) 人事評価の基準の適法性

雇用主が就業規則において定めた人事評価の基準の規定について、実務見解は、当該規定が有効かどうかは労使間の労働契約の効力に関する争いにあたるため、労働者は裁判所に対して、当該規定の有効性の確認を請求することができると認定している。

また、実務では、雇用主の評価基準の選定や、さらには評価基準の優先順位づけ等に関しては、雇用主による企業文化の形成または経営方法に関する判断の余地を尊重すべきであると考えられている。しかし、雇用主が労働契約における経済的な目的の達成とは全く関連性のない要素を評価基準として定めた場合には、違法と認定される可能性がある。

(4) 人事評価の結果の適法性

現在多くの裁判例は、雇用主の人事権を尊重するという立場に立っており、原則として雇用主が行った人事評価の結果に対しては審査を行っていない。

第2章　第1節　労働法および人事管理に関するコンプライアンス

また、たとえ審査を行う場合であっても、雇用主の人事評価の「適法性」の
みが審査され、人事評価の「妥当性」に対する審査は行われない。さらに、
労働者が人事評価の結果のみに対して訴訟を提起した場合に、労働者が当該
人事評価の結果がその権益（昇格、賞罰、報酬等）にどのような影響を及ぼす
のかを疎明することができないときは、裁判所は、労働者の訴えは「訴えの
利益」に欠けるとして、直接訴えを却下する可能性がある。

　人事評価の適法性の認定において、雇用主の人事評価がどのような適法要
件を満たす必要があるのかについて、現時点ではまだ実務上の一致した見解
は存在しない。しかし、大まかには次の要件が含まれる。

① 　法律の強行規定または禁止規定に違反していないこと　　たとえば、
　就業服務法5条1項の就業差別禁止の規定、労働組合法35条1項の不当
　労働行為禁止の規定など。

② 　労働契約または就業規則に明文で定められた評価に関する規定に違反
　していないこと　　たとえば、評価手続への違反、評価基準に則らない
　採点、評価項目ではない事実を考慮することなど。

③ 　人事評価権を行使するにあたり、権利を濫用していないこと

　(5)　**裁判所が雇用主に対して、特定の評価を行うよう直接命じること
　　の可否**

たとえ裁判所が、雇用主の行った原評価は法律に違反するために無効であ
ると認定した場合であっても、実務見解によれば、裁判所は原則として、雇
用主に特定の評価を行うよう直接要求することはできない。雇用主の人事部
門の核心的な権限を侵害することになるためである。

4　事案の検討

X社が行ったC評価の適法性については、主に以下の点を考慮する必要が
ある。

① 　労働契約における経済的な目的の達成と全く関連性のない要素を評価

基準として定めているか

② 法律の強行規定または禁止規定に違反しているか

③ X社が就業規則または労働契約において明文で定めた評価手続、評価
基準等の規定に違反しているか

④ 人事評価権を濫用しているか

一方で、従業員Aが訴訟を提起してC評価の効力を争う場合、従業員Aは裁判所に対し、当該C評価がその権利、利益にどのような影響を及ぼすのかを疎明する必要があり、疎明しないときは、裁判所は直接訴えを却下する可能性がある。また、訴訟においては、裁判所はX社が行ったC評価に上述の違法な状況があるかのみを審査する。従業員Aの仕事ぶりが確実に「優良」であって、C評価を付けるべきではないのかという点は、評価の妥当性の問題であるため、裁判所による審査の範囲外である。また、たとえ裁判所がX社の行ったC評価は法律に違反するために無効であると認定した場合であっても、原則として裁判所がX社にAやBの評価を付けるよう直接命じることはない。

第2章　第1節　労働法および人事管理に関するコンプライアンス

Ⅵ　職場におけるいじめについての法的責任と対応

1　事　案

　　A（女性）は、甲社で勤務している。Aの直属の上司であるBは、し
ばしば深夜にメールやSNSのメッセージを部下のAに送り、業務と全
く関係のない事務を直ちに処理するようAに求めている。Bは、Bの娘
のためにコンサートのチケットを入手するようAに要求したが、Aがチ
ケットを入手することができなかったため、BはオフィスでAを「バカ」
と罵った。Aの同僚であるC（女性）は、見るに見かねて、上司である
Bに罵るのをやめるよう言った。するとBは、「お前たち女は、繊細す
ぎる！　こんな些細なことで大騒ぎして、ちょっとしたことにも耐えら
れない。俺は今後もう女は採用しない！」と大声で非難した。その年度
のAとCの業績評価は、全部門で最下位であった。AとCは甲社に苦情
を申し立てたが、甲社は対応に積極的ではない。

2　法的ポイント

　上司のBによる部下のAとCに対する言動は、職場におけるいじめといえ
るか。甲社および上司のBは、それぞれどのような法的責任を負うのか。

3　基本概念の解説

(1)　「職場におけるいじめ」の定義
労働部が公表している職業安全衛生署の[2]「職務執行に際しての不法な侵害

2　労働部に属する機関であり、職業安全衛生、労働災害に遭った労働者の保護、労働
　検査および監督等に関する業務の立案および執行を担当する。

100

予防の手引」によれば、職場におけるいじめには、身体的暴力、言葉の暴力、精神的暴力およびセクシュアルハラスメントという4つの類型がある。

(2) 職場におけるいじめ——雇用主の法的責任

職業安全衛生法6条2項3号および職業安全衛生施設規則324条の3の規定によれば、雇用主は、労働者が職務の遂行にあたり、第三者の行為によって身体または精神に違法な侵害を受けることを予防するために、予防計画を定めるとともに、必要な措置を講ずる義務を負う。雇用主が上記の規定に違反した場合、新台湾ドル3万元以上15万元以下の過料が科される。

このほか、職場におけるセクシュアルハラスメントについては、「性別平等工作法」に規定されている。同法12条の規定によれば、職場におけるセクシュアルハラスメントは2つの類型に区分することができる。1つは環境型セクシュアルハラスメントであり、もう1つは対価型セクシュアルハラスメントである。「環境型セクシュアルハラスメント」とは、「被用者が職務を執行するときに、何らかの者が性的な要求をし、又は性的な意味を有する若しくは性差別的な発言若しくは行為をしたことによって、被用者に対して敵対的、脅迫的又は侮辱的な労働環境を作り出し、その人格的尊厳、人身の自由を侵犯若しくは干渉し、又はその労働に影響を及ぼすもの」をいう。一方、「対価型セクシュアルハラスメント」とは、「雇用主が被用者又は求職者に対し、明示的又は暗示的に、性的な要求をし、又は性的な意味を有する若しくは性差別的な発言若しくは行為をし、これを労務契約の成立、存続、変更又は分配、配置、報酬、業績評価、昇格、降格、賞罰等の交換条件とすること」をいう。なお、いわゆるセクシュアルハラスメントには、他人に対して性的な意味を有する言動のみならず、他人に対する「性差別的」な言動も含まれることに注意が必要である。また、性別平等工作法は2023年7月31日に改正され、「権力関係を利用したセクシュアルハラスメント」という類型が新設された。これは、雇用、求職または職務執行の関係に基づき、自身の指揮、監督を受ける者に対して、その権力または機会を利用してセク

第2章　第1節　労働法および人事管理に関するコンプライアンス

シュアルハラスメントを行うことである。

　性別平等工作法13条1項によれば、雇用主が雇用する被用者が10名以上30名未満の場合、セクシュアルハラスメント被害を申し立てる方法を定めて、事業所のよく見える場所に掲示しなければならないとされている（同項1号）。また、雇用する被用者が30名以上の場合、セクシュアルハラスメント防止の措置や、セクシュアルハラスメント被害の申立ておよび行為者に対する懲戒に関する規則を定めて、事業所のよく見える場所に掲示しなければならないとされている（同項2号）。

　雇用主が性別平等工作法13条1項1号に違反し、期限を定めて改善するよう命じられたにもかかわらず、期限までに改善されないときは、新台湾ドル1万元以上10万元以下の過料が科され、同項2号に違反したときは、新台湾ドル2万元以上30万元以下の過料が科される。

　そして、性別平等工作法13条2項によれば、雇用主は、セクシュアルハラスメントが生じたことを知ったときは、直ちに有効な是正措置および救済措置をとらなければならない。雇用主が上記の規定に違反したときは、新台湾ドル2万元以上100万元以下の過料が科される。さらに、被害を受けた被用者も、雇用主が同項に違反したことを理由として、雇用主に対して民事の損害賠償を請求することができる。

　2023年7月31日に改正された性別平等工作法では、雇用主の「直ちに有効な是正措置及び救済措置」についてより具体的な規定が設けられた。これには、申立人がセクシュアルハラスメントを受ける状況が再度発生するのを防ぐための措置をとらなければならないこと、申立人に対して医療または心理カウンセリングを提供すること、セクシュアルハラスメント事件の調査を行うこと、行為者を懲戒することなどが含まれる（性別平等工作法13条2項を参照）。また、雇用主に対して、申立てを受けた場合に地方主務官庁に通知する義務を課している（性別平等工作法13条4項を参照）。さらに、被申立人が権力を有する地位（優越的地位）にある場合には、調査期間中、雇用主は被申

102

立人の職務を一時的に停止または調整することができる（性別平等工作法13条の1を参照）。改正法では、権力関係（優越的関係）を利用したセクシュアルハラスメントの行為者、または行為者が雇用主もしくは最高責任者である場合には、裁判所は損害額に一定の倍数を乗じた懲罰的賠償金を定めることができるとも規定されている。権力関係を利用したセクシュアルハラスメントの行為者の倍数は1倍から3倍、行為者が雇用主または最高責任者であるときの倍数は3倍から5倍であり、行為者に被害者への賠償を命じる（性別平等工作法27条を参照）。

(3) 職場におけるいじめの加害者の法的責任

加害者は、そのいじめの行為の程度によっては、「刑事責任」を負うことになる可能性がある（〔表2-4〕参照）。

加害者の「民事責任」について、加害者のいじめの行為が、被害者の身体、健康、名誉、自由、信用、プライバシー、貞操を侵害し、またはその他の人格的法益を不法に侵害し、その情状が重大である場合、被害者は民法184条、195条に基づき、加害者に対して権利侵害行為に係る損害の賠償を請求することができるほか、慰謝料も請求できる。

4 事案の検討

本事案においては、上司のBによる部下のAおよびCに対する行為について、職場におけるいじめおよび職場におけるセクシュアルハラスメントが成立する可能性がある。

(1) 上司のBの部下のAに対する行為

Bは、しばしば深夜にメールやインスタントメッセージをAに送信して、Aの業務範囲外の事務を直ちに行うように指示している。また、オフィスにおいて、大声でAを「バカ」と罵った。さらには、AがBの私的な用事を手伝わなかったことを理由に、Aの業績評価を最下位とした。Bは、Aが業務に無関係な私的な用事を処理しなかったことを理由として、Aの業績評価に

第2章　第1節　労働法および人事管理に関するコンプライアンス

〔表2－4〕　職場のいじめの形態と刑事責任

職場のいじめの形態	要　件	刑事責任
身体的暴力	加害者の行為が被害者の身体または健康に傷害を生じさせたこと	刑法277条の「普通傷害罪」
精神的暴力	加害者が生命、身体、自由、名誉、財産に危害を加えることを告知して被害者を脅迫し、その安全に危害を生じさせたこと	刑法305条の「安全危害脅迫罪」
言葉の暴力	加害者が、多数の者がいる公の場で被害者を罵り、侮辱したこと	刑法309条の「公然侮辱罪」
	加害者が、大衆に流布することを意図して、被害者の名誉を毀損するに足りる事項を指摘または伝播すること	刑法310条の「誹謗罪」
セクシュアルハラスメント	加害者が、被害者が抗う間もなくキス、抱擁をし、または被害者のプライベートゾーンを触ること	セクシュアルハラスメント防止法25条
	加害者が、暴行、脅迫、強要、催眠術またはその他の被害者の意に反する方法を用いて、被害者に猥褻な行為をすること	刑法224条の「強制わいせつ罪」
	加害者が、暴行、脅迫、強要、催眠術またはその他の被害者の意に反する方法を用いて、被害者に性交をすること	刑法221条の「強制性交罪」

影響を及ぼしたほか、オフィスで公然とAを侮辱した。Bのこうした行為は、一般的、合理的な管理の範囲を超えているだけでなく、「精神的暴力」と「言葉の暴力」という職場のいじめの形態も成立する可能性がある。また、Bは多数の者がいる場所で公然とAを「バカ」と罵っているため、刑法309条の公然侮辱罪も成立する可能性がある。

　(2)　上司のBの部下のCに対する行為

　Bは、CがAを庇ったために、オフィスにおいてCを大声で叱責し、すべての女性は繊細であり、些細なことで大騒ぎして、ちょっとしたことにも耐えられないなどと言い、今後は女性を採用しないと宣言した。さらには、こ

104

れを原因としてCの業績評価を最下位とした。これらの行為は、性差別的な言論と行為と評価されるおそれがある。また、女性に対し敵意を示し脅迫したという点について、すでに「職場のいじめ」が成立しているほか、さらに「職場におけるセクシュアルハラスメント」が成立する可能性もある。なぜなら、性別平等工作法に定義される職場におけるセクシュアルハラスメントには、性差別的な言論も含まれるからである。本件では、Bは、今後はもう女性を採用しない旨を大声で話しており、これが女性の就業についての性差別的な言論であることは明らかである。Bの言論は、女性にとって敵対的、脅迫的および侮辱的な労働環境を生み出すものである。このほか、Bは多数の者がいる場所で公然とCを「バカ」と罵っているため、刑法309条の公然侮辱罪も成立する可能性がある。

(3) 甲社の法的責任

甲社は、Bの部下であるAとCの申立てにより、上述した職場のいじめ、職場におけるセクシュアルハラスメントの存在を把握したにもかかわらず、積極的な処理および検討を行わなかった。これは、職業安全衛生法6条2項3号と性別平等工作法13条が要求する義務に違反しており、行政罰が科される可能性がある。また、AとCは、甲社に対して権利侵害行為に係る損害の賠償も請求できる。

雇用主は職場のいじめに対して、職場のいじめをテーマとした研修および啓蒙活動の実施、被害者の通報窓口の設置、同僚間のやりとりに職場のいじめが発生する潜在的な要素が存在しないかに注意を払う等の予防措置をとることが望ましい。また、職場のいじめが疑われる場合、速やかに当事者との面談を行うべきである。事態が深刻な場合は、勤務場所や職務の調整を通じて加害者と被害者との接触を避けたり、事実関係について慎重な調査を行ったうえで、加害者への懲戒を行ったりすることも考えられる。

第2章　第1節　労働法および人事管理に関するコンプライアンス

Ⅶ　最低勤務期間条項の適法性

1　事　案

　　甲社は、従業員Aを研究開発エンジニアとして雇用している。甲社は
従業員Aとの間で、甲社が従業員Aに研修を行った後、従業員Aは少な
くとも5年間は甲社で勤務しなければならないこと、従業員Aが期間満
了前に離職した場合には、新台湾ドル10万元の研修費用を返還するほ
か、違約金として新台湾ドル30万元を支払わなければならないことを
約定した。その後、従業員Aが2年間勤務した時点で、甲社は労働基準
法11条2号に基づき、長期にわたる赤字を原因として従業員Aを会社
都合により解雇した（会社都合による解雇の法的要件は、後記Ⅷを参照）。

2　法的ポイント

　甲社は従業員Aとの間で、少なくとも5年間勤務しなければならない旨（い
わゆる「最低勤務期間」条項）を約定することができるのか。約定することが
できる場合、その法的要件は何か。

3　基本概念の解説

(1)　「最低勤務期間」条項の適法要件

　雇用主が、従業員に退職の要件として一定期間以上の勤務を課すために従
業員と最低勤務期間について約定することは、労働基準法15条の「退職の自
由の原則」に抵触する可能性がある。労働基準法15条の1第1項・2項には、
最低勤務期間条項の要件が規定されている（それぞれ、「必要性」「合理性」と呼
ばれている）。これらの規定に適合しない場合、同条3項の規定により、当

106

該最低勤務期間条項は「無効」となる。

(2) 最低勤務期間条項の「必要性」

雇用主は、まず最低勤務期間を定める「必要性」を有する場合に限って、最低勤務期間条項を定めることができる。

労働基準法15条の１が要求する「必要性」については、同条１項に以下のとおり２つの類型が規定されている。雇用主は、このうちのいずれかの状況を充足しなければならない。

① 雇用主が労働者のために専門技術研修を実施し、当該研修費用を提供した場合（「研修型」）

② 雇用主が労働者に最低勤務期間の約定を遵守させるために、労働者に合理的な補償を提供した場合（「補償型」）

研修型の最低勤務期間条項が設けられるのは、雇用主が相当の費用をかけて従業員の研修を行った場合に、そのようなコストをかけて行った研修に見合った成果を得ることを意図するような場合である。このような場合には、雇用主が労働者と最低勤務期間の約定をする必要性がある。一方、研修内容の専門性が高くない場合、その専門性は通常、職務を経験する過程で得られる知識、技能にとどまるものであるため、最低勤務期間条項を定める必要性はない。

補償型の最低勤務期間条項は、雇用主が別途の給付（永年勤続賞与、永年勤続手当等の名目で支給されるのが常である）を提供することを、労働者が拘束を受けることの対価として設けられるものである。この場合、雇用主はすでに合理的な補償を支払っているため、争いは比較的生じにくい。

(3) 最低勤務期間条項の「合理性」

最低勤務期間条項は、必要性を具備しており、さらにその内容について「合理性」も具備した場合に、初めて有効となる。

最低勤務期間の約定の「合理性」について判断する際には、以下に列挙する労働基準法15条の１第２項各号の要素を斟酌し、最低勤務期間の定めの

合理性を判断しなければならない。

① 雇用主が労働者のために実施した専門技術研修の期間および費用

② 同一または類似する職務に従事する労働者の労働力の代替・補充可能性

③ 雇用主が労働者に提供する補償の金額および範囲

④ その他最低勤務期間の合理性に影響を及ぼす事項

⑷ 労働者の責めに帰することができない事由による労働契約の終了の場合

もっとも、たとえ最低勤務期間条項が有効であっても、労働者が期間の満了前に離職した場合に、当然に違約の責任を負うわけではない。

労働基準法15条の1第4項には、「労働契約が、労働者の責めに帰することができない事由によって、最低勤務期間の満了前に終了したときは、労働者は最低勤務期間の約定への違反又は研修費用の返還の責任を負わない」と規定されている。したがって、雇用主が労働基準法11条に基づいて会社都合による解雇をした場合や、雇用主の違法を原因として労働者が労働基準法14条に基づいて労働契約を終了した場合等は、労働契約が期間の満了前に終了したとしても、労働者の責めに帰することができない要素に起因するものであることから、労働者は違約金の支払いまたは研修費用の返還等の責任を負う必要はない。

4 事案の検討

台湾では、研修費用の金額が合理的かどうかは、裁判所が業種、職務内容、研修期間の長短等の事情を総合的に考慮して個別の事案ごとに判断しており、一定の基準は存在しない。しかし、本事案においては、甲社は従業員Aに専門的な研修を受けさせ、研修費用を支払っているものの、裁判所は一般的に、このような研究開発エンジニアに対して甲社が提供した研修費用はわずか新台湾ドル10万元であることから、その研修内容が専門性を具備し

ているかは疑問である、と認定する傾向にある。

　次に、最低勤務期間条項は、「合理性」も有する場合に限って効力が発生する。この点について、甲社が支払った研修費用が新台湾ドル10万元であるにもかかわらず、従業員Ａに５年もの長きにわたる勤務期間を要求した場合には、当該約定の内容は合理性を有しないために無効であると認定される可能性がある。

　さらに、甲社は長期にわたる赤字を原因として従業員Ａを会社都合により解雇している。そのため、たとえ事案の最低勤務期間条項が有効であっても、労働契約の終了は甲社の会社都合による解雇に起因するものであり、これは従業員Ａの責めに帰することができない。よって、従業員Ａは、甲社に対して違約金の支払いや研修費用の返還等の責任を負う必要はない。

第2章　第1節　労働法および人事管理に関するコンプライアンス

Ⅷ　予告解雇の法的要件と手続

1　事　案

① 甲社は今年、顧客の注文が大幅に減少したことから、従業員Aを解雇することを計画している。

② 乙社は、旧製品の生産ラインを終了して、新製品の研究開発を行う予定であることから、旧製品の生産部門の従業員B等を解雇することを計画している。

③ 丙社は、同社の従業員Cが年度の業績目標を達成することができなかったため、従業員Cを解雇する予定である。

2　法的ポイント

前記1の状況において、解雇を行うことは適法なのだろうか。会社都合または労働者の労働能力の欠如による解雇を行うためには、どのような手続を経る必要があるのか。解雇手当はどのように計算するのか。

3　基本概念の解説

(1)　解雇の類型

台湾では、「解雇事由法定主義」が採用されている。つまり、雇用主は、労働者を任意に解雇することはできない。雇用主が解雇をすることができる事由は主に労働基準法に規定されており、雇用主は法定の解雇事由に適合する場合に限って労働者を適法に解雇することができる。

労働基準法11条に規定されているのは予告解雇であり、これには会社都合による解雇（1号から4号まで）および労働者の労働能力の欠如による解雇

110

（5号）という2つの類型が存在する。同法12条には、懲戒解雇をすることができる事由が規定されている。

雇用主が労働基準法11条の規定に基づき予告解雇をする場合、労働者への予告、解雇手当の支給のほか、管轄の主務官庁への届出も要する（後記(3)を参照）。一方、労働基準法12条の規定に基づく懲戒解雇をする場合には、予告、解雇手当の支給および管轄の主務官庁への通報はいずれも不要である（懲戒解雇については、後記IXを参照）。

(2)　予告解雇の解雇事由

労働基準法11条に規定されている予告解雇の事由は以下のとおりである（いずれかを具備すればよい）。

① 廃業または事業の譲渡

② 赤字または業務の縮小

③ 不可抗力による1カ月以上の事業の一時停止

④ 業務の性質が変更され、労働者を減少させる必要があり、配置できる適切な業務もないこと

⑤ 労働者が担当する業務に堪えないことが確実であること

(3)　予告解雇の手続

予告解雇を行う場合、雇用主は予告期間を遵守して労働者に対する解雇の予告を行い、管轄の主務官庁に予告解雇の届出を行う必要がある。

(A)　解雇の予告および求職休暇

労働基準法16条1項の規定によれば、雇用主が労働者を同法11条により解雇する場合は、労働者の勤務年数に応じて、一定の時期までに労働者に予告する必要がある（〔表2−5〕参照）。

労働者は上述の予告を受けた後、求職休暇を取得することができる。休暇の時間数は、1週間に2日を超えることができない。休暇期間の賃金は、通常どおり全額を支給する必要がある。

雇用主が上記の予告期間を遵守しないときは、不足する予告日数に応じて、

第2章　第1節　労働法および人事管理に関するコンプライアンス

〔表2-5〕　勤務年数と解雇予告期間

勤務年数	予告期間
3カ月未満	なし
3カ月以上1年未満	10日前までに予告
1年以上3年未満	20日前までに予告
3年以上	30日前までに予告

予告に係る賃金を支給する必要がある。

　　　(B)　予告解雇の届出

　就業服務法33条の規定によれば、雇用主は予告解雇の効力発生日の10日前までに、管轄の主務官庁に解雇の届出を行う必要がある。

　　(4)　解雇が禁止される期間

　法律の規定により、雇用主は次の期間は労働者を予告解雇することができない。

① 　女性労働者が分娩前後に労働を停止している産休期間中（8週間）、および妊娠3カ月以上で流産し、労働を停止している産休期間中（4週間）は、雇用主は解雇することができない（労働基準法13条を参照）

② 　労働者が労働災害により治療をしており、労働することができない期間は、雇用主は解雇することができない（労働基準法13条を参照）

③ 　労使紛争の調停、仲裁または裁決の期間中、雇用主は当該労使紛争事件を原因として解雇することができない（労使紛争処理法8条を参照）

　　(5)　解雇手当

　雇用主は契約終了日から30日以内に、予告解雇された労働者に対して解雇手当を支給する必要がある。解雇手当の計算基準は、労働者に適用される労働者退職金が旧制であるか新制[3]であるかによって異なる（〔表2-6〕を参照）。

Ⅷ　予告解雇の法的要件と手続

〔表2−6〕　解雇手当の計算基準

労働者に適用される 労働者退職金制度	解雇手当の計算基準
旧制の労働者退職金	1カ月分の平均賃金に勤務年数を乗じた額に相当する解雇手当を支給する。1年に満たない月数は、その1年12カ月の月割により計算する。1カ月に満たない部分は、1カ月として計算する（労働基準法17条1項を参照）。
新制の労働者退職金	0.5カ月分の平均賃金に勤務年数を乗じた額を支給する。1年に満たない部分は、その1年12カ月の月割により計算する。支給額は6カ月分の平均賃金を上限とする（労働者退職金条例12条1項を参照）。

4　事案の検討

　本事案①において、甲社が「今年、顧客の注文が大幅に減少していること」を解雇の事由としていることは、労働基準法11条2号の「業務の縮小」に該当しているように見受けられる。しかし、多数の下級審裁判例によれば、一時的な景気の変動や、会社に対する影響が重大ではない場合は、甲社は従業員を予告解雇することはできない。

　本事案②において、乙社が「旧製品の生産ラインを終了して、新製品の研究開発を行う予定であること」を解雇の事由としていることは、労働基準法11条4号の「業務の性質の変更」に該当しているように見受けられる。しか

3　台湾の法定の労働者退職金制度は、旧制と新制とに区分される。旧制とは労働基準法の労働者退職金の規定が適用される制度のことをいい、新制とは労働者退職金条例の規定が適用される制度のことをいう。労働者退職金条例は2005年7月1日に施行され、2005年7月1日以降に雇用されたすべての台湾籍の労働者には、労働者退職金条例の規定（つまり、労働者退職金新制）が適用される。なお、2005年7月1日以前にすでに在職していた台湾籍の労働者は、引き続き旧制を適用することも選択できるほか、2010年6月30日を最終期限として、新制への適用に切り替えることも選択できた（なお、新制の適用を選択する前の勤務年数については、依然として旧制の労働基準法の関係規定が適用される）。

第2章　第1節　労働法および人事管理に関するコンプライアンス

し、多数の下級審裁判例によれば、同号の事由では「配置できる適切な業務もない」場合に限って、労働者を予告解雇することができる。もしも乙社の内部に従業員B等の者を配置できる他の適当な欠員のあるポストがある場合には、予告解雇をすることはできない。

　本事案③において、丙社が「年度の業績目標を達成できなかったこと」を解雇の事由としていることは、労働基準法11条5号の「業務に堪えないことが確実である」に該当しているように見受けられる。しかしこの場合も、従業員Cの仕事ぶりが良好ではない状況が相当な期間継続し、かつ、丙社が仕事ぶりの改善を支援する機会を与えてもなお改善できなかった場合に限って、丙社は「業務に堪えないことが確実である」という事由により従業員Cを予告解雇することができる。一方、従業員Cが業績目標を達成することができなかったのがその年度だけである場合、原則として、労働基準法11条5号の「業務に堪えないことが確実である」という程度にはまだ達していない可能性がある。

114

IX 懲 戒

1 事 案

　甲社は、就業規則に「従業員が職務を執行する場合に、不正、違法又は規則違反の行為をしたときには、当社は警告を行い又は懲戒事由に係る記録を残すことができる」と定めている。

　甲社は、従業員Aが業者から賄賂を収受したことを発見した。甲社は、人事評議委員会を招集し、次の措置をとることを検討している。①半年の停職とすること、または②解雇すること。

2 法的ポイント

　甲社は、従業員Aが賄賂を収受したことを理由として、従業員Aの懲戒処分（懲戒解雇を含む）を行うことはできるのか。懲戒処分を行う際の法律上の要件はどのようなものか。

3 基本概念の解説

(1) 懲戒（懲戒解雇を除く）

　懲戒については、台湾の労働基準法に明文の規定は存在しない。しかし、実務上一般的に、雇用主は、企業秩序に影響を与えた従業員に対して一定の懲戒処分を行うことができると解されている。

　多数の下級審裁判例の見解によれば、雇用主が懲戒を行う際には、懲戒事由と企業秩序の維持との間に関連性を要する。また、懲戒手段は法令の強行規定、禁止規定、または労働協約に違反してはならないほか、〔表2-7〕の原則を遵守しなければならない。

115

第2章　第1節　労働法および人事管理に関するコンプライアンス

〔表2-7〕　懲戒において遵守すべき原則

懲戒において遵守すべき原則	内　容
①　明確性の原則	懲戒事由、懲戒手段について、雇用主は事前に就業規則、公告等の方法によって明示し、労働者が予見できるようにしなければならない
②　遡及処罰禁止の原則	事後に新たに定められた懲戒の規定により、過去の規則違反行為を遡って処罰することはできない
③　一事不再理の原則（二重処罰の禁止）	同一の規則違反行為に対して、重ねて処罰を行ってはならない
④　平等待遇の原則	差別をしてはならない。従業員の同一事由、同一程度の規則違反行為に対しては、同一程度の懲戒に処さなければならない
⑤　相当性の原則（比例原則）	労働者が懲戒により被る不利益と、雇用主が維持しようとする企業秩序の利益は、明らかに不相当であってはならない
⑥　手続の合理性、妥当性	雇用主は、労働契約または就業規則に定められた懲戒実施の手続を遵守し、従業員に具体的な懲戒事由を告知しなければならない
⑦　権利濫用の禁止の原則	雇用主は、懲戒権を濫用してはならない

(2)　懲戒解雇

　雇用主は、労働者に労働基準法12条1項に規定する以下の事由がある場合（いずれかを具備すればよい）に限って、予告することなく労働者を解雇することができる（すなわち、懲戒解雇）。それ以外の場合は、当該懲戒解雇は違法で無効であるという問題が生じうる。

　①　労働契約を締結する時に虚偽の意思表示を行って、雇用主を誤信させ、損害を与えるおそれがある場合（労働基準法12条1項1号参照）

　②　雇用主、雇用主の家族、雇用主の代理人またはその他共同で働く労働者に対し、暴行または重大な侮辱行為をした場合（労働基準法12条1項

2 号参照）

③　有期懲役以上の刑の宣告を受けて確定し、執行猶予が付かず、または
　　罰金の支払いによる代替が許可されなかった場合（労働基準法12条 1 項
　　3 号参照）

④　労働契約または就業規則に違反し、その情状が重大である場合（労働
　　基準法12条 1 項 4 号参照）

⑤　雇用主が所有する機器、工具、原料、製品もしくはその他の物品を故
　　意に損耗させ、または雇用主の技術上、営業上の秘密を故意に漏洩して、
　　雇用主に損害を与えた場合（労働基準法12条 1 項 5 号参照）

⑥　正当な理由なく連続して 3 日間無断欠勤し、または 1 カ月以内の無断
　　欠勤が 6 日間に達した場合（労働基準法12条 1 項 6 号参照）

　また、雇用主は、労働基準法12条 1 項 3 号の事由が生じた場合は労働者
を懲戒解雇しなければならないほか、同条 2 項の規定により、その状況を知っ
た日から30日以内に行わなければならない。このほか、台湾の労働法令に
雇用主の懲戒解雇手続の制限に関する明文の規定はなく、雇用主はその懲戒
解雇手続を自ら定めることができる（たとえば、会社の人事評議委員会で審議
するなど）。ただし、雇用主が就業規則等の方法を用いて懲戒解雇手続を定
めたときは、雇用主は当該手続を遵守する必要がある。遵守しない場合、懲
戒解雇は違法で無効であるという問題が生じうる。

(3)　解雇が禁止される期間

　法律の規定により、雇用主は次の期間は労働者を解雇することができない。

①　女性労働者が分娩前後に労働を停止している産休期間中（ 8 週間）、
　　および妊娠 3 カ月以上で流産し、労働を停止している産休期間中（ 4 週
　　間）は、雇用主は解雇することができない（労働基準法13条参照）

②　労働者が労働災害により治療をしており、労働することができない期
　　間は、雇用主は解雇することができない（労働基準法13条参照）

③　労使紛争の調停、仲裁または裁決の期間中、雇用主は当該労使紛争事

第2章　第1節　労働法および人事管理に関するコンプライアンス

件を原因として解雇することができない（労使紛争処理法8条参照）

　懲戒解雇をする場合、雇用主は上述の解雇禁止期間による制限を受けるのだろうか。たとえば、労働者が労働災害により治療を受けている期間に、連続して3日間無断欠勤したときは、雇用主は労働基準法12条の規定に基づき懲戒解雇をすることができるのだろうか。この点について、裁判所の判決における見解は分かれているが、最高裁判所の判決によると、いかなる解雇事由による場合であっても、労働基準法13条の規定による制限を受けるべきである、という見解を採用したものがある。

4　事案の検討

　本事案において、業者から賄賂を収受した従業員Aの行為は、就業規則に定められている「従業員が職務を遂行する場合に、不正、違法又は規則違反の行為をしたとき」という懲戒事由に該当していると考えられる。

　しかし、甲社の就業規則に規定されているのは、「警告」と「懲戒事由に係る記録」という懲戒措置のみである。甲社が従業員Aに半年の停職という懲戒処分を行うことは「明確性の原則」に違反し、当該半年の停職という処分は、違法であり無効であるという問題が生じうる。

　一方、甲社は、労働基準法12条1項4号の「労働契約又は就業規則に違反し、その情状が重大である場合」という事由に基づき、従業員Aを懲戒解雇することができる可能性がある。しかし、個別の事例において、従業員Aが業者から賄賂を収受した具体的な状況が「情状が重大」という程度に達しているかを検討する必要がある。

118

X 「離職後の競業避止義務の約定」の適法性

X 「離職後の競業避止義務の約定」の適法性

1 事 案

　従業員Aは甲不動産仲介会社に雇用されて、不動産仲介営業者として働いている。長期にわたって甲社で働いており、台北市に多くの顧客を抱えている。従業員Aの月給は新台湾ドル5万元である。従業員Aは多くの顧客の氏名、電話番号、住所等の情報を保有していることから、甲社は、従業員Aが顧客の情報を利用して、甲社と競合する業務に従事する可能性があるのではないかとの懸念を抱いている。そこで甲社は、従業員Aと以下の条項を約定した。「従業員Aは甲社における在職期間中、自己又は他人のために甲社と同一の、又は類似する業務を行ってはならない。また、甲社以外において関係する職務を兼任することもできない。従業員Aは、離職後永久に、『台湾の各県市』の不動産仲介会社においていかなる職務に就くこともできない。甲社は、その補償として従業員Aに新台湾ドル2万元を支払わなければならない」。

2 法的ポイント

　甲社は、従業員Aと在職期間および離職後の競業避止義務について約定することができるのか。「離職後の競業避止義務」の約定の法的要件とは何か。

3 基本概念の解説

(1) 「在職期間」における競業避止義務

　労働契約で「在職期間」における競業避止義務を定めることができるかについて、法律に明文規定は存在しない。しかし、裁判例の中には、労働契約

119

には一定の継続性があり、かつ、労働者は雇用主に対する従属性を有することを考慮して、民法148条の信義則に基づき、労働者は雇用主に対して一定の誠実義務を負うべきであるため、労働契約で「在職期間」における競業避止義務を約定することができる、と指摘したものがある。最高裁判所の判決も、契約自由の原則に基づき、「在職期間」における競業避止義務を定める必要があり、かつ、制限する範囲が合理的な程度を超えず過当ではないときは、労使双方は当該約定による拘束を受ける、としている。

(2) 「離職後」における競業避止義務の適法要件

憲法15条は人民の労働権を保障しており、労働権の内容には、職業選択の自由も含まれている。雇用主が労働者との間で「離職後」に競業してはならないと約定することは、当該離職した労働者の職業選択の自由を制限するものである。したがって、労働基準法9条の1は、以下の各要件を具備した場合（すべてを具備する必要がある）に限って、離職後の競業避止義務を約定することができると規定している。

① 雇用主が保護を受けるべき正当な営業上の利益を保有していること

② 労働者が在職期間中に、雇用主の営業秘密に接触またはその営業秘密を使用したこと

③ 競業避止義務の内容が合理的な範囲を超えていないこと

④ 労働者が競業行為に従事しないことによって受ける損失に対して、雇用主が合理的な補償をしていること

(A) 労働者は、営業秘密に接触している必要がある

労働者が就いている職位または職務が、雇用主の営業秘密に接触または使用できるものである場合に限って、雇用主は労働者との間で離職後の競業に係る条項を約定することができる。

営業秘密法上の「営業秘密」に該当するためには、「秘密性」「経済的価値」「合理的な保護措置」という3つの要件を満たしている必要がある（詳細は、第3節Ⅰ参照）。ただし、一般的には、雇用主の内部情報が営業秘密法上の「営業

秘密」に該当しない場合であっても、雇用主の機密情報に該当するのであれば、要保護性があると考えられている。

(B) 競業避止義務の内容の合理性

たとえ労働者が在職期間中に営業秘密等の雇用主の機密情報に接触したことがある場合であっても、さらに離職後の競業避止義務の内容が合理性を具備しているときに限って、労働者を拘束することができる。合理性を判断する際には、労働基準法施行細則7条の2に基づき、〔表2-8〕の要素を考慮する必要がある。

(C) 合理的な補償

雇用主は労働者に合理的な補償を与えることで、労働者が離職後に競業する業務に従事できないことに係る損失を補填する必要がある。補償が「合理的」かどうかの判断にあたっては、労働基準法施行細則7条の3に基づき、次の各要件を満たしている必要がある（すべてを具備する必要がある）。

① 金額が、労働者の離職時における1カ月の平均賃金の50%を下回らないこと

② 金額が、労働者の離職後の競業避止義務期間における生活上のニーズを維持するのに足りること

〔表2-8〕 競業避止義務の合理性の判断基準

離職後の競業避止義務の「合理性」において考慮される要素	判断基準
1.競業の期間	雇用主が保護したい営業秘密または技術情報のライフサイクルを超えてはならず、最長でも2年を超えてはならない
2.競業のエリア	雇用主の営業活動が実際に及ぶ範囲に限定する必要がある
3.競業する職務の内容	具体的かつ明確でなければならず、労働者の原職業活動の範囲と同一または類似していなければならない

第2章 第1節 労働法および人事管理に関するコンプライアンス

③ 金額が、労働者が競業避止義務の期間、エリア、職業活動の範囲および就業対象の範囲を遵守することによって被る損失を考慮した場合に相当であること

④ その他、「合理的な補償」の判断に関係する事項

なお、労働者が「在職期間中」に雇用主から受領していた給付（賞与、株券を含む）は、「合理的な補償」の範囲には含まれないことに注意を要する。

4 事案の検討

(1) 営業秘密に接触していたか

本事案においては、従業員Ａは甲社の「営業秘密」に接触していない。

台湾の多数の裁判所の見解では、顧客の情報が単に名称、住所、連絡先を表明した顧客の名簿にすぎず、顧客の好み、関係するバックグラウンドまたはその他商業的な意味を有する方法によって情報の整理または分析がなされていないときには、これらの情報は高度な秘密性および市場における経済的価値を有するとは認定しがたく、「営業秘密」には該当しない。すなわち、従業員Ａが不動産仲介営業として働いていた期間に保有していた顧客の氏名、電話番号および住所等の情報は、営業秘密には該当しないと考えられる。よって、甲社は従業員Ａがこれらの情報を保有していることを理由として、従業員Ａと離職後の競業避止義務の約定をすることはできない。

また、顧客の情報がたとえ営業秘密ではない場合であっても、実務上は個人情報保護の問題を考慮して、労働契約または就業規則において、労働者は離職時に職務上知ったまたは保有した個人情報を返還または破棄しなければならないと定めておくことが望ましい。

(2) 競業避止義務の内容が合理的な範囲を超えていないか

本事案における離職後の競業避止義務の内容は合理性を具備していない。

「期間」について、甲社が従業員Ａに競業避止義務を要求している期間は「永久」であり、法定の期間の上限である２年を超過している。

122

「エリア」について、甲社の営業の範囲は台湾台北市に限られていることから、本事案において「台湾の各県市」を競業避止義務の範囲と約定しているのは、合理的とはいえない。

職業活動について、従業員Aは甲社の不動産仲介営業であるため、競業避止義務に係る職業の範囲は、「不動産仲介営業活動」に明確に限定すべきである。そのため、本事案において従業員Aが離職後に「不動産仲介会社のいかなる職務」に従事することもできないと約定しているのは、具体性、明確性が不十分であり、非合理な制限である。

(3) 合理的な補償をしているか

甲社は従業員Aに合理的な補償を支払っていない。

前記3(2)(C)の労働基準法および施行細則の規定によれば、離職後の競業避止義務の合理的な補償の金額は、最低でも労働者の離職時における1ヵ月の平均賃金の50％を下回ってはならない。従業員Aの月給は新台湾ドル5万元であるため、甲社は最低でも、従業員Aの離職後に毎月新台湾ドル2万5000元以上を支払わなければならない。

本事案においては、甲社は競業避止義務の補償として従業員Aに新台湾ドル2万元しか支払っていない。これは、競業避止義務期間に従業員Aが被る損失と釣り合いがとれておらず、従業員Aの競業避止義務期間における生活上のニーズを維持するのに不足する。よって甲社が従業員Aに対して合理的な補償を与えているとは認定しがたい。

(4) 結　論

以上より、甲社と従業員Aとの間の離職後の競業避止義務に関する約定は、労働基準法9条の1第1項各号に定めた法的要件に適合しないため、同条4項の規定により、甲社と従業員Aとの間の競業避止義務の約定は無効である。

第2章　第2節　個人情報に関するコンプライアンス

第2節　個人情報に関するコンプライアンス

Ⅰ　台湾での企業経営にあたって注意すべき個人情報に関する規制

1　事　案

　日本企業である甲社は、近い将来、事業範囲を台湾まで拡大することを検討している。台湾で事業を行おうとする場合には、台湾の個人情報保護法について理解する必要があるが、台湾の個人情報保護法にはどのような内容が定められているか。

2　法的ポイント

　台湾の個人情報保護法による規制のポイントとは何か。台湾の個人情報保護法の規制は厳格なのだろうか。

3　基本概念の解説

(1)　個人情報保護法

　台湾では、「個人情報保護法」という法律が2012年10月から施行されている。個人情報保護法は、公的機関（法に基づいて公権力を行使する中央または地方の機関もしくは行政法人）または非公的機関（公的機関以外の自然人、法人その他の団体）が現に生存している自然人（台湾人か外国人を問わない）の「個人情報」を収集、処理または利用することに対して適用される。

124

(2) 主務官庁

日本においては、個人情報保護法の主務官庁として「個人情報保護委員会」が設置されている。しかし、台湾では日本と異なり、2023年5月31日の個人情報保護法改正以前に、「個人情報保護委員会」のような独立した機関は存在せず、各企業の経営している事業によって主務官庁が決まることとされていた[4]（たとえば、アプリによる配車業者は自動車乗用旅客事業に該当するので、その主務官庁は交通部になる）。しかし、この分散型の規制監督モデルは、所管する機関が不明確であることが多く、実務上の難点となっており、憲法法廷も、政府は個人情報の保護に関する独立した規制監督のしくみを構築しなければならないという判決を出すなど[5]、その改革が求められる状況であった。

そのような状況の中で、2023年5月31日に改正された個人情報保護法1条の1では、独立した機関である「個人情報保護委員会」を設立し、個人情報保護法の主務官庁とする旨が規定されている。これを受けて、政府のニュースリリースによると、2023年12月5日に行政院に設置準備室がおかれ、委員会の設置完了に向けて整備を進めている。委員会の設立完了後は、個人情報に関する事務は、単一の主務官庁が所掌することになる。

(3) 個人情報

個人情報保護法2条1号に規定される個人情報は、〔表2－9〕のとおりである。これらの個人情報の範囲は、日本法における個人情報とは大きく異なるところはないものの、法律内に個人情報の具体例が列挙されている点は日本法と異なっている。

(4) 個人情報保護法の規制対象および規制される行為

個人情報保護法による規制の態様は、〔表2－10〕のとおりである。

4　各業種の主務官庁は、個人情報保護委員会設置準備室ののウェブサイト〈https://ws.pdpc.gov.tw/FS01/FilePath/3/relfile/33/191/e07baa84-1e74-4445-8336-3c70aa2c5d04.pdf〉（今後、主務官庁によるURLの調整によって変更される可能性がある）にて確認できる。

5　憲法法廷2022年憲判字第13号判決。

第2章　第2節　個人情報に関するコンプライアンス

〔表2−9〕　個人情報保護法に規定される個人情報

一般の個人情報	識別系	氏名、生年月日、国民身分証統一番号、パスポート番号、連絡先。このほか、住所、電話番号、メールアドレス、その他直接または間接的な方法で当該個人を識別することができる情報も含まれる
	特徴系	個人の身体的な特徴。たとえば、指紋、声紋、手形等
	社会活動経済活動	婚姻（結婚の有無）、家庭（家族構成）、教育（学歴）、職業、経済状況（たとえば、月収、不動産の所有の有無等）、社会活動（たとえば、起訴状に記載される情報である「起訴状の被告人の氏名」や「起訴された犯罪の事実」等、「前科」ではないものが「社会活動」に該当する、と判断した下級審の判決が存在する）
センシティブ個人情報		病歴、医療、遺伝子、性生活、健康診断および犯罪の前科（詳細は後記Ⅲ参照）

〔表2−10〕　個人情報保護法による規制の態様

適用対象		公的機関（すなわち、政府機関）
		非公的機関（すなわち、一般の民間企業）
適用範囲		台湾域内における個人情報の収集、処理、利用
		台湾域外における台湾国民に対する個人情報の収集、処理、利用
個人情報保護法が規制する行為	収集	あらゆる方法による個人情報の取得
	処理	個人情報ファイルを作成または利用するために、情報を記録、入力、保存、編集、修正、複製、検索、削除、出力、リンクし、または内部における送信を行うこと
	利用	収集した個人情報を「処理」以外の方法で利用すること
	越境移転	個人情報を国（境）を越えて処理または利用すること

126

Ⅰ　台湾での企業経営にあたって注意すべき個人情報に関する規制

個人情報を収集、処理および利用するにあたり、注意すべき点は〔表２－11〕のとおりである。

〔表２－11〕　個人情報の収集、処理、利用にあたって注意すべき点

段　　階	実施すべき事項
個人情報の収集、処理段階	【特定目的＋法定事由】 「特定目的」を有すること、すなわち、個人情報を収集、処理、利用する目的を特定しなければならず、かつ個人情報保護法19条１項に定める事由（下記参照）を満たすこと ①　法律に明文の規定がある場合 ②　当事者と契約または契約類似の関係があり、かつ適当な安全措置を講じる場合 ③　当事者が自ら公開し、または適法に公開した個人情報である場合 ④　当事者の同意を得た場合 ⑤　公共の利益を増進するために必要である場合 ⑥　個人情報が一般に得られるソースから取得された場合（ただし、当事者が当該資料情報の処理または利用を禁止し、明らかに保護に値する重大な利益があるときは、この限りでない） ⑦　当事者の権益を侵害しない場合 【告知義務】 個人情報保護法８条１項に定める事項（下記参照）を明確に当事者に告知すること ①　収集者の名称 ②　収集の目的 ③　個人情報の種別 ④　個人情報を利用する期間、地域、対象および方法 ⑤　当事者が個人情報保護法３条（検索または閲覧、複製本の請求、補足または修正の請求、収集、処理または利用停止の請求、削除の請求）の規定により行使することができる権利および方法 ⑥　当事者が個人情報の提供の有無を自由に選択することができる場合は、提供しない場合に当該当事者の権益に生じ

127

第2章　第2節　個人情報に関するコンプライアンス

	る影響 ただし、下記例外事由（個人情報保護法8条2項）に該当する場合、告知義務を免れることになる ①　法律の規定に基づいて告知を免除することができる場合 ②　個人情報の収集が非公的機関による法定義務の履行に必要である場合 ③　告知が公的機関による法定職務の執行を妨害する場合 ④　告知が公共の利益を妨害する場合 ⑤　当事者が告知すべき内容を十分に知っている場合 ⑥　個人情報の収集の目的が営利でなく、かつ当事者に著しく影響を与えない場合
利用段階	【目的外利用禁止】 収集の際に求められる特定の目的に合致するか。目的外利用の場合、法定事由（下記参照）に該当するかを確認すること。 ①　法律に明文の規定がある場合 ②　公共の利益を増進するために必要である場合 ③　当事者の生命、身体、自由または財産上の危険を回避するためである場合 ④　他人の権益の重大な侵害を防止するためである場合 ⑤　当事者の同意を得ている場合 ⑥　当事者の権益に有利である場合
越境移転の実施段階	台湾にある非公的機関が海外にある第三者に個人情報を提供することは、「原則許可、例外禁止」というしくみになっている。個人情報保護法21条の各号（下記参照）に該当する場合、主務官庁は海外にある第三者への個人情報の提供を禁止することができる。主務官庁が制限を設けているかを確認すること。 ①　国家の重大な利益にかかわる場合 ②　国際条約または協定に特別の規定がある場合 ③　当該第三国（接受国）において個人情報の保護について十分な法規がなく、本人の権利利益が侵害されるおそれがある場合 ④　第三国（地域）を経由して個人情報を送信することにより、個人情報保護法の適用を回避しようとする場合

128

当事者による権利行使の段階	当事者が行使できる権利には、検索や閲覧、複製の請求、修正や補充、収集の停止、削除の請求が含まれる
	当事者の身分確認を行うこと
	権利行使の方法を提供し、支払う費用を告知すること
	当事者の請求に対する審査方法および期限を表明すること
	法に基づき当事者の行使権利を拒める事由があるときは、理由および通知方法を明確に記載すること
削除、処理の停止、利用の停止段階	個人情報を保有する目的がなくなったため処理または利用を停止すべき状況の有無を確認すること
	個人情報の保有期限の到来により処理または利用を停止すべき状況の有無を確認すること

4 事案の検討

　甲社の事業内容に、台湾国民の個人情報を取得するものが含まれている場合、個人情報の収集、処理および利用にあたっては、台湾の個人情報保護法の規定に従う必要がある。甲社は、台湾の個人情報保護法遵守のために確認と準備を行い、自社の営業活動のうち個人情報と関連が生じる可能性のある部分について、個人情報の保護に関する措置と対応の手順を個別に検討する必要がある。

第2章　第2節　個人情報に関するコンプライアンス

II　個人情報保護法が個人情報の保有者に要求する「適切な安全措置」

1　事　案

　甲社は、台湾でオンラインによる書籍等の小売業を行っている。消費者は、甲社のウェブサイト上で個人情報を登録すれば、クレジットカード払いで書籍や文房具を購入できる。また、甲社は、消費者が購入した商品を指定した場所に配達している。甲社は、消費者が登録した個人情報に対してどのような措置を講じれば、個人情報保護法が要求する「適切な安全措置」を講じたことになるのだろうか。

2　法的ポイント

　個人情報保護法が企業に要求している「適切な安全措置」はどのようなレベルのものなのか。

3　基本概念の解説

(1)　個人情報を保有する企業に対する個人情報保護法の要求

　個人情報保護法27条1項は、企業が個人情報を保有する場合に関して、「企業が保有する個人情報が、他人による窃取、改ざん、毀損、滅失又は漏洩にあうことを防止するために適切な安全措置を講じる必要がある」と規定している。企業がこれを適切に行わず、企業が保有する個人情報が外部流出してしまったときは、主務官庁は個人情報保護法48条2項の規定により、新台湾ドル2万元から200万元までの過料を直接科し、また期限を定めて企業に是正を命じることになる。企業が期限までに是正を完了しないときは、その

130

II　個人情報保護法が個人情報の保有者に要求する「適切な安全措置」

都度新台湾ドル15万元以上1500万元以下の過料を科すこととなる。また、その情状が重大である場合、同条3項の規定により、過料は新台湾ドル15万元から1500万元まで引き上げられる。

(2)　個人情報データベースの安全維持計画

　主務官庁は、個人情報保護法27条3項の授権により、特定の業種を指定して、事業者に個人情報データベースの安全維持計画または業務終了後の個人情報の処理方法を定めるよう要求することができる。これを受けて、指定された各業種を対象とした個人情報データベース安全維持弁法が定められている。したがって、企業は台湾で事業を行う前に、主務官庁に指定される業種にあたるかどうかをあらかじめ確認し、該当する場合、「個人情報データベースの安全維持計画」に関する法令を遵守しなければならない。

　「個人情報データベースの安全維持計画」について、各業者に要求される内容は少しずつ異なる部分もあるが、おおよそ以下の内容が含まれている。

①　個人情報の収集、処理および利用の内部管理手続

②　情報の安全管理および人員管理

③　広報および研修

④　事故の防止、通報および対応の制度

⑤　設備の安全管理

⑥　情報の安全審査制度

⑦　使用記録、履歴情報および証拠の保存

⑧　個人情報の安全な保存に関する全体改善プラン

(3)　「個人情報安全管理措置」について企業が注意すべき項目

「個人情報安全管理措置」について企業が注意すべき項目は、以下のとお

6　たとえば、「デジタル経済関連産業事業者の個人情報データベース安全維持管理弁法」、「総合商品小売業者の個人情報データベース安全維持管理弁法」、「電気事業者及び公用天然ガス事業者の個人情報データベース安全維持管理弁法」、「金融監督管理委員会が指定する非公的機関の個人情報データベース安全維持管理弁法」、並びに「製造業者及び技術サービス業者の個人情報データベース安全維持管理弁法」等。

第2章　第2節　個人情報に関するコンプライアンス

りである。

① 管理体制と人員の権限を定めて、これらの者と秘密保持義務を約定すること

② 各種設備または記憶媒体（たとえば、ノートパソコン、タブレット、外付式ハードディスク、またはUSBメモリ）の使用規則を定め、廃棄または他の用途への転用の際に、情報漏洩を防ぐための適切な措置をとること

③ 保有する個人情報の内容を暗号化する必要がある場合は、収集、処理または利用時に適切な暗号化措置をとること

④ 管理システムにおけるパスワードを適切に保存し、関係するパソコン設備の安全性、ウイルス対策、ハッキング対策を適切に管理すること

⑤ 事故の予防、通報および対応の方法や手順について定め、個人情報が窃取、漏洩、改ざんまたはその他侵害される事故が生じたときは、指定される業種の企業は事故が発生した時から72時間以内に、主務官庁に通報しなければならないこと

4　事案の検討

　甲社は、台湾でオンラインによる書籍等の小売業を行っている企業であるので、指定業種の「デジタル経済関連産業事業者」に該当する。デジタル経済関連産業事業者は、主務官庁により公布される「デジタル経済関連産業事業者における個人情報データベースの安全維持管理弁法」に基づいて、「個人情報データベースの安全維持計画」を制定しなければならない。制定しなかった場合、主務官庁は個人情報保護法48条2項に基づいて、直接新台湾ドル2万元から200万元までの過料を科すこととなる。また、期限を定めて改善を命じ、期限を過ぎても改善されないときは、その都度新台湾ドル15万元以上1500万元以下の過料を科すこととなる。

　適切な安全措置を講じなかったことまたは「個人情報データベースの安全維持計画」を制定しなかったことにより個人情報が窃取、改ざん、毀損、滅

132

Ⅱ　個人情報保護法が個人情報の保有者に要求する「適切な安全措置」

失もしくは漏洩された場合、個人情報が侵害された者は個人情報保護法29条に基づいて、賠償を請求することができる。実務上、賠償金額はケース・バイ・ケースであるが、企業による個人情報の漏洩と被害者の損害との間に因果関係があるかどうかは、よく争点となっている[7]。また、この因果関係に関する立証責任は、法によれば原則として被害者にあるが、被害者の立証責任を緩和する裁判例も存在しているので、リスクヘッジには、あらかじめ法令に基づいて「個人情報データベースの安全維持計画」を制定して着実に実行する必要がある。

7　たとえば、台湾では以前、ECプラットフォームの個人情報が外部流出し、詐欺集団がこの情報を利用して消費者に詐欺を働いた結果、消費者に約新台湾ドル30万元余りの損失を生じさせたという事件が発生したことがある。この事件で裁判所は、ECプラットフォームは70％の過失責任を負うべきであると認定したが、何者かが旅行会社のインターネットに侵入し、個人情報が外部流出したという他の類似する事例では、裁判所は、消費者の損害は詐欺集団によって生じたものであり、旅行会社が適切な安全措置をとっていなかったこととの因果関係はないと認定し、消費者の請求を棄却している。

第2章　第2節　個人情報に関するコンプライアンス

Ⅲ　企業による従業員の個人情報の保護

1　事　案

　　日本企業である甲社は、台湾での事業を拡大させることにした。その
ため一連の人員募集計画を開始し、セールスとマーケティング担当の社
員数十名を採用する準備を行っている。
　①　甲社の人事部門の管理職は、従業員の身体的な健康状態および紀
　　律を非常に重視しており、応募者が応募時に関係資料を提出するこ
　　とを望んでいる。かかる取組みにおいて個人情報保護法上、気をつ
　　けるべき点はあるか。
　②　従業員が離職した場合、甲社は当該従業員の個人情報をどのよう
　　に処理すべきなのだろうか。

2　法的ポイント

企業は、企業内部の従業員の個人情報を、どのように取り扱うべきか。

3　基本概念の解説

(1)　センシティブ個人情報

　従業員の健康診断に係る資料は、個人情報保護法に定める「センシティブ
個人情報」に該当する。個人情報保護法に定義される「センシティブ個人情報」
には、病歴、医療、遺伝子、性生活、健康診断および犯罪の前科が含まれる。
　なお、個人情報保護法施行細則4条2号によれば、医療に関する個人情報
とは、診療、矯正、人体の疾患、傷害、障害の予防などを目的とする医師ま
たは他の医療従事者によって作成される診療記録やその他の医学的な正当な

134

理由に基づく検査と治療に関する情報を指す。たとえば、診察結果に基づいて行われる処方、薬剤の使用、施術、処置に関連する個人情報などである。また、実務見解によれば、診察を受けた原因等の診療記録については、ダイエット治療の前後に撮影された写真は「診療記録」に該当すると認定されている。

(2) センシティブ個人情報の取扱いの注意点

企業による健康診断受診の要求または従業員の健康診断に係る資料の取得の可否は、企業のセンシティブ個人情報の処理にかかわるものである。個人情報保護法6条によれば、センシティブ個人情報の収集、処理、利用は原則として禁じられている。ただし、法律に明文の規定がある場合等、同条に定める場合に該当すれば、例外的に収集、処理または利用することができる。

センシティブ個人情報を収集、処理および利用することができる例外事由を整理すると以下のとおりである。

① 法律に明文の規定がある場合

② 法定の義務を履行するのに必要な範囲内において、かつ事前または事後に適切な安全確保措置を講じる場合

③ 当事者が自ら公開し、またはすでに適法に公開された個人情報である場合

④ 法定の義務を履行することに協力するのに必要な範囲内において、かつ事前または事後に適切な安全確保措置を講じる場合

⑤ 当事者の書面による同意を経た場合（ただし、特定目的の必要な範囲を超え、または他の法律において当事者の書面による同意のみにより収集、処理または利用を行ってはならないと別途定められている場合、またはその同意がその自由な意思に反する場合には、この限りではない）

上述のように、雇用主は、個人のセンシティブ個人情報を原則として取得することができない。しかし、台湾「職業安全衛生法」20条によれば、労働者を雇用するときは、事業主は労働者に対して健康診断を実施しなければならない。ここにいう「健康診断」とは、労働者の適性を判断し、作業に適さ

135

ない疾病があるかどうかを確認するための身体検査を指す。言い換えれば、新入社員であるか、在職中の従業員であるかにかかわらず、雇用主は健康診断を実施する義務がある。よって、この健康診断の実施により従業員の健康診断に係るセンシティブ個人情報を収集する行為は、法律に明文の規定に基づく行為に該当し、個人情報保護法6条により収集することができる。実際にも、一般の民間企業において、新たに入社した従業員に簡単な健康診断の結果の提出を求めることは通常である。

　企業は「労働者健康保護規則」に規定される期間、項目に係る検査結果を、労働者の選別、配置、職業病の予防および職場の健康管理という目的の範囲内において、法に従って保存、処理、利用することができるが、企業は個別の労働者のプライバシー権を特に重視し、個人情報の漏洩を防ぐ必要がある。

　(3)　従業員が個人情報の削除を求めたときの対応方法

　従業員が離職後に、企業に個人情報の削除を求めたときの対応方法等は、〔表2－12〕のとおりである。

〔表2－12〕　従業員が個人情報の削除を求めたときの対応方法等

個人情報保護法により、原則として削除が必要。ただし、例外的な場合においては、この限りでない	(原則) 個人情報保護法11条 企業が従業員の個人情報を取得する目的がなくなったときは、企業は自らまたは従業員の請求により、当該個人情報の削除、処理および利用の停止をしなければならない
	(例外) 個人情報保護法施行細則21条 法令または契約に保存期限が定められている場合、削除によって当事者の保護に値する利益が侵害を受けると認めるに足りる理由がある場合、その他正当な事由がある場合は、この限りでない
労働基準法の規定による保存項目	労働基準法7条は、従業員の離職後5年間、労働者名簿を保存することを企業に要求している

	労働基準法23条は、賃金台帳を5年間保存することを企業に要求している
労働者健康保護規則の規定による保存項目	健康診断記録の類型に応じて、一定期間の保存を要求している

4 事案の検討

　従業員は、企業内部の構成員である。企業は労働者の身体の健康を確保すること、従業員の管理、事業の運営等の目的により、多くの種類の個人情報を取得しうる。個人情報保護のため、企業がこれらの個人情報を適切に保存すべきであることはいうまでもないが、一部の法律では、労働者の権利・利益を保障するため、労働者が自己情報コントロール権に基づいて決定する余地を一定程度認めている。

　甲社は、必要な目的の範囲内において、従業員の健康診断の資料を取得することができる。たとえば、従業員の身体の状態に応じて従業員の職務内容やシフトの時間等を決定することは、従業員の健康診断の資料の合理的な利用に該当し、個人情報保護法違反とはならない。ただし、取得にあたっては、事前に従業員から同意を得ておく必要がある。また、従業員が離職したときは、法定の保存期間に従って従業員の資料を保管するとともに、保存期間の満了後には破棄すべきである。

　企業が台湾で従業員を雇用する必要がある場合は、従業員の個人情報の取得に関する規則に注意を要する。特に、企業がどのような個人情報を取得するのか、取得した個人情報をどのように処理および利用するのかについて、従業員に十分に告知し、同意を得ておく必要がある。また、保管や削除等を行う際にも、違法とならないよう、法律の規定に適合しているかに注意を払わなければならない。

第2章　第2節　個人情報に関するコンプライアンス

IV　企業による社外の者の個人情報の保護

1　事　案

　日本企業である甲社は、台湾に支店をおき、台湾で電子商取引サービス（ネットショップ）を運営している。消費者は、利用にあたってウェブサイト上で氏名、性別、生年月日、住所、携帯電話番号を登録している。甲社は、営業を目的として上記の情報を収集、処理、利用すると消費者に告知している。しかし、これらの情報以外にも、甲社のウェブサイトでは消費者が検索したキーワード、購入した商品、閲覧した商品の種類に関する情報も取得している。甲社のウェブサイトでは、このことは消費者に十分に告知されていないが、甲社のやり方に問題はあるのだろうか。

2　法的ポイント

　企業は、取引の相手方の個人情報を取得する際に行う個人情報の収集、処理、利用に関する告知の内容について、どのような点に注意すべきか。告知義務に違反した場合、どのような法的責任を負うことになるのか。

3　基本概念の解説

(1)　個人情報収集時の告知義務

　企業が個人情報を収集する時には、原則として、個人情報の収集対象に対し、法定の事項に関する告知義務を負う。法定の告知事項には、主に個人情報を収集する行為者（誰が収集するのか）、個人情報を収集する目的（どのような用途に用いるのか）、収集する個人情報（どの種類の個人情報に該当するのか、

138

IV　企業による社外の者の個人情報の保護

その具体的な内容および範囲はどのようなものか）並びに収集する期間、地域、対象および方法等が含まれる。個人情報に関する同意書に含める必要がある内容を、〔表 2 － 13〕に整理した。

　また、当事者の署名に供する個人情報同意書、または潜在的当事者に開示するプライバシーポリシーにおいても、通常は個人情報保護法上の関係規定を整理したうえで告知している。関係する内容の詳細は、〔表 2 － 14〕のとおりである。

〔表 2 － 13〕　個人情報に関する同意書に必要な項目

項　目	説　明
全体の説明	本プライバシーポリシーの対象者、企業と商業活動を行おうとする当事者は本プライバシーポリシーを熟読する必要がある旨を説明する
収集目的	企業が提供するサービスの内容、個人情報の取得目的、特定目的の範囲について説明する。個人情報を取得した後の利用目的についても、できる限り説明を行う
収集する個人情報の内容および種類	企業が取得する当事者の個人情報の内容および種類を説明する。たとえば、台湾法務部が公告する「個人情報保護法における特定の目的及び個人情報の分類」を参考にする場合、「C001個人識別情報、C001位置情報、C132アクセス情報）という形で表明することもできる
情報の保護措置	ユーザー情報の管理者、企業による当事者の個人情報に対する保護措置の現状について説明する。また、当事者の個人情報を第三者に提供して処理させる場合は、これらの情報の安全を保護する方法についても説明する
個人情報を利用する期間、地域、対象、方法	予定されている当事者の個人情報の利用期間、利用地域、利用方法について説明する
当事者が行使できる権利	当事者には、自身の個人情報について検索や閲覧の請求、写しの作成請求、補充または修正の請求、収集・処理・利用の停止請求、および削除の請求を行う権利がある旨を説明する

第2章　第2節　個人情報に関するコンプライアンス

越境移転	企業が個人情報の越境移転を行う必要がある場合には、当事者の個人情報を他の地区／国家に移転するときにとられる保護措置について説明する
その他（たとえば行動ターゲティング広告）	企業が当事者のニーズ、興味関心を広告に反映させる場合、企業と広告配信業者との間の協定および広告業者がとる秘密保護措置について説明する
プライバシーポリシーの変更	プライバシーポリシーが実際の使用、法律の要求または各種の原因により変更された際には、公告を行う旨を説明するとともに、変更後の当事者への対応方法を説明する

〔表2－14〕　個人情報に関する告知内容

項　目	説　明
収集目的の告知	個人情報の収集目的を表明する。収集目的については、台湾法務部が公告する「個人情報保護法における特定の目的及び個人情報の分類」のコードおよび項目を参考にすることができる
収集する個人情報の種類および分類の告知	収集する個人情報の種類・分類を表明する。個人情報の種類について、台湾法務部が公告する「個人情報保護法における特定の目的及び個人情報の分類」のコードおよび項目（たとえば、C012身体的な描写、C038職業、C052資格及び技術）を参考にすることができる
個人情報を利用する期間、地区、対象、方法の告知	個人情報の保存期間、個人情報が利用される地域、個人情報を利用する可能性がある者、個人情報を利用する方法（機械か人か）について説明する
当事者が有する権利の告知	検索や閲覧を請求する権利、写しの作成を請求する権利、補充や修正を請求する権利、処理・利用の停止を請求する権利がある旨、並びに前述の権利の行使先および方法（たとえば、どのような方法で会社のどの部門に請求するか）を説明する
当事者が個人情報を提供しないことにより生じうる影響の告知	当事者は個人情報を提供するかどうかを自由に選択できるが、当事者が個人情報を提供しない場合、企業は関係する措置およびサービスの対応ができない可能性がある旨を告知する。

Ⅳ　企業による社外の者の個人情報の保護

(2)　目的内・目的外利用

　企業は、個人情報を収集する目的に従い、一定の状況のもとでのみ個人情報を処理、利用しなければならない。また、法定の事由がある場合を除いて、目的外利用を行ってはならない。

　目的内の処理・利用については、「特定の目的」という条件に加え、「一定の状況のみで処理・利用することができる」という条件も存在する。「一定の状況」については、個人情報保護法に具体的に列挙されており、これを整理すると以下のとおりである。

①　法律に明文規定があること

②　当事者との間に契約または契約に類する関係があり、適切な安全措置をとっていること

③　当事者が自ら公開した、またはその他すでに適法に公開されている個人情報であること

④　学術研究機関が、公共の利益に基づく統計または学術研究を行うために必要があり、かつ、提供者による情報の処理、または収集者の開示の方法によって、特定の当事者を識別できないようにしていること

⑤　当事者の同意を得ていること

⑥　公共の利益の増進のために必要であること

⑦　一般利用が可能な情報源から個人情報を取得したこと。ただし、当事者が当該情報の処理または利用を禁止することに対して、より保護に値する重大な利益を有することが明らかなときはこの限りでない。

⑧　当事者の権益を侵害しないこと

　このほか、個人情報保護法には、「収集した個人情報の目的外利用が可能」な例外的な場合が、以下のとおり別途規定されている。事業者にとって、適用される可能性が高いのは①⑤⑥である。

①　法律に明文規定がある場合

②　公共の利益を増進するために必要である場合

第2章　第2節　個人情報に関するコンプライアンス

③　当事者の生命、身体、自由または財産上の危険を回避するためである
　　場合

④　他人の権益の重大な侵害を防止するためである場合

⑤　当事者の同意を得ている場合

⑥　当事者の権益に有利である場合

⑶　個人情報を不正に収集等した場合に企業が負う責任

個人情報保護法に違反して、個人情報を不正に収集、処理、利用した場合
に企業が負う責任については、〔表2－15〕のとおりである。

〔表2－15〕　個人情報を不正に収集等した場合に企業が負う責任

行政罰 （主務官庁に よる過料処分）	個人情報保護法47条 ①　法に基づいてセンシティブ個人情報の収集、処理、利用をし 　　ないとき ②　個人情報保護法19条に定める「一定の状況」に基づかずに、 　　個人情報を取得または処理したとき ③　個人情報保護法の規定によらずに、個人情報を目的外利用し 　　たとき 新台湾ドル5万元から50万元までの過料を科し、また期限を定め て是正を命じる。期限までに是正を完了しないときは、是正完了 までに、その都度新台湾ドル5万元以上50万元以下の過料を科す
	個人情報保護法48条1項 ①　個人情報の収集、処理、利用時に、関係する事項を告知しな 　　いとき ②　当事者の請求に従って、当事者に権利行使をさせないとき ③　当事者に販売促進を拒む方法を与えなかったとき。当事者が 　　販売促進を拒む旨を示したにもかかわらず、停止しなかったと 　　き 期限を定めて是正を命じる。期限までに是正を完了しないときは、 是正完了までに、その都度新台湾ドル2万元以上20万元以下の過 料を科す

142

IV　企業による社外の者の個人情報の保護

	個人情報保護法48条2項・3項 ①　個人情報を保有する企業が安全措置を採らないとき ②　主務官庁から「個人情報データベースの安全維持計画」又は「業務終了後の個人情報の処理方法」を制定するよう指定を受けたにもかかわらず、制定しないとき 新台湾ドル2万元から200万元までの過料を科し、また期限を定めて是正を命じる。期限までに是正を完了しないときは、是正完了までに、その都度新台湾ドル15万元以上1500万元以下の過料を科す。また、その違反の情状が重大である場合、過料は新台湾ドル15万元から1500万元まで引き上げられる
	個人情報保護法49条 ○　主務官庁による立入り、検査、処分に対して、企業の人員が回避、妨害、拒絶といった対応方法を採ったとき 新台湾ドル2万元から20万元までの過料を科す
民事責任 （個人情報の侵害を受けた者による訴訟の提起）	個人情報保護法29条 企業が個人情報保護法の規定に違反したことにより、個人情報が不法に収集、処理、利用され、または当事者の権利が侵害を受けたときは、企業に過失がない場合を除き、企業は損害賠償責任を負わなければならない
刑事責任 （司法機関による訴追）	個人情報保護法41条 ○　自己もしくは第三者の不法な利益を図り、または他人の利益に損害を加える目的で、法に従わずに他人の個人情報を収集、処理、利用したとき 5年以下の有期懲役に処し、新台湾ドル100万元以下の罰金を併科できる。
	個人情報保護法42条 ○　自己若しくは第三者の不法な利益を図り、または他人の利益に損害を加える目的で、個人情報の正確性を阻害したとき 5年以下の有期懲役に処し、新台湾ドル100万元以下の罰金を併科できる。

第2章 第2節 個人情報に関するコンプライアンス

⑷ 企業が取得した個人情報を日本の親会社に送ることの可否

日本企業では、台湾で設立したのが支店であっても子会社であっても、日本の親会社に台湾での運営状況や、運営に関する情報を送信することが日常的に行われている。企業が取得した個人情報を日本の親会社に送信することは、個人情報保護法に規定されている「越境移転」に該当する。

企業は、個人情報を取得する時に、個人情報の越境移転を行う旨を個人情報の主体に理解させるとともに、その同意を得る必要がある。ただし、一定の状況においては、政府機関が企業による個人情報の越境移転を制限することもできる。たとえば、台湾の重大な利益にかかわる場合、国際条約や協定に特別な規定がある場合、移転先の国の個人情報保護法の規定が不十分であり個人情報の主体の権益に損害を及ぼす可能性がある場合、第三国を迂回して個人情報保護法を忌避するために越境移転が行われる場合等が、政府機関が企業による個人情報の越境移転を制限できる事由に該当する。

4 事案の検討

企業が営業行為を行うにあたり、他人の個人情報を取得することは避けられない。企業が個人情報を取得するときは、当事者に個人情報に関する同意書の作成を求める必要がある。また、企業経営では、顧客や一般消費者等、社外の多くの人の個人情報を頻繁に取得することになる。社外の者（顧客または潜在顧客）については、企業は自身のプライバシーポリシーを表明し、個人情報に関する同意書を取得する必要がある。さらに、個人情報に関する同意書については、前記3⑴の各種の記載すべき事項のほか、取引の過程で相手方のどのような個人情報を取得しうるのかにも注意を払い、しっかりとした内容の同意書を作成する必要がある。とりわけ、これらの者に対して個人情報を取得する目的、内容および利用方法を、できる限り明確に説明しておく必要がある。

甲社が台湾で営業を開始するときには、営業行為によって社外の人のどの

IV　企業による社外の者の個人情報の保護

ような個人情報を取得する可能性があるのかを事前に検討しておく必要がある。また、個人情報の取得に関する同意書を準備するほか、各種の作業手続における個人情報の外部流出をできる限り防止する必要もある。このほか、企業が消費者の各種のオンラインでの行為（事案に述べたような、キーワード検索履歴、購入履歴および閲覧履歴）に関する情報を取得するときにも、法に触れないよう、プライバシーポリシーにはっきりと明記し、事前に消費者の同意を取得する必要がある。

　企業は、取得した個人情報を適切に保護しなければならず、法定の事由がある場合を除いて、目的外利用を行ってはならない。本事案では、甲社は消費者に知らせることなく、顧客のキーワード検索履歴、購入履歴および閲覧履歴等の個人情報を取得している。一般的に、これは消費者から事前に同意を得ることなく、個人情報を適法に取得できる事由には該当せず、違法のおそれがある。したがって、この企業は刑事訴追を受け、行政罰としての過料を科され、または民事訴訟を提起される可能性がある。

145

第2章　第3節　営業秘密の保護とコンプライアンス

第3節　営業秘密の保護とコンプライアンス

Ⅰ　営業秘密の基本概念

1　事　案

　　甲社は、商用のパソコンソフトを取り扱う会社である。甲社のサーバー上には、研究開発および製品のコストに関する情報、顧客の名称、連絡先等の個人情報、並びに契約等の顧客情報（以下、あわせて「業務情報」という）が保存されている。甲社は業務情報を暗号化しておらず、甲社の従業員なら誰でも、必要に応じて業務用パソコンから業務情報にアクセスすることができる。甲社の総務部長は、日頃から従業員に対して、業務情報を外部に漏洩してはならないと口頭で注意を促している。

2　法的ポイント

営業秘密とは何か。どのような資料や情報が営業秘密に該当するのか。

3　基本概念の解説

(1)　営業秘密の定義

　現代の企業は、顧客情報、製品の配合、製法等の商業的価値が高い機密情報を数多く保有していることが多い。営業秘密法2条は、営業秘密を「三大要件（執筆者注：後記(2)参照）を満たす、方法、技術、製法、配合、プログラム、設計又はその他生産、販売若しくは経営に用いることができる情報」と定義している。

146

I　営業秘密の基本概念

(2)　営業秘密の三大要件

　ある情報が、①秘密性、②経済的価値、③合理的な保護措置の３つの要件
を満たす場合、当該情報は営業秘密法による保護を受けることになる（〔表2
－16〕参照）。

〔表2－16〕　営業秘密の三大要件

要　件	定　義	説　明
秘密性	同種類の情報にかかわる一般の者が知らない情報であること	ある情報について、一般の人々に知られていなくとも、「同種類の情報にかかわる一般の者」（たとえば、同業者）に知られている場合、当該情報は、秘密性の要件を満たさず、営業秘密に該当しない。たとえば、ある清涼飲料水に関し、その基本的な成分は、清涼飲料水を取り扱う業界の者であれば誰でも知っている情報と考えられるが、その配合（成分の割合）や特別な成分は、業者ごとに異なると考えられる。この場合、上記清涼飲料水に関し、基本的な成分は、秘密性の要件を満たさず、営業秘密に該当しないが、配合や特別な成分は、当該業者の社員や経営者のみが知っている情報であり、秘密性の要件を満たすと考えられる
経済的価値	当該情報の秘密性によって、実際に、または潜在的に経済的価値を有すること	当該情報が生産、販売もしくは経営に用いられている、または用いることができる情報であれば、当該情報は、経済的価値の要件を満たすと認定される
合理的な保護措置	情報の所有者が、当該情報について合理的な秘密保持の措置を講じている	合理的な保護措置とは、さまざまな手段・方法を用いて、秘密情報が不正に取得されたり、漏洩したりしないようにする措置をいう。たとえば、機密レベルを設けて、秘密情報に接することができる者を管理すること、電子ファイルなどの電子的方式で作成された秘密情報にパスワードを設定すること、秘密文書に「機密」や「Classified」などの文字を表示することなどがあげられる。このほか、秘密情報を取り

147

第2章　第3節　営業秘密の保護とコンプライアンス

		扱うことができる関係者（社員や取引先の人員）との間で秘密保持契約を締結して、関係者を管理することも、合理的な保護措置に該当しうる

4　事案の検討

(1)　三大要件該当性

　事案の業務情報が前記3(2)の3つの要件を満たしている場合、当該情報は営業秘密と認定される。

(A)　秘密性

　業務情報のうち、研究開発に関する情報やコストに関する情報は、一般的に、秘密性を有する情報であると認定されやすい傾向にある。なぜならば、通常であれば、研究開発に関する情報、コストに関する情報は、自社だけが知っている情報であって、他の競合企業に知らせる情報ではないからである。これに対し、製品の成分、製造や生産の方法、さらにはコストや価格であっても、当該業界における常識的な情報となっている場合もありうる。そのような場合、研究開発に関する情報、コストに関する情報は、営業秘密ではないと認定される可能性がある。

　顧客情報について、一般の人々がインターネット等の方法で簡単に取得できる情報であれば、秘密性を有しないと認定されるおそれがある。反対に、これらの顧客情報が、甲社の従業員が業務執行の過程で収集・整理を行って作成した、一般的に知られていない特別な情報（たとえば、顧客の嗜好、具体的なニーズ、経営方針等を含む）である場合は、営業秘密に該当すると認定される可能性がある。

(B)　経済的価値

　事案の業務情報を業務の発展もしくは執行に用いて直接的もしくは間接的に経済的な利益を得ることができる場合、または当該業務情報自体が、市場において交換価値がある情報と認定される場合、当該業務情報は、経済的価

148

値を有すると認定される。一般的に、企業が保有する情報が前述した秘密性を有する場合は、経済的価値を有すると認定されるケースがほとんどである。

(C) 合理的な保護措置

事案の業務情報は甲社のサーバー上に保存されているが、暗号化はされていない。また、甲社の従業員なら誰でも、必要に応じて業務用パソコンから業務情報にアクセスすることができる。他方、甲社の総務部長が日頃から従業員に対して、業務情報を外部に漏洩してはならないと口頭で注意を促してはいるものの、甲社は業務情報に他の保護措置を講じていない。以上を踏まえると、事案における業務情報は、合理的な保護措置が講じられていないとされ、営業秘密には該当しないと認定される可能性が高い。

(2) 合理的な保護措置に関する留意点

実務上、企業は管理コストや、情報を柔軟に運用することなどを考慮して、営業秘密に対する秘密保持措置をあえて緩やかにしていることもある。このようなケースでは、従業員が離職後に当該営業秘密を持ち去った場合に、企業側が営業秘密法を援用して権利を主張することが困難となる可能性がある。

現在の司法実務上、どれほどの保護があれば、また、どのような具体的措置を講じれば、営業秘密法にいう「合理的な保護措置」に該当するのかについては、必ずしも明確な基準が確立されているわけではない。したがって、企業としては、重要な秘密情報が合理的な保護措置の講じられた営業秘密に該当するようにするために、事業運営の効率性を損なわない範囲内で、上述の秘密保持の手段、方法を二重三重にとることが望ましい。

企業がその秘密情報について合理的な保護措置を講じているかを確認するときには、以下の事項についてセルフチェックを行うことをお勧めする。

① 規則に関する措置　すべての従業員と秘密保持契約を締結しているか。就業規則で秘密保持について定めているか。それを周知徹底しているか。関係する就業規則を改定するたびに、改定後の就業規則を周知しているか。従業員に対し秘密保持に関する研修を定期的に実施している

第2章　第3節　営業秘密の保護とコンプライアンス

か。新入社員に対し秘密保持に関する研修を実施しているか。秘密保持を担当する専門的な組織または人員を設置しているか。

② 　物理的な措置　　オフィスの入退室管理を行っているか。来客者の管理措置を講じているか（従業員と来客者を識別する措置、来客者の行動に関する規則等）。秘密情報に「秘密」等の表記をしているか。秘密資料は鍵をかけた棚等に保管しているか。

③ 　デジタル化された情報の管理措置　　従業員が私有の設備を使用して業務情報にアクセスすることを制限しているか。業務用パソコンに使用方法の制限を設けているか。データベースまたはサーバー上の資料に対してレベル別のアクセス権限を設けているか。従業員ごとにアカウントおよびパスワードを設定しているか。従業員によるサーバーまたはデータベース上の資料へのアクセスの経過を監視または記録しているか。電子ファイルを送信するときに暗号化しているか。

150

Ⅱ　営業秘密侵害行為およびその法的責任

Ⅱ　営業秘密侵害行為およびその法的責任

1　事　案

　　Aは甲社の営業部の部長であり、業務上、甲社のサーバー上の業務情
報（研究開発に関する情報、顧客情報等）に接している。Aは、甲社の競
合企業である乙社への転職を計画している。甲社退職日の前夜、Aは自
身が準備した外付けハードディスクに、甲社の大量の業務情報を複製し
た。Aは退職後間もなく乙社に入社し、乙社においてこれらの業務情報
を使用しただけでなく、これらの業務情報の一部を乙社に交付した。

2　法的ポイント

営業秘密侵害行為とは何か。また、その法的責任とはどのようなものか。

3　基本概念の解説

営業秘密法10条に規定されている営業秘密侵害行為の定義は、以下のと
おりである。

① 　不正な方法で営業秘密を取得する行為（不正方法とは、窃盗、詐欺、
脅迫、賄賂、無断の再製、秘密保持義務違反、他人をしてその秘密保持義務
に違反させること、またはその他類似する方法を指す）

② 　営業秘密であることを知りながら、または重大な過失によってこれを
知らずに、当該営業秘密を取得、使用または漏洩する行為

③ 　営業秘密を取得した後、営業秘密であることを知りながら、または重
大な過失によってこれを知らずに、当該営業秘密を使用または漏洩する
行為

151

第2章　第3節　営業秘密の保護とコンプライアンス

④　法律行為によって営業秘密を取得し、不正な方法で使用または漏洩する行為

⑤　法令により営業秘密の保持義務があるにもかかわらず、使用または理由なく漏洩する行為

　上述の営業秘密侵害行為のうちいずれかの行為をした者は、営業秘密の所有者に対して関係する民事責任を負う。

　民事責任のほか、営業秘密法13条の1の規定によれば、自己もしくは第三者の不法な利益を図り、または営業秘密の所有者の利益に損害を与える目的で、次のいずれかの行為をしたときは、行為者は当該行為について刑事責任を負わなければならない。

①　窃盗、横領、詐欺、脅迫、無断の再製またはその他不正な方法によって営業秘密を取得し、または取得後に使用もしくは漏洩する行為

②　営業秘密を知りまたは所持している者が、授権されていないのに、当該営業秘密を複製、使用または漏洩する行為

③　営業秘密の所持者が、営業秘密の所有者に削除するよう告知されたのに、当該営業秘密を削除せず、または隠匿する行為

④　他人が知りまたは所持している営業秘密が、①～③の事由に該当していることを知りながら、その営業秘密を取得、使用または漏洩する行為

4　事案の検討

　仮に、甲社が業務情報についてアクセス権限の設定、暗号化、就業規則の制定、秘密保持契約の締結等の合理的な保護措置を講じたうえでこれらの措置を確実に実行し、かつ、当該業務情報が秘密性、経済的価値を有していた場合、業務情報は営業秘密に該当することになる。そして、Aが甲社退職前に業務情報を無断複製し、転職後にこれらの業務情報を漏洩したとすれば、Aの行為は、前述の営業秘密法における民事上の不法行為と刑事上の犯罪行為の両方に該当する。

152

▓日本法の観点から▓

1 はじめに

　企業がもつ秘密情報が不正に持ち出されるなどの被害に遭った場合、台湾法と同様、日本法(不正競争防止法(平成5年法律第47号))においても、民事上・刑事上の措置をとることができる。そのような措置をとるためには、その秘密情報が、日本法上の「営業秘密」として管理されていることが必要である。以下においては、日本法における「営業秘密」であるというための要件および営業秘密に関する民事・刑事責任の概要について、台湾法との比較を交えて説明する。

2 「営業秘密」該当性

　日本法における「営業秘密」であるというためには、①非公知性、②有用性および③秘密管理性という3つの要件を充足する必要がある。この点、①非公知性は、保有者の管理下以外では一般に入手できないこと、②有用性は、当該情報自体が客観的に事業活動に利用されていたり、利用されることによって経費の節約、経営効率の改善等に役立つものであったりすること、③秘密管理性は、営業秘密保有企業の秘密管理意思が、秘密管理措置によって従業員等に対して明確に示され、当該秘密管理意思に対する従業員等の認識可能性が確保されていることをいう。

　台湾法との比較の観点でいうと、①日本法における非公知性が台湾法における秘密性、②日本法における有用性が台湾法における経済的価値、そして③日本法における秘密管理性が台湾法における合理的な保護措置におおむね相当する。もっとも、いずれの場合であっても「営業秘密」に該当するか否かは個別具体的な事実に基づいて評価されるものであり、必ずしも結論において日本法と台湾法が一致するものではない。よって、やはり台湾弁護士などの具体的なアドバイスを受けることが肝

153

第2章　第3節　営業秘密の保護とコンプライアンス

要である。

3　営業秘密に関する民事・刑事責任

　日本法においては、営業秘密を不正に持ち出したり業務外で使用したり、第三者に漏洩したりするなどの行為を「営業秘密侵害行為」として、不正競争行為の1つと定めている。このような行為が行われた場合、以下のような民事的、刑事的措置をとることができる。

　まず、民事的措置としては、①差止請求、②損害賠償請求、③信用回復措置請求の3つがあげられる。このうち、③信用回復措置請求（営業秘密侵害行為によって営業上の信用を害された場合、その行為者に対して信用の回復に必要な措置をとらせることができる）は、台湾法では法定されていない点等に日本法との違いがあるといえる。

　次に、刑事的措置としては、日本法では9類型の行為を営業秘密侵害罪と定め、刑事罰の対象としている。同罪の対象となる行為の概要としては、不正の手段によって営業秘密を取得し、自ら使用しまたは第三者に開示する行為や、そのような行為によって開示を受けた者がさらに使用・開示する行為である。同行為者に対しては、10年以下の懲役または2000万円以下の罰金（特定の類型については、3000万円以下の罰金）が科される可能性があり、台湾法よりも懲役刑が重く定められている点と罰金刑も規定されている点等に台湾法との違いがあるといえる。

154

Ⅲ 営業秘密が侵害された場合に権利を主張する方法

1 事 案

　前記Ⅱで設定した事案において、甲社が権利を主張するには、どうすればよいのだろうか。権利を主張する場合、どのような注意事項があるのだろうか。

2 法的ポイント

営業秘密法およびこれに関係する制度をどのように利用すれば、権利を主張しつつ、営業秘密の二次的漏洩も防ぐことができるのだろうか。

3 基本概念の解説

営業秘密に係る利益を侵害された者は、どうやって権利を主張するのか。

(1) 主張する権利の内容

(A) 侵害の排除または予防の請求

営業秘密が侵害された場合、営業秘密の保有者は排除を請求することができる。また、侵害のおそれがあるときは、予防の請求をすることができる。さらに営業秘密の保有者は、これらの請求をしたときは、侵害行為によって作成された物または侵害にのみ用いられる物に対して、破棄またはその他必要な処理をするよう請求することができる（営業秘密法11条）。

(B) 損害賠償の請求

秘密の漏洩につき侵害者に故意または過失があると証明できた場合、営業秘密の保有者は、これによって被った損害の賠償を請求することができる（営業秘密法12条）。

155

第2章　第3節　営業秘密の保護とコンプライアンス

(C)　刑事責任の追及

侵害者が自己もしくは第三者の不法な利益を図り、または営業秘密の保有者の利益に損害を与える目的で秘密を漏洩したことを立証された場合、侵害者の刑事責任を追及することができる。侵害者には、最高で5年以下の懲役等の刑罰が科される可能性がある（営業秘密法13条の1）。さらに、侵害者が国外に秘密を漏洩した場合には、10年以下の懲役が科される可能性もある（営業秘密法13条の2）。

(2)　訴訟またはその他の方法によって営業秘密に関する権利を主張する場合の注意事項

営業秘密が侵害された場合における最も留意しなければならない問題は、権利を主張するにあたって、裁判所、検察署（日本における「検察庁」に相当）その他機関または侵害者（刑事事件における被告人を含む）に対して当該営業秘密の内容を開示する必要があるかもしれない、ということである。

訴訟またはその他の方法によって、賠償請求や当該営業秘密の削除などの営業秘密に関する権利を主張する場合には、裁判所や検察署といった機関から、当該営業秘密が前記Ⅰの営業秘密の要件を確実に満たすことを具体的に説明するよう求められることがある。そして場合によっては、当該営業秘密が確実に営業秘密に該当することを十分に説明するために、営業秘密の所有者には、当該営業秘密の内容だけでなく、その他の侵害を受けていない営業秘密の内容をも直接開示する必要が生じうる。

また、たとえ裁判所や検察署が、営業秘密の所有者に営業秘密に係る情報の開示を求めていない場合であっても、被告人が訴訟上の防御に必要であることを理由として、当該営業秘密やその他の秘密情報の開示を要求してくる可能性もある。訴訟上の防御権は、憲法で保障された基本的人権である。したがって、裁判所や検察署は、通常営業秘密の所有者に対し、関係する情報をできる限り開示するよう求めることになる。この際、営業秘密の所有者はジレンマに陥ることになるのである。

156

Ⅲ　営業秘密が侵害された場合に権利を主張する方法

　上述の場合において、権利の主張と秘密の保護という目的を同時に達する
ために、営業秘密の所有者は、営業秘密法および知的財産案件審理法に規定
されている秘密保持命令制度の利用を検討するべきである。

4　事案の検討

　以下では、前記Ⅱで設定した事案を例として、営業秘密の所有者が権利を
主張するときの注意事項を具体的に説明する。

(1)　甲社のAに対する請求、Aの刑事責任等

　事案において、甲社はAに対してどのような請求をすることができ、その
ためにはどのような事実を主張立証する必要があるだろうか。また、Aはど
のような刑事責任を負うだろうか。

　まず、甲社はAに対して、秘密を漏洩する行為を停止するとともに、関係
する文書または電磁的記録を返還または破棄するよう要求することができる。

　また、秘密の漏洩について、A、さらには乙社に故意または過失があるこ
とを証明できた場合、甲社はAおよび乙社に対して、これによって甲社が被っ
た損害を連帯して賠償するよう請求することができる。

　Aが自己もしくは第三者の不法な利益を図り、または甲社の利益に損害を
与える目的で秘密を漏洩したことが証明された場合、Aには5年以下の懲役、
拘留、罰金等の刑罰が科される可能性がある。仮に、秘密の漏洩が乙社の責
任者とAの共犯によって行われたときは、当該乙社の共犯者には5年以下の
懲役、拘留、罰金の処罰が科されるほか、乙社にも罰金が科されることにな
る。このほか注意すべき点として、Aが甲社の営業秘密につき外国で使用す
ることを意図していた場合（たとえば、乙社が外国会社である場合）、Aおよび
Aの共犯者には、1年以上10年以下の懲役等の加重された刑罰が科される
ことになる。

(2)　甲社が権利を主張する場合の流れの例および注意事項

　仮に甲社が、Aおよび乙社が甲社の業務情報を違法に取得、使用したこと

第2章　第3節　営業秘密の保護とコンプライアンス

を理由として、Aおよび乙社に対する刑事告訴を行ったとする。検察官が捜査を行った結果、Aおよび乙は営業秘密法13条の1に違反したと考えた場合には、Aおよび乙社を起訴することになる。起訴後、案件は裁判所で審理される。

　Aは、甲社の請求に対して業務情報に秘密性および経済的価値はなく、合理的な保護も行われていなかったことから、営業秘密には該当しない、と反論することが考えられる。また、乙社は、これらの業務情報はAから提供を受けたもので、乙社はこれらの情報が甲社の情報であることを知らなかったと抗弁することも考えうる。さらにAおよび乙社は、甲社から営業秘密法に関する権利の主張を受けた後、甲社の業務情報に該当する情報をすでにすべて削除したと反論する可能性もある。

　また、A、乙社、捜査段階における検察署および起訴後の裁判所は、甲社に対し、甲社の業務情報が営業秘密に該当するかを明瞭にするために、業務情報を開示するよう求めてくると考えられる。

　前述したとおり、甲社は、①できる限り情報および関係する証拠を開示して、業務情報が確実に営業秘密に該当することを証明し、勝訴する可能性を高めたいが、その一方で、②営業秘密の漏洩によって甲社が元々被っていた損害が、情報を開示することでさらに拡大してしまうかもしれない、というジレンマに陥る。

　このジレンマへの対策として、甲社はまず、できる限り機密情報の内容を開示しないで済むよう、証拠を黒塗りする方法またはその他の方法をとることについて、裁判所や検察署と意思疎通を図ることを試みるべきである。実務上、台湾の裁判所や検察署は、機密情報の開示を望まないという営業秘密の所有者の考えに理解を示すことが多く、多くの場合は機密情報をできる限り開示しない方法によって証拠の調査を行うことに協力してくれる。これに対し、機密情報を開示せざるを得ない場合（たとえば、被告人が強く要求した場合）には、法的手続上、甲社は以下の2つの制度を利用することができる。

158

Ⅲ　営業秘密が侵害された場合に権利を主張する方法

① 　甲社は、被告人または当該紛争と無関係の第三者に、開示された甲社の機密情報を知られることを防止するために、営業秘密法14条の規定に基づき、裁判所に非公開審理または訴訟資料の閲覧制限を請求することができる。

② 　甲社は、知的財産案件審理法36条および37条、営業秘密法14条の１以下の規定に基づいて、裁判所または検察署に対し、秘密情報の被開示者（通常は被告人およびその弁護人である弁護士）に、秘密保持命令を発するよう申し立てることができる（秘密保持命令を受けた者が、事後に秘密保持命令に違反して当該秘密情報を違法に使用し、または第三者に当該情報を漏洩したときは、この秘密保持命令に違反した行為それ自体も犯罪となる）。

第2章　第4節　公平交易法分野に関するコンプライアンス

第4節　公平交易法分野に関するコンプライアンス

Ⅰ　企業結合

1　事　案

　　甲社と乙社は、いずれも鉄鋼業を経営する会社である。両社の前会計年度における全世界売上高は、甲社が新台湾ドル250億元、乙社が新台湾ドル200億元であり、前会計年度における台湾国内での売上高は、甲社が新台湾ドル25億元、乙社が新台湾ドル22億元であった。また、両社のステンレス板市場における市場占有率は、甲社が25％、乙社が15％であった。

　　甲社は、乙社の株主権の35％を買収することを計画している。甲社または乙社は、株主権の取引を行う前に公平交易委員会に企業結合の届出をする必要があるだろうか。

2　法的ポイント

「企業結合」にはどのような態様があるのか。また、事業者による企業結合の届出が必要となる基準は何か。

3　基本概念の解説

(1)　「企業結合」の態様

公平交易法10条1項には、企業結合の態様として以下の5種類が規定されている。

160

① 他の事業者と合併すること

② 他の事業者の株式または出資額を保有または取得し、それが他の事業者の議決権を有する株式の総数または総資本の３分の１以上に達すること

③ 他の事業者の全部もしくは主要な部分の営業もしくは財産を譲り受け、または賃借すること

④ 他の事業者と経常的に共同経営し、または他の事業者から経営の委託を受けること

⑤ 直接または間接的に、他の事業者の業務経営または人事の任免を支配すること

(2) 事業者による企業結合の届出が必要となる基準

事業者は、合併、株式の保有または共同経営をする場合に、必ず公平交易委員会に企業結合の届出をしなければならないわけではなく、公平交易法11条に規定される企業結合の届出の基準に達する場合に限り、届出の義務を負う。同条１項の規定によれば、事業者は以下の場合に、公平交易委員会に企業結合の届出をする必要がある。

① 企業結合によって、事業者の市場占有率が３分の１に達する場合

② 企業結合に参加する１つの事業者の市場占有率が、４分の１に達している場合。なお、ここで「市場占有率」とは、結合に参加する事業者の各製品の市場における市場占有率のことをいう。

③ 企業結合に参加する事業者の前会計年度における売上高が、主務官庁が公告した金額を超えている場合。なお、売上高に関する公平交易委員会の現行の公告によれば（公平交易委員会2016年12月２日公綜字第10511610001号公告）、以下の②から②のいずれかに該当する場合には、公平交易法11条１項３号に定める「公告した金額を超えていること」に該当することになる。

ⓐ 企業結合に参加するすべての事業者の前会計年度における全世界売

上高の総額が、新台湾ドル400億元を超えており、かつ、そのうち少なくとも2つの事業者の前会計年度における個別の国内売上高が、新台湾ドル20億元を超えている場合

ⓑ 企業結合に参加する事業者が金融機関ではなく、その前会計年度における国内売上高が、新台湾ドル150億元を超えており、かつ、その事業者と企業結合を行う事業者の前会計年度における国内売上高が、新台湾ドル20億元を超えている場合

ⓒ 企業結合に参加する事業者が金融機関であり、その前会計年度における国内売上高が、新台湾ドル300億元を超えており、かつ、その事業者と企業結合を行う事業者の前会計年度における国内売上高が、新台湾ドル20億元を超えている場合

なお、売上高を計算するときは、企業結合に参加する事業者と支配従属関係にある事業者、および企業結合に参加する事業者を支配する、同じ1つまたは複数の事業者からの支配を受け、従属関係にある事業者の売上高も、合算する必要がある。

(3) 事業者の企業結合届出書

前述した公平交易法10条の企業結合の型態に該当し、かつ、同法11条の企業結合の届出をすべき基準に達する場合、事業者は企業結合の実行前に届出をしなければならない。届出を行う事業者は、公平交易委員会が定める届出書の書式に従って関係する情報を記入し、必要な書類を添付のうえ、公平交易委員会に届出を提出する必要がある。事業者が企業結合の届出にあたって準備すべき書類は、公平交易委員会のウェブサイト〈https://www.ftc.gov.tw〉からダウンロード可能な「事業者の企業結合届出書」を参照できる。

(4) 公平交易委員会が事業者に提供する企業結合の届出前における相談サービス

公平交易委員会は企業結合の審査の効率を高めるために、事業者に対し、企業結合の届出前における相談サービスを提供している。2021年9月2日

には、「公平交易委員会が事業者に提供する企業結合の届出前における相談サービスに関する作業要点」を公表して、企業結合に参加する事業者が公平交易委員会に相談できる内容には以下のものが含まれる旨を規定した。

① 企業結合に参加する事業者が、企業結合の定義に適合するか、届出の基準に達しているおよび届出をすべき主体は誰かを確認することを支援すること

② 事業者の企業結合の届出に関する書類および企業結合案件に適用される手続について意見を提供すること

③ その他、公平交易委員会が企業結合の届出および審査に関係すると認定した必要な事項

公平交易委員会は、相談を希望する旨の文書を受領した後、必要な場合に対面式会議またはリモート会議を行う。その場合、企業結合に参加する事業者は、委任状等の証明文書を作成することにより、相談の実施を代理人に委任することができる。ただし、公平交易委員会が本相談サービスにおいて提供する意見および助言はあくまで参考意見であり、公平交易委員会の企業結合の届出案件に対する審査、決定を拘束しない。

(5) 必要な企業結合の届出を行わない場合の法的効果

公平交易法39条1項の規定によれば、公平交易委員会はその企業結合の禁止、期限を定めた事業の分離、株式の全部もしくは一部の処分、営業の一部譲渡、就任した職務の免職の命令、またはその他必要な処分を行うことができるほか、新台湾ドル20万元以上5000万元以下の過料を科すことができる。

4 事案の検討

甲社が計画している、乙社の株主権の35％の買収は、「他の事業者の株式または出資額を保有または取得し、それが他の事業者の議決権を有する株式の総数または総資本の3分の1以上に達すること」という企業結合の態様に該当する。

163

第2章　第4節　公平交易法分野に関するコンプライアンス

　企業結合後の甲社と乙社の市場占有率は、40％に達する。これは、「企業結合によって、市場占有率が3分の1に達する場合」という、企業結合の届出をすべき基準に達している。また、甲社と乙社の前会計年度における全世界売上高の総額は新台湾ドル450億元であり、甲社と乙社の前会計年度における個別の国内売上高も、どちらも新台湾ドル20億元を超えている。そのため、「企業結合に参加するすべての事業者の前会計年度における全世界売上高の総額が、新台湾ドル400億元を超えており、かつ、そのうち少なくとも2つの事業者の前会計年度における個別の国内売上高が、新台湾ドル20億元を超えている場合」という、企業結合の届出をすべき基準にも達している。よって、甲社が乙社の株主権の35％を買収する行為は「企業結合」に該当し、かつ、企業結合の届出をすべき基準にも達している。そのため、関係書類を添付のうえ、公平交易委員会に企業結合の届出を行う必要がある。

　なお、甲社が買収する乙社の株主権の割合を33％以下に引き下げた場合には、「他の事業者の株式または出資額を保有または取得し、それが他の事業者の議決権を有する株式の総数または総資本の3分の1以上に達すること」という企業結合の態様に該当しないため、前記3(1)②に規定する企業結合の届出を行う必要はない。ただし、このケースにおいても、甲社による乙社の経営への関与の程度によっては、「他の事業者と経常的に共同経営し、または他の事業者から経営の委託を受けること」や「直接または間接的に、他の事業者の業務経営または人事の任免を支配すること」という企業結合の態様に該当する可能性もあることに、注意が必要である。このような場合、甲社と乙社との間の特別の定め（たとえば、甲社が取得する乙社の董事の議席を制限する定め）により、公平交易委員会から企業結合に該当すると認定される可能性を下げることができる。

164

Ⅱ　独占的地位の濫用行為

Ⅱ　独占的地位の濫用行為

1　事　案

　甲社は、化学工業に用いる原料の製造業者である。2019年において、甲社の製造販売するX原料の売上高が、国内市場の総売上高に占める割合は65％であり、売上高は新台湾ドル50億元であった。一方、乙社は甲社の製造するX原料の販売業者である。乙社は、甲社との間の契約の定めに従った十分な量のX原料を甲社から購入していない。そこで甲社は、乙社が購入数量を減らし、十分な貢献をせずに在庫圧力を引き起こしたことを理由として、乙社による販売を停止することに決めた。しかし、乙社の購入数量は、甲社の他の販売業者と比較して最も少ないわけではない。さらに、購入数量が乙社よりも少ない他の販売業者のすべてが、甲社から製品供給を停止されたわけでもない。

　甲社が乙社への「製品供給を停止」した前述の行為は、公平交易法の関係規定に違反するのか。

2　法的ポイント

「独占」の定義とは何か。「独占事業者」とは何か。独占事業者のどのような行為が禁止されるのか。

3　基本概念の解説

(1)　「独占」の定義

公平交易法において「独占」とは、事業者が関係市場において無競争状態にあり、または圧倒的な地位にあって、競争を排除できる能力を有すること

165

第2章　第4節　公平交易法分野に関するコンプライアンス

をいう（公平交易法7条1項参照）。

　台湾の産業組織では、文字どおり単一の事業者が独占するという状況は一般的ではない。一方、少数の事業では、カルテル行為は行われていないとはいえ、実際には少数の業者が支配しており、価格競争が行われていない。このような「寡占」状況においては、事業者が価格先導機能によって市場を操作する可能性がある。そのため、公平交易法の規定によれば、2つ以上の事業者が「寡占」状態にある場合も、独占とみなされる（公平交易法7条2項参照）。

(2)　「独占事業者」

　公平交易法では、事業者が「無競争状態、または圧倒的な地位」にあるかは、原則として「市場占有率」に基づいて判断される。事業者の市場占有率が以下のいずれかの基準に達する場合、「独占事業者」と評価される（公平交易法8条1項参照）。

　①　1つの事業者の関係市場における占有率が2分の1に達する場合

　②　2つの事業者全体の関係市場における占有率が3分の2に達する場合

　③　3つの事業者全体の関係市場における占有率が4分の3に達する場合

　しかし、立法者は事業者全体の規模の大きさを考慮して、例外規定をおいている。すなわち、事業者が、たとえ独占事業者の市場占有率の基準に達している場合であっても、個別の事業者の関係市場における占有率が10分の1に達していないとき、または前会計年度における事業者の総売上高が、主務官庁が公告する金額（現時点での公平交易委員会の公告金額は、新台湾ドル20億元）に達していないときは、当該事業者は基本的に独占事業者として認定されない（公平交易法8条2項を参照）。

　ただし、注意が必要な点として、事業者の設立、もしくは事業者が提供する商品もしくはサービスの関係市場への参入が、法令、技術による制限を受けている場合、またはその他市場の需給に影響を及ぼし、競争を排除できる能力を有するという状況がある場合には、公平交易法8条2項に該当する場合であっても、主務官庁は独占事業者と認定することができる（公平交易法

166

II 独占的地位の濫用行為

8条3項参照)。

(3) 独占的地位の濫用行為は禁止される

公平交易法は、事業者が独占的地位を有することを原因として、事業者を処罰することはなく、独占事業者がその独占的地位を濫用する行為（以下、「独占的地位濫用行為」という）をしたときに限って、介入して処罰を行う。独占的地位濫用行為には、〔表2－17〕の態様がある（公平交易法9条を参照）。

(4) 違反した場合の法的効果

(A) 行政責任

事業者が独占的地位濫用行為を行い、公平交易法9条の規定に違反したと

〔表2－17〕 独占的地位濫用行為の態様

独占的地位濫用行為の態様	例
① 不公平な方法によって、他の事業者による競争への参加を直接または間接的に阻害すること	独占事業者の甲が、川下市場の販売業者に対し、販売できるのは独占事業者の甲の商品のみであって、他の同業の競争相手の商品を販売してはならず、違反した場合には高額の違約金を課す、との要請を行うこと
② 商品の価格またはサービス報酬について、不適切な決定、維持または変更をすること	独占事業者の乙が、他の事業者が市場に参入することを阻止する目的で、原価を下回る価格で商品を販売したことによって、他の事業者が損失に耐えられずに市場から退出すること
③ 正当な理由なく、取引の相手方に特別な優待条件を提供させること	独占事業者の丙が、OEMの業者に対し、倉庫保管料の負担や支払期限の延期を要請すること、または市場価格を著しく下回る購入価格を一方的に決定して、取引の相手方に対し、当該価格で販売するよう要請すること
④ その他市場における地位の濫用行為（④は補足規定であり、①～③の規定に分類できない独占的地位濫用行為について規定するものである）	特許権者である独占事業者の丁が、特許の使用許諾に関する交渉の過程において、使用許諾しようとする特許の完全な内容や範囲等の重要な取引情報を提供することを拒む一方で、使用許諾契約の締結および権利金の給付を被授権者に要請すること

167

きは、公平交易委員会は期限を定めてその行為を停止もしくは是正すること、または必要な更正措置をとることを命じることができるほか、新台湾ドル10万元以上5000万元以下の過料を科すことができる。事業者が期限までにその行為を停止もしくは是正せず、または必要な更正措置をとらないときは、事業者がその行為を停止もしくは是正し、または必要な更正措置をとるまで、公平交易委員会は引き続き期限を定めてその行為を停止もしくは是正すること、または必要な更正措置をとることを命じることができるほか、違反した回数に応じて新台湾ドル20万元以上1億元以下の過料を科すことができる（公平交易法40条1項参照）。

　事業者が独占的地位濫用行為を行い、公平交易委員会が違反の情状が重大であると認定したときは、当該事業者に前会計年度における売上高の10％以下の過料を科すことができる（公平交易法40条2項参照）。公平交易法の施行以来、これまでに最も高額な過料が科された事案は、アメリカ企業であるクアルコム社（Qualcomm）が半導体チップ市場における独占的地位を濫用した事案である。同社による、同業の競争相手への使用許諾を拒む行為、使用許諾契約を締結しなければ半導体チップを提供しないとする行為、および特定の業者に割引価格を示して同社との独占的取引を要請した行為について、公平交易委員会は、これらの行為は公平交易法9条1号の「不公平な方法によって、他の事業者による競争への参加を直接又は間接的に阻害すること」という規定に違反しており、違反の情状が重大であると認定した。そして、2017年10月、公平交易法40条2項の規定により、同社に対して新台湾ドル234億元という巨額の過料を科した。

(B) 刑事責任

　事業者が独占的地位濫用行為を行い、公平交易法9条の規定に違反したときは、公平交易委員会は公平交易法40条1項の規定により、期限を定めてその行為を停止もしくは是正すること、または必要な更正措置をとることを命じることができる。期限までに当該行為を停止せず、是正せず、もしくは

必要な更正措置をとらず、または停止後に再び同一の違反行為をしたときは、刑事責任を問われる。行為者は、3年以下の懲役、拘留に処され、または新台湾ドル1億元以下の罰金を科され、もしくは併科される（公平交易法34条を参照）。

4　事案の検討

　甲社の製造販売する化学工業に用いるX原料の市場占有率は、65%である。これは、公平交易法8条1項1号の「市場占有率が2分の1に達する」という条件を満たしている。また、甲社の2019年における売上高は、新台湾ドル50億元である。この金額も、現在公平交易委員会が公平交易法8条2項により公告している「新台湾ドル20億元以上」という金額を上回っている。よって、甲社は「独占事業者」に該当すると考えられる。

　甲社は、乙社が購入数量を減少したことが、製品供給を停止した理由であると主張している。しかし、乙社の購入数量は、他の販売業者と比較して最も少ないわけではない。さらに、購入数量が乙社よりも少ない他の販売業者のすべてが、甲社から製品供給を停止されたわけでもない。ここから、甲社は販売業者の購入数量だけを考慮して、製品供給を停止するかを決めているのではないことがわかる。そのため、このような差別的取扱いに正当な理由はないと考えられ、市場における独占的地位濫用行為に該当する可能性がある。

　以上より、甲社が購入数量および貢献度等の指標を、製品供給の停止について決める際の根拠としたい場合、公平交易委員会から正当な理由のない製品供給の停止行為であると認定されないためには、統一の基準を設け、販売契約に明確に定めておくことが望ましい。また、乙社が約定に従った十分な量のX原料を購入しない場合にも、甲社は直ちに製品供給を停止するという過激な手段をとるのではなく、まずは乙社に対し、十分な量を購入しなかったことによる損失の賠償を請求するという対応をとることを考慮してもよい

169

第2章　第4節　公平交易法分野に関するコンプライアンス

だろう。そして、乙社が再度十分な量を購入しなかった場合に、甲社が乙社への製品供給の停止措置をとれば、市場における独占的地位濫用行為となるリスクを抑えることができるのではないかと思われる。

Ⅲ　カルテル（企業連合）行為

Ⅲ　カルテル（企業連合）行為

1　事　案

　　甲社、乙社および丙社の3社は、LEDパネルの業者である。当該3社は、四半期ごとに台北の某有名レストランで会議を開き、パネルの価格等について情報交換を行う取決めをしている。公平交易委員会は、当該3社が販売するパネルの価格の値上げ幅と値下げ幅が一致していることを発見し、共同で価格を定めるカルテル行為があったと認定した。

　　これに対して甲社、乙社および丙社の3社は、四半期ごとに開催している会議は同業者間の交流会にすぎず、パネルに関する議論や情報交換はしているものの、価格の共同決定は絶対に行っておらず、共同で価格を定めたことを証明できる証拠もない、と主張している。甲社、乙社および丙社の3社の主張に、理由はあるだろうか。

2　法的ポイント

「カルテル行為」とは何か。カルテル行為の要件とは何か。カルテル行為の「合意」は、どのように認定されるのか。

3　基本概念の解説

(1)　「カルテル行為」の定義と要件

公平交易法において「カルテル行為」とは、生産・販売の同一の段階において競争関係にある事業者が、契約、協定またはその他の方法による合意をもって、商品もしくはサービスの価格、数量、技術、製品、設備、取引対象、もしくは取引地区を共同で決定し、またはその他事業者の活動について相互

171

に拘束する行為であって、それにより生産、商品の取引、またはサービスの需給に関する市場機能に影響を及ぼすに足りるものをいう（公平交易法14条1項参照）。たとえば、共同での価格設定、生産数量の制限、入札談合、消費者または地域および市場の分割等をすることで、競争を抑えて事業者の利潤を増加させることは、カルテル行為に該当する。

カルテル行為における「合意」は、書面による合意に限られない。公式または非公式、口頭または書面、明示または暗示等の方法により、事実上共同行為を引き起こす合意であればそれに該当する（公平交易法14条2項参照）。たとえば、同業の競争相手との会食時に、口頭で商品価格を定めることは、合意に該当する。

実務上、公平交易委員会が直接証拠を提出して、事業者間にカルテル行為の合意が存在することを証明するのは困難である。そこで立法者は、公平交易委員会の立証責任を適度に軽減している。公平交易法には、公平交易委員会は、市場の状況、商品またはサービスの特性、費用および利潤に関する考慮、事業者の行為の経済合理性等、相当の根拠となる要素に基づき、事業者間にカルテル行為の合意が存在すると推定できる、と規定されている（公平交易法14条3項参照）。当事者である事業者が、カルテル行為の合意は存在しないと主張したい場合は、反証を提出してそれを証明する必要がある。

(2) カルテル行為が例外的に許可される場合

公平交易法は、原則としてカルテル行為を禁止している。ところが、経済全体と公共の利益にとって有益であり、事前に主務官庁の許可を得た事業者のカルテル行為は、例外的に許容される（公平交易法15条1項参照）。たとえば、オリンピックの放映権料は巨額であり、単一の放送機関が負担できる額ではない。そこで、甲社、乙社、丙社および丁社の4つの放送機関は、2020年の東京オリンピック・パラリンピックの放映権を共同で取得し、衛星と光ファイバーケーブルを共同でレンタルし、放映する項目を分配する旨の申請を行った。このようにすることで、事業者は放映にかかる費用を抑えること

ができると同時に、視聴者も多様な放送機関を通して放送を視聴することができる。また、提携による分業によって、各種のオリンピック競技を個別に放映し、より多くの番組内容を提供することができ、消費者の利益にもなる。

(3) リーニエンシー制度

公平交易法には、2011年に「リーニエンシー制度」に関する規定が新設された。公平交易委員会が違法行為の証拠を発見し、または十分に把握する前に、カルテル行為に参加したメンバーが違法なカルテル行為の証拠を提供し、調査に協力した場合には、処罰の免除または軽減という優遇措置を受けることができる（公平交易法35条、「違法なカルテル行為の案件における過料の免除又は軽減実施弁法」参照）。

ただし、注意が必要なのは、申請順が「1位」であり、申請要件に適合する事業者だけが過料の「全部」の免除を受けることができ、その後に申請を行った他の事業者は、過料の「一部」の軽減を受けられるにすぎないことである。つまり、他の事業者に先立ってリーニエンシー制度の申請を提出するかどうかが、事業者に科せられる過料の金額に大きく影響することになる。よって、事業者がリーニエンシー制度の申請について考慮する際には、慎重かつ迅速に行う必要がある。また、事業者がリーニエンシー制度を採用するときには、秘密裏に行う必要もある。

(4) 違反した場合の法的効果

(A) 行政責任

事業者がカルテル行為を行い、公平交易法15条の規定に違反したときは、公平交易委員会は期限を定めてその行為を停止もしくは是正すること、または必要な更正措置をとることを命じることができるほか、新台湾ドル10万元以上5000万元以下の過料を科すことができる。事業者が期限までにその行為を停止、もしくは是正せず、または必要な更正措置をとらないときは、その行為を停止もしくは是正し、または必要な更正措置をとるまで、公平交易委員会は引き続き期限を定めてその行為を停止もしくは是正すること、ま

173

たは必要な更正措置をとることを命じることができるほか、違反した回数に応じて新台湾ドル20万元以上1億元以下の過料を科すことができる（公平交易法40条1項参照）。

事業者がカルテル行為を行い、公平交易委員会が違反の情状が重大であると認定したときは、当該事業者に前会計年度における売上高の10％以下の過料を科すことができる（公平交易法40条2項参照）。

(B) 刑事責任

事業者がカルテル行為を行い、公平交易法15条の規定に違反したときは、公平交易委員会は同法40条1項の規定により、期限を定めてその行為を停止もしくは是正すること、または必要な更正措置をとることを命じることができる。期限までにその行為を停止せず、是正せず、もしくは必要な更正措置をとらず、または停止後に再び同一の違反行為をしたときは、刑事責任を問われる。行為者は、3年以下の懲役、拘留に処され、もしくは新台湾ドル1億元以下の罰金を科され、または併科される（公平交易法34条を参照）。

4 事案の検討

甲社、乙社および丙社の3社は、四半期ごとに会議を開催して、パネルの価格に関する情報交換を行っており、明らかに意思の連絡の事実が存在している。さらに、パネルの価格変動が同一であるという外観的に一致する行為も生じている。そのため、公平交易委員会は、甲社、乙社および丙社の3社が共同で価格を定めたという直接証拠を有していないものの、公平交易法14条3項の規定により、カルテル行為の合意が存在したと推定することができる。甲社、乙社および丙社の3社がカルテル行為の合意は存在しないと主張したい場合には、反証を提出しなければこれを覆すことはできない。

甲社、乙社および丙社の3社がカルテル行為を行ったと認定されるのを防ぎたい場合、同業の競争相手と会議を開催する際に、会議の目的を事前に確認しておくべきである。対象となる会議が、価格の共同決定等のカルテル行

174

為に関するものである可能性があるときは、出席しないことが望ましい。対象となる会議に出席する必要があるときにも、会社のコンプライアンスの担当者や外部の弁護士に同席を求め、話がカルテル行為に及んだときには、速やかに退席するという対策が考えられる。

　このほか、会社は社内会議の会議録、内部の稟議書、市場価格調査の資料等、商品またはサービスの「価格設定」をどのように行ったのかを示す資料を、保管しておくべきである。これらは、会社は自身の商業的な判断に基づいて価格の設定をしたのであり、同業の競争相手と共同で決定したのではないことを証明する証拠となる。

第2章　第4節　公平交易法分野に関するコンプライアンス

IV　再販売価格の拘束

1　事案

　食品業者である甲社の製品は、ヘルシーかつ精緻であることを謳っている。そのため、価格設定戦略でも、他の業者の同種類の製品よりも価格を高く設定し、高所得者層にアピールしている。しかし、販売部門が各小売販路を訪問したところ、同じ製品でも、小売販路ごとに少なからぬ価格の差が存在していることがわかった。さらに、販売促進のための割引と組み合わせることにより、同業者の類似する製品よりも低価格になっている販路さえあった。

　販売部門のマネージャーは、製品の販売価格が低すぎると、会社の主な標的市場における位置づけとの間に矛盾が生じて、ブランド価値に影響を及ぼすのではないかと心配した。そこで、販売部門のマネージャーはすべての販路に対し、甲社の製品を販売するときは、希望小売価格を下回ってはならず、甲社の製品を販売促進商品としてもならないと要請した。

2　法的ポイント

「再販売価格の拘束」は違法となるのか。合法的に「再販売価格の拘束」をする方法はあるのか。

3　基本概念の解説

(1)　公平交易法上の「再販売価格の拘束」に関する規定

公平交易法19条は、「再販売価格の拘束」について規定している。当該規

176

定によれば、事業者は正当な理由がある場合を除き、取引の相手方が自身の供給した商品を第三者に再販売し、または第三者がさらに再販売するときの価格について、取引の相手方を制限することはできない。

当該規制の目的は、市場における自由競争の秩序を維持すること、消費者の権益を間接的に保護すること、そして、流通業者等の川下市場の事業者が商品またはサービスの価格を自由に決定できるようにし、価格競争を維持することにある。

裁判所の判決の趣旨によれば、いわゆる「再販売価格の拘束」行為には、「特定の価格」を再販売価格とするよう制限する行為だけでなく、「再販売価格の範囲（上限・下限）を定めること」や、「再販売価格を定める際に供給業者の同意を要する旨を約定すること」など、再販売価格を実質的に拘束する行為も含まれており、注意が必要である。

(2) 「再販売価格の拘束」の正当事由

再販売価格の拘束は、「正当な理由」がある場合に限って認められる。「正当な理由」には、以下のものが含まれる。

① 川下市場の事業者による販売前のサービスの効率または品質の向上を奨励するものである場合

② フリーライダーを防ぐ効果がある場合　　仮に再販売価格の拘束がなければ、消費者は、川下市場の事業者が提供する商品の展示、機能の解説または広告・宣伝等のサービスを享受した後、何らの販売前のサービスも提供せずに割引価格による販売を行う別の店に移動し、またはインターネットを通じて購入してしまう可能性がある。このような場合、販売前のサービスを提供した川下市場の事業者は、相応する利益を享受することができなくなる可能性がある。

③ 新しい事業またはブランドの参入を増加させる効果がある場合

④ ブランド間の競争を促進する場合

⑤ その他、競争を考慮した経済的に合理的な事由がある場合

177

第2章　第4節　公平交易法分野に関するコンプライアンス

　実務上、裁判所は「正当な理由」について比較的厳格な解釈を採用している。多くの判決では、自由な価格設定と比べて、再販売価格の拘束に競争をより促進する効果がある場合に限って、例外的に再販売価格の拘束行為の正当性を認めることができると強調している。

　また、再販売価格の拘束行為に正当事由があり、競争を制限することを目的としていないことの立証責任は業者側にあることも留意すべきポイントである。

(3)　公平交易法19条の規定に違反した場合の効果

　公平交易法19条に違反した場合、公平交易委員会は、期限を定めてその行為を停止もしくは是正すること、または必要な更正措置をとることを命じることができるほか、新台湾ドル10万元以上5000万元以下の過料を科すことができる。期限までにその行為を停止もしくは是正せず、または必要な更正措置をとらないときは、その行為を停止もしくは是正し、または必要な更正措置をとるまで、引き続き期限を定めてその行為を停止もしくは是正すること、または必要な更正措置をとることを命じることができるほか、違反した回数に応じて新台湾ドル20万元以上1億元以下の過料を科すことができる。他方、主務官庁が、情状が重大であると認定したときは、当該事業者に前会計年度における売上高の10％以下の過料を科すことができ、これは前述の過料の金額による制限を受けない。

　このほか、期限までに違法行為を停止しない場合、行為者を2年以下の懲役、拘留に処し、または新台湾ドル5000万元以下の罰金を科し、もしくは併科することができる。

4　事案の検討

　本件の事案では、甲社は流通業者に対し、甲社の製品を販売するときには甲社の希望小売価格を下回ってはならず、甲社の製品を販売促進商品としてもならないと要請している。これは典型的な「再販売価格の拘束」行為であり、

178

公平交易法19条の規定に違反するとして、公平交易委員会の調査を受ける可能性がある。

　本事案において、甲社が再販売価格を拘束する理由が自身のブランド価値を保護するというだけであれば、市場全体の競争を促進する効果を発揮することはできないと考えられる。それどころか、川下市場の流通業者が価格競争をする手段を制限しており、公平交易法19条1項ただし書の「正当な理由」には該当せず、違法と認定される可能性がある。

　結論として、会社が「再販売価格の拘束」の手段をとることを検討する場合、まず「競争を考慮した経済的に合理的な事由」の有無を考慮する必要がある。このような事由がある場合には、再販売価格の拘束を採用する正当な理由を川下市場の事業者との間の販売契約に明記し、公平交易法19条の規定に違反するリスクを低下させることが望ましい。

第2章　第4節　公平交易法分野に関するコンプライアンス

V　公正な競争を阻害する行為——「販売地域の制限」を例として

1　事　案

　甲社は、自動車メーカーである。台湾では、代理店が甲社の生産した自動車を販売している。甲社は、台湾をいくつかの地域に分けて販売を行う方法によって代理店に運営をさせており、代理店が地域外でサービスを提供することを禁止している。たとえば、消費者が北エリアの代理店から甲社の自動車を購入した場合には、北エリアの代理店でのみ自動車のメンテナンスや修理をすることができ、他のエリアの代理店が、部品や修理のサービスを提供することは禁止されている。

2　法的ポイント

　公平交易法には、「公正な競争を阻害する行為」についてどのような規定が設けられているのか。「販売地域の制限」は、「公正な競争を阻害する行為」なのか。

3　基本概念の解説

　(1)　公平交易法上の「公正な競争を阻害する行為」に関する規定

　公平交易法20条には、「公正な競争を阻害する行為」として、以下のいくつかの態様が規定されている。

①　特定の事業者に損害を与えることを目的として、他の事業者に対して、当該特定の事業者との供給、購入またはその他取引を断絶するよう促す行為

180

V 公正な競争を阻害する行為──「販売地域の制限」を例として

② 正当な理由なく、他の事業者に差別的取扱いをする行為

③ 低価格での顧客誘引またはその他不正な方法によって、競争者による競争への参加または従事を阻害する行為

④ 脅迫、利益誘引またはその他不正な方法によって、他の事業者に価格競争をしないこと、企業結合への参加、カルテルまたは垂直的制限といった行為をさせること

⑤ 取引の相手方である事業者の活動を不正に制限することを条件として、その者と取引をする行為

(2) 「販売地域の制限」も、「公正な競争を阻害する行為」の態様の1つ

公平交易法施行細則の規定によれば、公平交易法20条5号における「取引の相手方である事業者の活動を不正に制限することを条件として、その者と取引をする行為」には、抱合せ販売、独占的取引、地域、顧客または使用の制限およびその他事業者の活動を制限する状況が含まれる。よって、「販売地域の制限」も、公平交易法上の「公正な競争を阻害する行為」の態様の1つである。

(3) 「販売地域の制限」を合理化する事由

実務見解によれば、「公正な競争を阻害する行為」が当然に違法となるわけではなく、市場における自由競争を阻害する効果がある場合に限って、違法性を有することになる。具体的には、公平交易委員会が当事者の意図、目的、市場における地位、属する市場の構造、商品の特性および履行状況、並びに市場競争に対する影響等を考慮して総合的に判断する。そして、「販売地域の制限」が市場における自由競争を阻害しないと認定したときは、違法とはならない。

(4) 公平交易法20条の規定に違反した場合の効果

公平交易法20条に違反した場合、公平交易委員会は期限を定めてその行為を停止もしくは是正すること、または必要な更正措置をとることを命じることができるほか、新台湾ドル10万元以上5000万元以下の過料を科すこと

181

第2章　第4節　公平交易法分野に関するコンプライアンス

ができる。期限までにその行為を停止もしくは是正せず、または必要な更正措置をとらないときは、その行為を停止もしくは是正し、または必要な更正措置をとるまで、引き続き期限を定めてその行為を停止もしくは是正すること、または必要な更正措置をとることを命じることができるほか、違反した回数に応じて新台湾ドル20万元以上1億元以下の過料を科すことができる。他方、主務官庁が情状が重大であると認定したときは、前会計年度における売上高の10％以下の過料を科すことができ、これは前述の過料の金額による制限を受けない。

　このほか、期限までに違法行為を停止しない場合、行為者を2年以下の懲役、拘留に処し、または新台湾ドル5000万元以下の罰金を科し、もしくは併科することができる。

4　事案の検討

　本件の事案では、甲社の行為によって、北エリアの代理店で自動車を購入した消費者は、北エリアの代理店でしかメンテナンス、修理および部品の購入を行うことができなくなっている。これは、「販売地域の制限」であると認定される可能性がある。

　甲社が、当該「販売地域の制限」の手段を維持することを検討する場合、まず「競争を考慮した経済的に合理的な事由」の有無について考慮する必要がある。たとえば、このような取扱いをした理由が、各代理店の合理的な利益を維持して、代理店による販売後の保証、技術支援のサービスに対処するためであり、これが代理店のサービス品質を高めることに役立っているなどといった合理的な説明を行うことができれば、公平交易法20条の規定に違反するリスクを低下させることができると思われる。

182

VI　不実の広告

VI　不実の広告

1　事　案

　甲社は、日本企業が台湾で設立した子会社であり、家電製品の販売を行っている。日本の製品が台湾市場で広く好まれていることに着目した販売部門のマネージャーは、製品の販売カタログに「日本の工芸」、「日本No.1のブランド（中国語：日本第一品牌）」という広告用語を加えることにした。しかし実際には、同社の製品の多くは日本で設計され、中国で組み立てられている。また、「日本No.1のブランド」についても、根拠となる実際の調査結果は存在していない。そのため、甲社は告発を受けた。

2　法的ポイント

上記事案は、公平交易法違反となりうるのか。

3　基本概念の解説

(1)　公平交易法上の「不実の広告」に関する規定

　公平交易法21条には、「（1項）事業者は、商品若しくは広告上、又はその他公衆が知ることのできる方法によって、商品に関連し、取引の決定に影響を及ぼすに足りる事項について、虚偽不実又は人を錯誤に陥らせる表示又は表記をしてはならない。（2項）前項に定める、商品に関連し、取引の決定に影響を及ぼすに足りる事項には、商品の価格、数量、品質、内容、製造方法、製造年月日、有効期限、使用方法、用途、原産地、製造者、製造地、加工者、加工地、及びその他顧客に広告し、勧誘する効果を有する関連事項を含む。

183

第 2 章　第 4 節　公平交易法分野に関するコンプライアンス

（3項）事業者は、前項の虚偽不実又は人を錯誤に陥らせる表示が記載された
商品を販売、運送、輸出又は輸入してはならない。（4項）前3項の規定は、
事業者のサービスに準用する」と規定されている。

　消費者に対して提供する広告に記載される情報は、しばしば消費者による
消費行為の重要な判断の拠り所となる。事業者が自身の商品またはサービス
に対して、虚偽不実または人を錯誤に陥らせる広告を行えば、消費者は錯誤
に陥り、不正確な選択を行ってしまう。それだけでなく、市場競争の秩序が、
その元々の機能を喪失し、「不公平な競争」という効果を生じさせてしまうこ
とになる。このように、不実の広告は消費者の利益に損害を与えると同時に、
競争秩序を破壊する。よって、公平交易法上の違法行為の態様とされている。

　公平交易法21条の規定によれば、事業者は、商品もしくは広告上、また
はその他公衆が知ることのできる方法によって、商品に関連し、取引の決定
に影響を及ぼすに足りる事項について、虚偽不実または人を錯誤に陥らせる
表示または表記をしてはならない。この「取引の決定に影響を及ぼすに足り
る事項」には、以下の事項が含まれる。

① 　価格

② 　数量

③ 　品質

④ 　内容

⑤ 　製造方法、製造年月日、有効期限

⑥ 　使用方法、用途

⑦ 　原産地、製造者、製造地、加工者、加工地

⑧ 　その他顧客に広告し、勧誘する効果を有する関連事項

　(2)　よく見られる「不実の広告」の態様

公平交易委員会は、不実の広告について、よく見られる違法行為の態様の
参考例を公表している。以下に、比較的よく見られる事案をいくつか列挙する。

① 　すでに特定の賞を受賞したと誤認させ、これによって商品（サービス）

の地位を押し上げる表示または表記をした場合

② 特価または類似する名目での価格の表示を長期的に行っており、実際にはそれが定価である場合

③ 実際には条件、負担、期間またはその他の制限等が課されているにもかかわらず、表示または表記に明示していない場合

④ 製品の原産地（国）の記載の表示または表記が、当該原産地（国）で生産または製造されたものであると誤認させるものである場合。ただし、当該産地（国）の名称がすでに製品において通用されている説明であるときは、この限りでない。

⑤ 表示または表記で、商品（サービス）に一定の効果があると説明しているが、科学的原理または実験的根拠がない場合

⑥ 広告において「No.1（中国語：第一）」、「チャンピオン（中国語：冠軍）」、「最多」、「最大」等の最高レベルの用語が客観的な記述と関連づけられているが、販売数や意見調査等、客観的なデータによる裏づけがない場合

(3) 公平交易法21条の規定に違反した場合の効果

公平交易法21条に違反した場合、主務官庁（すなわち、公平交易委員会）は期限を定めてその行為を停止もしくは是正すること、または必要な更正措置をとることを命じることができるほか、新台湾ドル5万元以上2500万元以下の過料を科すことができる。期限までにその行為を停止もしくは是正せず、または必要な更正措置をとらないときは、その行為を停止もしくは是正し、または必要な更正措置をとるまで、公平交易委員会は引き続き期限を定めてその行為を停止もしくは是正すること、または必要な更正措置をとることを命じることができ、違反した回数に応じて新台湾ドル10万元以上5000万元以下の過料を科すことができる。

4　事案の検討

本事案では、製品が実際には中国で製造されているにもかかわらず、製品

の販売カタログに「日本の工芸」と表記した。これは、製品が日本で製造されたものであると消費者に誤認させるおそれがあり、「不実の広告」となる可能性がある。また、製品は「日本No.1のブランド」と謳っているが、これが販売数や意見調査等の客観的なデータに裏づけられていない場合には、「不実の広告」となる可能性がある。

　よって、会社が広告を行うときには、広告用語が不実または誇大ではないかを詳細にチェックする必要がある。事案の製品が、日本で設計されているだけであれば、「日本の工芸」といった「製造」と関連する語句は使用すべきではない。また、「日本No.1」のような語句には、当該製品の日本における販売数が第1位であることを証明する実際のデータまたは同社が確実に日本において好感度第1位の家電ブランドであることを示す調査報告が必要である。このように、事実と合わず、または客観的なデータのない広告用語の使用はできる限り避け、処罰されないようにする必要がある。

I 著作権の保護

第5節　知的財産分野に関するコンプライアンス

I　著作権の保護

1　事　案

　　甲社は、映像メディアの会社である。甲社は、台湾で子会社の設立を計画しているが、甲社の映像・音楽の著作物は会社の重要な知的財産であるため、台湾には著作物の保護に関する規定があるのかを知りたいと考えている。

2　法的ポイント

　台湾では、著作権はどのように発生するか。著作物には、どのような保護が認められているのか。

3　基本概念の解説

(1)　著作権の発生

　現在、台湾の著作権法では、創作保護主義（無方式主義）が採用されている。そのため、後述する職務上作成された著作物などを除き、原則として、著作者は著作物の完成時に直ちに著作権を取得し、また、登録をする必要はない。

　上述のように、著作権は登録をすることなく直ちに取得することができる。したがって、著作権をいつ取得したのかを証明する場合には、創作の過程および結果に関する証拠を残して、将来の立証に備えておく必要がある。しかし、証拠を残すことが容易ではない場合には、「著作権登録」の措置を利用す

187

第2章　第5節　知的財産分野に関するコンプライアンス

ることもできる。この「著作権登録」の措置は著作権を取得するための必要
条件ではなく、著作権をいつ取得したかを立証するための便宜的な措置にす
ぎない。

(2)　著作権を行使できる範囲

著作権は、大きく2つに区分することができる。

①　著作者人格権　　著作物の完成時に著作者に一身専属的に帰属し、譲
　　渡することも、相続することもできない。著作者人格権には「公表権」、
　　「氏名表示権」および「同一性保持権」が含まれている。

②　著作財産権　　著作物の完成時に直ちに著作者に帰属する。全部また
　　は一部を譲渡することも、他人と共有することもできる。著作財産権に
　　は、主に「複製権」、「口述権」、「上映権」、「上演権・演奏権」、「公衆送
　　信権」、「展示権」、「翻案権」、「編集権」、「頒布権」、「貸与権」等が含ま
　　れている。

(3)　著作権が侵害された場合に主張できる権利

著作権者は、侵害の排除を請求することができる。主張可能な侵害の排除
方法は多岐にわたっており、たとえば、権利を侵害している者による当該著
作物の利用を禁止することや、侵害品の破棄を請求することなどがあげられ
る。

また、著作権者は、故意または過失によりその著作権を侵害した者に対し
て、損害の賠償を請求することもできる。

著作権者が実際の損害額を証明することが容易ではない場合、裁判所に対
し、侵害の状況に応じて新台湾ドル1万元以上100万元以下の範囲で損害賠
償の額を定めるよう求めることができる。侵害行為が故意によるものであり、
その情状が重大である場合には、裁判所は、賠償額を新台湾ドル500万元ま
で引き上げることができる。

188

4 事案の検討

　台湾では、著作者が著作物を創作した時から、関係する著作権は著作権法および関係法規により保護されることになる。映像・音楽の著作物との関係では、2019年5月1日に改正された著作権法の規定が特に重要である。改正条文には、コンピュータープログラムまたは特殊な設備を利用して、許諾を得ていない映像著作物を公衆に視聴させて利益を得ることも、著作権の侵害行為に該当する旨が規定されている。たとえば、「安博盒子」という商品があるが、これは、アプリケーション（以下、「アプリ」という）を内蔵し、直接テレビに接続できる装置であり、利用者は同装置を購入すると、同装置内にインストールされているアプリによって某ウェブサイトに接続することができ、そのウェブサイト上で許諾を得ていない映像・音楽の著作物を視聴することができるようになる商品である。2019年5月1日に著作権法が改正される前においては、同装置に搭載されたアプリの製造者は、著作者の著作物を直接侵害しているわけではないため、アプリの製造者も利用者も、著作権法違反にはならなかった。しかし、2019年5月1日に著作権法が改正された後は、このような装置を販売し、または利用者が許諾を得ていない映像・音楽の著作物に接触できるようにするアプリを販売して利益を得ることも、著作権の侵害とみなされるようになった。

第2章　第5節　知的財産分野に関するコンプライアンス

Ⅱ　職務上作成した著作物の著作権の帰属

1　事　案

　甲社は、ウェブデザインを手がける会社であり、台湾で多数のデザイナーを雇用している。ある日、デザイナーのＡは管理職である上司のＢと口論になった。デザイナーのＡは、甲社において自身がデザインを完成させたウェブページの著作権は自身に帰属すると考えている。一方でＢは、当該デザインをしたウェブページは在職期間中に職務上完成させたものであるため、その著作権は甲社に帰属すると考えている。台湾の著作権法の規定によれば、設計したこのウェブページの著作権は、誰に帰属するのだろうか。

2　法的ポイント

　職務上作成した著作物の著作権は、雇用主のものか、それとも被用者のものか。

3　基本概念の解説

　著作権法11条の規定によれば、被用者が職務上作成した著作物については、当該被用者が著作者となり、著作者人格権は被用者に帰属する。他方、著作財産権については、著作物の完成時に、雇用主に帰属することになるが、雇用主と被用者との契約により、著作財産権も被用者に帰属すると定めた場合は、かかる定めに従う。加えて、契約で雇用主を著作者とすると定めることもでき、その場合は、著作財産権および著作者人格権共に、雇用主に帰属することになる。なお、就業規則や職務発明規程などは、単に雇用主が一方的

190

に公表したものにすぎず、これらは著作権法11条における「契約の定め」には該当しない。

　つまり、被用者と雇用主が、職務上作成した著作物の著作権の帰属について明文で定めなかったときは、被用者が著作者となるが、著作財産権は雇用主に帰属する。

　なお、著作物が完成すると、著作者は直ちに確定し、事後に著作者を変更することはできないほか、著作者に対してその著作者人格権を譲渡するよう要求することもできない。

▓▓日本法の観点から▓▓

　日本の著作権法では、当該著作物が、①雇用主の発意に基づき、②雇用主の業務に従事する者が職務上作成するものであって、③その雇用主の名義で公表するものであるときは、原則として、雇用主が著作者となり著作権（著作者人格権を含む）を有し、例外的に、就業規則や個別契約などで別の定めがある場合には、当該定めに従うことになる（著作権法15条1項。ただし、プログラムの著作物に関しては、上記③の要件が不要とされている（同条2項））。

4　事案の検討

　デザイナーのAがウェブページのデザインを作成する前に、甲社とデザイナーのAとの間で、Aが職務上作成した著作物の著作権の帰属について定めなかった場合、デザイナーのAが職務上著作物を作成したときは、デザイナーのAが著作者となるが、著作財産権は甲社に帰属する。この場合であっても、デザイナーのAは著作者人格権を保有する。

　デザイナーのAがウェブページのデザインを作成する前に、甲社とデザイ

第2章　第5節　知的財産分野に関するコンプライアンス

ナーのAとの間で、Aが職務上作成した著作物の著作者を甲社とすると定め
ていた場合、デザイナーのAが職務上著作物を作成したときは、甲社が著作
者となり、甲社は当初から著作者人格権および著作財産権を取得することに
なる。

　なお、デザインしたウェブページが、デザイナーのAが職務上の著作物を
作成する目的で創作したものではない場合（たとえば、退勤後の時間を利用し
て個人的に完成させたウェブページ）、その著作者および著作財産権はデザイ
ナーのAに帰属し、甲社とデザイナーのAとの間における、職務上作成した
著作物の著作者を甲社とするという定めによる拘束を受けない。

192

Ⅲ　他人の著作権を侵害しないための注意事項

Ⅲ　他人の著作権を侵害しないための注意事項

1　事　案

　甲社は、ソーシャルメディアのコンサルティング会社であり、コピーライターを多数雇用して、広告コピーの執筆、宣伝映像の撮影を行っている。甲社はある日、インターネット上で無料のストックフォトギャラリーを経営する乙社から警告書を受領した。警告書の内容は、甲社が乙社のフォトギャラリーにある写真の権利を侵害したと主張して、甲社に対し損害賠償を請求するものであった。その後、甲社はAからも電話を受けた。Aは、甲社が作成した宣伝映像の一部にはAがはっきりと映っているが、これはAの同意を得ずに公開されたものだと述べた。Aは甲社に対し、当該映像の公開を直ちに中止するほか、Aの損害を賠償するよう求めた。乙社とAの主張に、法的根拠はあるのだろうか。

2　法的ポイント

　インターネット上の無料のフォトギャラリーを利用する場合、著作権の面ではどのような点に注意が必要なのだろうか。宣伝映像などに人物が映り込んでいた場合、撮影された人物はいかなる請求ができるだろうか。

3　基本概念の解説

(1)　第三者の著作権を使用する際の留意点

　第三者の著作権を使用するときは、許諾を得た範囲、許諾を得た地域および使用回数、並びに再許諾に関する制限に注意する必要がある。

　デザイナーがインターネット上の無料のフォトギャラリーを使用して広告

193

第2章　第5節　知的財産分野に関するコンプライアンス

を作成することは、業界では常態化しているようである。しかし、インターネット上の無料のフォトギャラリーは、一見無料かつ無制限使用できるようにみえても、実際には各種の使用上の制限が設けられていることが多い。それぞれの無料のフォトギャラリーには、著作権の使用および帰属に関する非常に詳細な利用規約が定めてあるのが一般的である。使用前には、これらをしっかりと確認し、争いが生じる可能性がある無料のフォトギャラリーは、なるべく使用しないことが適切である。

　ミスによって他人の著作権を侵害し、会社に無用な損失を生じさせないようにするためにも、デザイナーが無料のフォトギャラリーを使用する必要がある場合には、雇用主がデザインの内容を確認するときにしっかりと注意を払うほか、デザイナーに十分な研修を行い、著作権に関する知識を教育する必要がある。

(2)　肖像権

　撮影した写真や映像を会社の商品に使用する際に見落とされがちなのは、「肖像権」の問題である。たとえば、会社がロケーション撮影によって写真の撮影を行ったり、商品の紹介映像を製作したりするときに、通行人が映り込んでしまうことは多い。この場合に、通行人の同意を得ずにその「肖像」を写真または映像に使用したことが原因で、「肖像権」に関する紛争が数多く生じている。「肖像権」（すなわち、人の顔や姿に関する権利）は、「著作権」とは異なるものである。「肖像」は人類の容貌であるが、「著作権」は人類の知的生産物であり、両者は区別して考える必要がある。

　つまり、写真や映像は会社の著作物であるため、会社は著作権を有している。しかし、著作権が認められることと、写真や映像に映り込んだ人物の肖像を利用できるかという問題は別である。映像や写真に人物がはっきりと写っている場合には、無用な紛争を防ぐためにも、人物の「肖像」について、当該人物から別途許諾を得る必要がある。

194

Ⅲ　他人の著作権を侵害しないための注意事項

4　事案の検討

　甲社のコピーライターが、乙社のフォトギャラリーの使用に関する著作権の利用規約に注意を払わず、またはこれを遵守しなかった場合、乙社の、甲社は乙社のフォトギャラリーにある写真に係る著作権を侵害したとの主張には著作権法上の理由がある。

　映像の中の人物の「肖像権」が認められる。仮に甲社が、Aの許諾を得ずにその肖像を使用した場合、Aの肖像権侵害との主張には法律上の理由がある。

第2章　第5節　知的財産分野に関するコンプライアンス

Ⅳ　模倣品を防止するための商標の保護措置

1　事　案

　日系企業である甲社は、スキンケア用品の会社である。自社ブランドの製品は高品質・低価格で女性に人気があるが、台湾における拠点はまだ設立していない。甲社は最近、台湾で、甲社ブランドのロゴが付された模倣品が大量に流通していることを発見した。模倣品は品質にばらつきがあるため、模倣品を購入した台湾の顧客からは不満が噴出しており、甲社の評判にも悪影響が生じている。甲社は、模倣品を販売するこれらの業者に対し、商標権侵害を主張できるだろうか。

2　法的ポイント

商標権とは何か。商標権は、どのように保護されているのか。

3　基本概念の解説

(1)　商標権の定義

　商標とは、識別力のある標章のことであり、文字、図形、記号、色彩、立体的形状、動き、ホログラムもしくは音等、またはこれらの結合によることができる。

　商標権を取得しようとする場合、商標登録の出願が必要となる。出願人に台湾における住所または営業所がないときは、出願人が自ら出願することはできず、代理人に出願を委任する必要がある。

　現在、台湾における商標の保護については、属地主義が採用されている。そのため、台湾で出願登録された商標に限り、台湾で商標権の保護を受ける

196

IV　模倣品を防止するための商標の保護措置

ことができる。つまり、たとえ他国ですでに商標登録を行っていても、当該
他国での商標登録によって、台湾で商標権の保護を受けることはできない。

　(2)　商標権の保護措置

　商標権者の同意を得ずに、マーケティングを目的としての行為をしたとき
は、商標権の侵害となる。〔表2－18〕はその例である。

　商標権が侵害された場合、商標権者は、侵害の排除または侵害の防止を請
求することができる。

　また、商標権者は、故意または過失により商標権を侵害した者に対し、損

〔表2－18〕　商標権侵害となる事例

事　例		説　明
登録された商標	争いとなった商標	同一の商標を同一の商品（化粧品）に使用
「Lancome」化粧品における使用を指定	「Lancome」化粧品に使用	しているため、消費者が、争いとなった商標が使用された商品と、登録された商標が使用された商品の出所が同一であると誤認するおそれがある
登録された商標	争いとなった商標	同一の商標を類似商品（人形とフィギュア）に使用しているため、消費者が、争
「Mickey Mouse」人形における使用を指定	「Mickey Mouse」フィギュアに使用	いとなった商標が使用された商品と、登録された商標が使用された商品の出所が同一である、または両者に関連があると誤認するおそれがある
登録された商標	争いとなった商標	類似商標（New BalanceとNow Balance）を同一の商品に使用しているため、消費
「New Balance」スポーツ用品における使用を指定	「Now Balance」スポーツ用品における使用を指定	者が、「Now Balance」のスポーツ用品を「New Balance」のスポーツ用品だと誤認するおそれがある
登録された商標	争いとなった商標	類似商標（「ＣＫ」と「ＧＫ」）を類似商品（ブ
「ＣＫ」ブラジャーにおける使用を指定	「ＧＫ」パンツ（下着）における使用を指定	ラジャーとパンツ）に使用しているため、消費者が、「ＧＫ」のパンツと「ＣＫ」のブラジャーの出所が同一である、または両者に関連があると誤認するおそれがある

197

第2章　第5節　知的財産分野に関するコンプライアンス

害賠償を請求することもできる。

　上記に加え、商標権者は、輸入品または輸出品がその商標権を侵害するおそれがあるときは、税関に事前の差止めの申請をすることができる。

4　事案の検討

　甲社がすでに台湾で商標登録を行っている場合、当該商標を侵害した者に対して商標権侵害を理由として侵害の排除・防止や税関での事前差止めができる。また、故意または過失による当該侵害行為の結果として甲社に損害が生じている場合には、商標権侵害を理由として損害賠償を請求することもできる。

　一方、甲社がまだ台湾で商標登録を行っていない場合には、甲社は台湾でその商標権を主張することはできない。

198

V 専利権の保護措置

1 事案

　日系企業である甲社は、デザインコンサルティング会社であり、多くの設計専利を登録している。甲社は近頃、台湾市場で自社の設計専利とかなり似通った模倣品を発見した。そのため、台湾には専利についてどのような保護があるのかを理解したいと考えている。

2 法的ポイント

専利権とは何か。専利権には、どのような保護措置が設けられているのか。

3 基本概念の解説

(1) 専利権の定義

　台湾の専利法によって保護される専利は、「発明専利」、「新型専利」および「設計専利」の3種類に区分されている。台湾の専利法には、属地主義が採用されており、台湾で専利を出願しなければ、専利法による保護を受けることはできない。

　発明専利を出願するときは、専利の出願権者が願書、明細書、専利請求の範囲、要約書および必要な図面を準備して、経済部知的財産局に出願する。新型専利を出願するときは、専利の出願権者が願書、明細書、専利請求の範囲、要約書および図面を準備して、経済部知的財産局に出願する。設計専利を出願するときは、専利の出願権者が願書、明細書および図面を準備して、経済部知的財産局に出願する。

　「設計専利」の出願にあたっては、以下の事項に注意が必要である。

第2章　第5節　知的財産分野に関するコンプライアンス

① 以下の項目については、設計専利を取得することができない

　ⓐ 純機能的な物品の造形

　ⓑ 純粋美術の創作物

　ⓒ 集積回路の配置および電子回路の配置

　ⓓ 公共の秩序または善良の風俗を妨害する物品

② 設計専利を取得するためには、以下の条件を満たす必要がある

　ⓐ 出願前に、同一または類似する設計が、刊行物に掲載されていないこと

　ⓑ 出願前に、同一または類似する設計が、公に実施されていないこと

　ⓒ 出願前に、公衆に知られていないこと

(2) 専利権の保護

専利物（特許、実用新案、意匠を含む）には、専利の登録番号を表示しなければならない。専利物に表示することができない場合は、ラベル、包装、または他人が十分に認識することができる見やすい方法で表示することができる。表示しない場合、損害賠償を請求するときに、専利権者は、侵害者がそれが専利物であることを知り、または知ることができたことを立証しなければならない。

専利権が侵害された場合、専利権者は、侵害の排除または侵害の防止を請求することができる。

また、専利権者は、故意または過失によりその専利権を侵害した者に対し、損害賠償を請求することもできる。

4　事案の検討

甲社は、台湾で出願を行い、当該設計専利の専利証を取得した場合に限り、当該専利を侵害した者に対して専利権を主張することができる。台湾で専利権を登録しておらず、他国の専利証を保有しているにすぎないときは、台湾で専利権を主張することはできない。

200

VI　専利権侵害の警告を発する前の注意事項

1　事　案

　　甲社はコンピューターソフトウェアの会社であり、台湾で数多くの専利権を登録している。ある日、甲社の研究開発部門の管理職であるAは、オンラインプラットフォームを経営している乙社が、甲社の承諾を得ていないにもかかわらず、甲社の保有する専利と一致しているソフトウェアをインターネット上で販売していることを発見した。Aは、甲社の法務部門の管理職であるBに対して、乙社に今すぐ侵害を止めるよう警告書を発するよう求めた。

2　法的ポイント

　専利権侵害の警告書を発する前に、行う必要がある手続はあるだろうか。その手続を行わずに警告書を発した場合、どのような法的効果が生じうるのだろうか。

3　基本概念の解説

　会社の専利権が他人から侵害されていることを発見したときに、直ちに警告書を発すると、公平交易法の関係規定違反となる可能性がある。
　「事業者が著作権、商標権又は専利権の警告書を発する案件における公平交易委員会の処理原則」第3点1項には、「事業者が、権利が侵害を受けたことを確認するための以下のいずれかの手続を行った後で警告書を発した場合に限り、著作権法、商標法又は専利法に基づく権利行使のための正当な行為となる……。三、専利権を侵害している可能性がある目的物を専門機関に送

201

第2章　第5節　知的財産分野に関するコンプライアンス

付して鑑定を依頼し、鑑定報告書を取得し、かつ、警告書を発する前又は発するのと同時に、侵害している可能性のある製造業者、輸入業者又は代理業者に対して侵害の排除を請求した場合」と規定されている。

また、同原則第4点1項には、「事業者が、権利が侵害を受けたことを確認するための以下の各号の手続を行った後で、警告書を発した場合に限り、著作権法、商標法又は専利法に基づく権利行使のための正当な行為となる……。二、警告書に著作権、商標権又は専利権の明確な内容、範囲、及び侵害を受けた具体的な事実（例えば係争の権利がいつ、どこで、どのように製造、使用、販売又は輸入されたかなど）を明記し、受領者に係争の権利が侵害を受けている可能性があるという事実を十分に知らせたとき」と規定されている。

上述の処理原則に規定された手続を行わずに警告書（その名目は警告書に限定されない。通知書、弁護士書簡、公開書簡、お知らせ、またはその他自身、他の事業者の取引の相手方もしくは潜在的な取引の相手方に通知するに足りる書面であれば、すべてこれに該当する）を発した場合、同原則第5点の規定により、公平交易法25条の違反となる可能性がある。この場合、主務官庁は期限を定めてその行為の停止、改善を命じること、または必要な是正措置をとることができるほか、新台湾ドル5万元以上2500万元以下の過料を科すことができる。また、是正等が行われるまで、連続して処罰することもできる。

4　事案の検討

甲社は、公平交易委員会から処罰されないよう、警告書を発して専利権を主張する前に、前述した「事業者が著作権、商標権又は専利権の警告書を発する案件における公平交易委員会の処理原則」に基づき以下の手続を行う必要がある。

①　乙社に対して、警告書を発する前に、専利権を侵害している可能性がある目的物を専門機関に送付して鑑定を依頼し、鑑定報告書を取得する。

②　乙社に対して、警告書を発する前または発するのと同時に、侵害行為

VI 専利権侵害の警告を発する前の注意事項

をしている可能性のある製造業者、輸入業者または代理業者に対して侵害の排除を請求する。すなわち、本事案において、乙社はソフトウェアを販売しているだけで、製造や輸入は行っていない可能性がある。そこで、甲社は、乙社に対して警告書を発する前に、製造業者、輸入業者または代理業者を調査したうえで、同事業者に対し、乙社に対する警告書を送付するより事前またはこれと同時に侵害を排除するための警告書を発する必要がある。

③ 警告書に専利権の明確な内容、範囲、および侵害を受けた具体的な事実（たとえば、係争の権利がいつ、どこで、どのように製造、使用、販売または輸入されたかなど）を明記し、被警告者に対し、係争の権利が侵害を受けている可能性がある具体的な事実を十分に知らせる。

203

第2章　第6節　企業の腐敗防止に関するコンプライアンス

第6節　企業の腐敗防止に関するコンプライアンス

Ⅰ　刑事法上の「公務員」の定義

1　事　案

　甲社は、台湾において、政府が株式の100％を保有する国営企業が発注する工事案件に入札することを計画している。甲社は、公務員との付き合いの線引きをはっきりさせ、法に触れることを避けるために、刑法上の、公務員への贈賄に関する規定における「公務員」の定義について理解したいと考えている。

2　法的ポイント

刑事法上の公務員の定義は何か。

3　基本概念の解説

　刑事法（主に「刑法」と「汚職治罪条例」。その異同は、後記Ⅱで説明する）における公務員の定義は、刑法10条2項に規定されている。同項の規定によれば、刑法上、以下の3種類の公務員が存在する。

①　身分公務員（刑法10条2項1号前段を参照）　　法令により国または地方自治体に属する機関に所属し、法定の職務権限を有する典型的公務員。

②　授権公務員（刑法10条2項1号後段を参照）　　政府組織に所属しないが、法令により公共事務に従事し、法定の職務権限を有する者。たとえば、国営企業、公立学校、公立病院の人員が、政府調達法により入札の

204

募集や審査、開札などに従事するときは、ここにいう授権公務員に該当すると考えられる。

③　委託公務員（刑法10条2項2号を参照）　国や地方自治体の所属機関から、法律に基づき公権力にかかわる業務の委託を受けて公共事務に従事する者。たとえば、食品安全の主務官庁が、特定の種類の食品検査業務を民間の組織に委託した場合、当該民間組織で当該業務を担当する者は、委託公務員に該当すると考えられる。

なお、「授権公務員」と「委託公務員」の要素である「公共事務」の内容について、現時点では実務・学説に統一した見解はないため、「授権公務員」と「委託公務員」の概念の範囲は明確ではないといわざるを得ない。

4　事案の検討

政府が株式の100％を保有する国営企業に所属する従業員は、当該企業の調達業務等、法定の職務権限を有する事務を執行するときには、刑法10条2項1号後段にいう「授権公務員」に該当する。

第2章　第6節　企業の腐敗防止に関するコンプライアンス

Ⅱ　職務に反しない行為に係る贈賄罪

1　事　案

　　甲社は、台湾で工場を設立した。工場の建物の建造はすでに完成した
が、使用ライセンスが一向に取得できず、工場の運営が始められないで
いる。甲社の総経理であるAは、使用ライセンスの発行手続のスピード
が早まることを期待して、主務官庁の公務員を宴会に招待しようとして
いる。

2　法的ポイント

　工場の使用ライセンス取得のスピードを早めるために公務員を宴会に招待
することは、贈賄罪となるのか。

3　基本概念の解説

　台湾では、公務員への贈賄に関する法的責任は、主に「刑法」の「汚職の罪」
の章と「汚職治罪条例」に規定されている。両者の要件には重なるところが
多いが、1つの行為が同時に刑法122条3項と汚職治罪条例11条1項の双方
に該当する場合には、特別法である汚職治罪条例が優先的に適用される（最
高裁判所2003年度台上字2655号刑事判決）。

　〔表2－19〕において、「刑法」と「汚職治罪条例」における贈賄罪の構成要
件の異同を紹介する。

　以上の説明から、「職務に反しない行為」をするよう公務員を促すために公
務員に利益を供与することは、「刑法」上の犯罪ではないものの、「汚職治罪
条例」11条2項の職務に反しない行為に係る贈賄罪となることがわかる。

206

II　職務に反しない行為に係る贈賄罪

〔表2－19〕　刑法と汚職治罪条例における贈賄罪の構成要件の異同

要　件		説　　明	法律・条例
贈賄の対象者	公務員	前記Ⅰにおける説明のとおり	「刑法」122条2項、「汚職治罪条例」11条1項・2項
	仲裁人	法令に基づき、当事者の紛争について決定、判断する権限を有する者	「刑法」122条2項（「汚職治罪条例」では仲裁人を対象者としていない）
贈賄の目的	職務に反する行為	たとえば、法定の必要条件を満たさない申請につき許可を与えること	「刑法」122条2項、「汚職治罪条例」11条1項
	職務に反しない行為	たとえば、法定の必要条件を満たす申請につき、審査の所要期間を短縮して時間的な利益を与えること	「汚職治罪条例」11条2項。「刑法」には職務に反しない行為への贈賄に関する処罰規定をおいていない
目的と行為の関連性	対価関係	不正な利益の供与と職務関連行為との間に原因と結果の関係があること。不正な利益の供与と職務関連行為との間に対価関係がない場合、贈賄罪は成立しない。	「刑法」122条2項、「汚職治罪条例」11条1項・2項
贈賄行為	賄賂またはその他不正な利益の申込み、約束または供与	不正な利益が供与された場合だけでなく、不正な利益の供与について約束（合意）し、または贈賄側が一方的に要求（申込み）するだけでも、贈賄罪が成立する。「不正な利益」とは、「有形・無形の、人の需要、欲望を満たすことができるすべての利益」であり、金額や利益の種類を問わず、ささやかな便宜供与であっても贈賄となる可能性がある。また、供与の時期について、利益が実際に供与されていなくても、供与の意思を表明しただけで贈賄罪が成立しうる。	「刑法」122条2項、「汚職治罪条例」11条1項・2項

207

第2章　第6節　企業の腐敗防止に関するコンプライアンス

4　事案の検討

　工場の使用ライセンスの取得時期を早めるために公務員を宴会に招待する場合、「宴会に招待する」行為と「工場の使用ライセンスの取得時期を早める」ことの間には、明らかに対価性が存在する。

　仮に「甲社の工場が使用ライセンスの発行要件を完全に満たしている」場合、公務員が「使用ライセンスを発行する」行為は職務に反するものではない。しかし、総経理であるＡが工場の使用ライセンスの取得時期を早めることを目的として公務員に利益を供与する場合にも、「汚職治罪条例」11条2項の職務に反しない行為に係る贈賄罪が成立する。

Ⅲ　公務員への接待または贈物の際に注意すべき事項

1　事　案

　甲社は、多くの政府調達案件に入札しており、日常的に公務員とやりとりしている。ある日、日常的に交流のある政府機関の長から甲社に対し、長男が2週間後に結婚するため、甲社の社長を結婚披露宴に招待したい旨の連絡があった。甲社の社長はこのことを知り、台湾の習慣に従って祝儀を包むことにしたが、それが法に触れるかは見当がつかない。

2　法的ポイント

　公務員が開催する結婚披露宴に招待された場合に祝儀を提供することには、法に触れる疑いがあるのか。適切な祝儀の金額は、どのような基準によって判断すべきなのか。

3　基本概念の解説

(1)　「公務員廉政倫理規範」の概要

　「公務員廉政倫理規範」は、俸給が支給される文官・武官の公務員およびその他公営事業の機関で働く者に適用される。よって、直接民間企業を規制の対象とするものではない。しかし、民間企業による贈与・接待により、贈物を収受し、接待を受け、または出席料もしくは原稿料を受領した公務員が「公務員廉政倫理規範」に違反したと認定される可能性がある。最悪の場合、それらの公務員は、賄賂を収受したと認定されてしまう可能性すらある（この場合、贈物・接待などをした民間企業が贈賄者になる）。このようなトラブルが起きるのを避けるために、民間企業が公務員と交際する際には、「公務員

209

廉政倫理規範」に定められている各種の基準に注意する必要がある。

(2) 利害関係

「公務員廉政倫理規範」は、「公務員の職務と利害関係を有するか」を主な区分の基準としている。「職務と利害関係を有する」とは、個人、法人、団体またはその他組織と、行政機関（機構）またはその所属機関（機構）との間に、次のいずれかの関係がある場合をいう。

① 業務上のやりとり、指揮監督または補助金、奨励金の支給等の関係がある場合

② 請負、売買その他契約関係の締結を検討・実施しており、または契約がすでに締結されている場合

③ その他行政機関（機構）による業務の決定、執行または不執行により、有利または不利となる影響を及ぼす場合

(3) 「公務員廉政倫理規範」における贈与行為への扱い

利害関係の有無により、「公務員廉政倫理規範」の贈与行為への扱いは異なっている。具体的には、以下のとおりである（必要条件を満たす場合、「公務員廉政倫理規範」に合致し、違反と認定されない）。

【受贈者と贈与者に利害関係がある場合】

① 必要条件その１：偶発的で、特定権利義務に影響を与えるおそれがないこと

② 必要条件その２（以下のいずれか１つに該当すればよい）

    ⓐ 公務上の儀礼にあたること

    ⓑ 上司からの奨励、援助または慰問であること

    ⓒ 市場価格が新台湾ドル500元以下、または機関（機構）内の多数の者に贈られたものであり、その市場価格の総額が新台湾ドル1000元以下であること

    ⓓ 婚約、結婚、出産、引っ越し、就職、昇進による異動、定年退職、

210

辞職、離職および本人、配偶者または直系親族の傷病、死亡により
受贈した財物であり、その市場価格が正常な社交上の儀礼の基準（新
台湾ドル3000元）を超えないこと

【受贈者と贈与者に利害関係がない場合】

　親族または頻繁に交流のある友人を除き、市場価格が正常な社交上の
儀礼の基準（新台湾ドル3000元）を超えるときは、公務員は受贈の日から
3日以内に上司の報告し、必要時には政府倫理機関への通知も行う。

(4)　「公務員廉政倫理規範」の公務員の接待飲食への参加に関する規定

「公務員廉政倫理規範」では、公務員の接待飲食への参加に関して、以下
のように定めている。

【利害関係のある場合】

①　公務上の儀礼に則り、確かに参加する必要があること

②　伝統的な祭事のために公開で開催される活動であり、一般人を招待
　していること

③　上司から部下への奨励、慰労にあたること

④　婚約、結婚、出産、引っ越し、就職、昇進による異動、定年退職、
　辞職、離職等により開催される活動であり、正常な社交上の儀礼の基
　準（新台湾ドル3000元）を超えないこと

【利害関係のない場合】

　その身分、職務に照らして明らかに不適切なものは避けるべきである。

(5)　「公務員廉政倫理規範」の公務員のシンポジウムへの参加等に関
　する規定

公務員が視察、調査、出張または会議等の活動に参加する場合には、飲料
や菓子、および公務の執行に確かに必要である簡単な食事や宿泊先、交通手

第2章　第6節　企業の腐敗防止に関するコンプライアンス

段を除いて、関係機関（機構）から接待飲食またはその他接待を受けてはならない。

(6) 「公務員廉政倫理規範」の公務員による講演料および原稿料等に関する規定

公務員が講演会、座談会、研修および評価（選定）等の活動に出席する場合に収受する金額は、1時間あたり新台湾ドル5000元を超えてはならない。

また、公務員が上記の活動に参加し、別途原稿料を収受する場合、1000字あたりの金額は新台湾ドル2000元を超えてはならない。

4　事案の検討

公務員への接待や贈物にあたっては、上記の基準と要件に注意し、「公務員廉政倫理規範」に違反しないようにする必要がある。また、特に注意が必要な点として、台湾では、結婚披露宴の招待状を受け取った場合、儀礼に則り祝儀を包むのが一般的である。祝儀の額は、「結婚披露宴への出席の有無」、「結婚披露宴の会場が都市部にあるか」、「結婚披露宴の会場が高級ホテルか」によって異なる。公務員の結婚披露宴に出席する場合（新郎新婦自身が公務員である場合、新郎新婦が公務員の子女である場合等を含む）、「公務員廉政倫理規範」の規定に注意し、祝儀の額は正常な社交上の儀礼の基準である新台湾ドル3000元を超えないようにすることが適切である。

会社が、その業務の特性（たとえば、医療産業、建設業、金融業等）により、頻繁に公務員とやりとりをする必要がある場合には、関係法規を確実に遵守するために、事前届出および事後報告の制度を整えたうえで、接待または贈物の時期（たとえば、政府調達に係る入札の前後または検収の前後でないこと）、内容および必要性を確認する必要がある。関係する規定を確認するときのポイントは、以下のとおりである。

① 当該接待または贈物が、公務員の特定の職務行為と対価関係になく、かつ、「対価関係にある」との誤解も生じさせないことを確認する

Ⅲ　公務員への接待または贈物の際に注意すべき事項

②　接待または贈物の額は、正常な社交上の儀礼の基準を超えないように
する

③　接待または贈物の内容は、善良な風俗に反せず、不適切な場所への出
入りも伴わないようにする

④　儀礼上必要な場合（たとえば、結婚式、葬式）を除き、現金または現金
に相当する物を贈らないようにする

第2章　第6節　企業の腐敗防止に関するコンプライアンス

Ⅳ　企業間の腐敗行為が法に触れる場合

1　事　案

　甲社は、数百社の部品供給業者と経常的に取引をしている。供給業者は受注を勝ちとるために、甲社の調達担当者に頻繁に各種の贈物をしているほか、毎年年末になると、多くの供給業者が甲社の忘年会の抽選賞品を提供したいと進んで申し出ている。ある日、某供給業者は、注文1件ごとに注文金額の1％にあたる額を、甲社の営業部門の事業推進費用として拠出したいとの申出を行った。

2　法的ポイント

　甲社の調達担当者が供給業者からの贈物を収受し、甲社が供給業者の提供した忘年会の賞品を受け入れ、または甲社の営業部門が供給業者の提供した事業推進費等を収受する行為は、法律に違反するのか。また、その他の法的なリスクはあるのか。

3　基本概念の解説

　台湾には、企業間で贈賄を行う商業賄賂行為について一般的な定めをおいた特別法は存在しない（台湾では、公開発行会社、金融持株会社、証券取引所、先物取引所、証券投資信託および顧問事業の代表者、責任者、役員、従業員等の商業賄賂につき、別途特別規定をおいている。この部分は特定の業種にかかわるものであるため、紙幅の都合上、本書で個別に説明することは割愛する。必要に応じて、専門の弁護士にご相談いただきたい）。そのため、収賄をした者が刑法上の公務員の身分を有していないときは、贈賄や収賄後の行為によって、会

214

社の財産またはその他の利益に損害が生じた場合（たとえば、収賄により市場価格より高い製品を購入すること）に限って、刑法の背任罪が成立する可能性がある。

背任罪について、刑法342条１項には、他人のために事務を処理する者が、自己もしくは第三者の不法な利益を図り、または本人の利益に損害を加える目的で、その任務に背く行為をし、本人の財産またはその他の利益に損害を加えたときは、背任罪が成立すると規定されている。

当該規定により、会社の職員が不正な利益を収受し、その職務に背く行為をしたことにより、会社の財産またはその他の利益に損害が生じた場合、本罪が成立する。また、職務に背く行為をするように他人を教唆、幇助した者にも、背任罪の共犯が成立する。

4 事案の検討

刑法の背任罪は、「その任務に背く行為」をすることを要件としている。よって、たとえ甲社の調達担当者が供給業者の贈物を収受し、甲社が供給業者の提供した忘年会の賞品を受け入れ、または甲社の営業部門が供給業者の提供した事業推進費を収受する行為が行われた場合であっても、これにより職務に反する行為（たとえば、特殊な優待を与える）がなされず、または会社に損害を加えていない（たとえば、当該供給業者の製品の品質が基準を満たしており、価格も市場の最低価格である）場合、関係する従業員が背任罪に問われることはないと思われる。

台湾では、少し前にある案件が注目を集めた。報道によれば、某供給業者は８年もの長きにわたり、某上場グループ企業の管理職に贈賄をし続けていた。賄賂を収受した者は、総経理から各レベルの管理職まで合計20名以上に上り、収賄の金額は億を超えていたという。当該上場企業の上層部がこのことを発見し、検察署に告発を行った。しかし、検察官が仕入れに関する資料を調査し、供給業者の同業者に取調べを行ったところ、当該供給業者は業

215

界の先頭企業であって、「最低価格で落札」していたほか、その製品はすべて検収に合格し、出荷後にも何らの苦情も受けていないことがわかった。そのため検察官は、たとえ当該上場グループ企業の従業員が供給業者から賄賂を収受していたとしても、会社に損害を加えておらず、背任罪は成立しないと認定し、本件を不起訴処分とした。もっとも、この事件は当該上場グループ企業のイメージに重大な影響を及ぼし、報道によれば、当該上場グループ企業は関係者を解雇したという。

　上記のことから、現行法制においては、商業賄賂等の不誠実な行為について、刑法の規定のみでは従業員の責任を有効に追及できないことがわかる。取引の実務からみると、台湾に商業賄賂罪は存在しないとはいえ、会社の従業員が贈賄または収賄を行った場合、これらの商業賄賂行為は取引の相手方との関係に亀裂を生じさせ、会社の運営にも影響を及ぼす可能性がある。よって、会社は〔表2－20〕のような関係規範をさらに制定すべきである。

〔表2－20〕　会社の贈収賄への対応策

収賄側となるのを防ぐための対応策	①　供給業者の選定に関する規定を定める。特に、仕入れを計画する製品の性能や価格について、公正な選定のしくみを構築して、内部の従業員と外部の供給業者が、水面下で秘密裏に賄賂の受渡しをすることを防ぐ ②　従業員の就業規則において、従業員が水面下で供給業者から不正な利益を収受したときは、就業規則違反となり、懲戒に処することができる旨、および情状が重大であるときは、会社は予告なく労働契約を終了できる旨を明確に規定する ③　供給業者から利益の還元または値引きによる利益が提供された場合の取扱いについて契約に記載するとともに、企業会計に誠実に反映させ、利益の流れが私人に向かうのを防ぐ
贈賄側となるのを防ぐための対応策	①　従業員の就業規則において、従業員が水面下で顧客または顧客の従業員に不当な利益等を提供する汚職行為を行ったときは、就業規則違反となり、懲戒に処することができる旨、および情状が重大であるときは、会社は予告なく労働契約を終了できる旨を明確に規定する

Ⅳ　企業間の腐敗行為が法に触れる場合

② 顧客に利益の還元または値引きによる利益を提供する場合の取扱いについて契約に記載するとともに、企業会計に誠実に反映させ、利益の流れが私人に向かうのを防ぐ

第2章　第7節　消費者保護および商品表示分野に関するコンプライアンス

第7節　消費者保護および商品表示分野に関する コンプライアンス

I　定型化契約

1　事　案

　甲社は、外国会社が台湾で投資して設立した子会社であり、台湾で住宅販売事業に参入することを計画している。甲社は、台湾の主務官庁が建物の売買に関する定型化契約のひな形や、記載すべき事項および記載できない事項を定めていることを耳にした。しかし、甲社では利便性を考慮して、親会社が本国で使用している建物の売買契約のひな形を台湾での販売時に直接使用したいと考えている。このような方法は可能だろうか。

2　法的ポイント

　定型化契約の条項とは何か。また、個別交渉の条項とは何か。両者が抵触する場合の効力とは何か。現時点で、主務官庁が定型化契約のひな形、並びに記載すべき事項および記載できない事項を制定している特定の業種とは何か。契約が、主務官庁の公告した定型化契約のひな形、または記載すべき事項および記載できない事項に抵触する場合の効力とは何か。個別交渉の条項によって定型化契約に記載すべき事項および記載できない事項の内容を変更することはできるのか。

218

I 定型化契約

3 基本概念の解説

(1) 定型化契約の条項

「定型化契約の条項」とは、企業経営者[8]が、多数の消費者と同じ類型の契約を締結するためにあらかじめ準備した契約の条項のことをいう。その形式は書面に限定されず、字幕の放映、ビラ、掲示、インターネット、またはその他の方法により表示した場合でも、定型化契約の条項に該当する（消費者保護法2条参照）。

(2) 個別交渉の条項

「個別交渉の条項」とは、契約当事者が個別交渉により合意した契約の条項のことをいう（消費者保護法2条参照）。定型化契約の条項の約定が個別交渉の条項に抵触する場合、定型化契約の条項の約定のうち、抵触する部分は無効となる（消費者保護法15条参照）。

(3) 定型化契約に記載すべき事項および記載できない事項

主務官庁は、消費者保護法17条の委任に基づき、消費者紛争を予防し、消費者の権益を保護し、定型化契約の公平化を促進することを目的として、特定の業種について「定型化契約に記載すべき事項および記載できない事項」を制定している。消費者保護法17条の規定によれば、これは契約の内容に干渉する以下のような効力を有している。

① 契約に定型化契約に記載すべき事項が記載されていない場合、当該記載すべき事項は、直接契約の内容になる。

② 契約の条項が、定型化契約に記載できない事項の内容に違反する場合、当該抵触する条項は無効となる。

(4) 定型化契約のひな形

このほか、主務官庁は特定の業種について「定型化契約のひな形」も公告

---

8 消費者保護法2条によると企業経営者とは、商品の設計、生産、製造、輸入、販売またはサービスの提供を営業する者をいう。

219

している。しかし、定型化契約のひな形は企業経営者および消費者が契約を定める際の参考として提供されているものにすぎない。定型化契約に記載すべき事項および記載できない事項とは異なり、定型化契約のひな形に消費者保護法17条2項に規定されている効力はない（消費者保護委員会2003年3月4日消保法字第0920000288号通達を参照）。

主務官庁が現在公告している「定型化契約のひな形」と「記載すべき事項および記載できない事項」は、行政院のウェブサイト〈https://www.ey.gov.tw〉上で閲覧することができる（現時点でのリンクは、以下のとおりである〈https://www.ey.gov.tw/Page/37D1D3EDDE2438F8〉、〈https://www.ey.gov.tw/Page/2285E9A14973DE75〉。今後、主務官庁によるURLの調整によって変更される可能性がある）。

(5) 契約が定型化契約に記載すべき事項および記載できない事項に違反する場合

契約が「定型化契約に記載すべき事項および記載できない事項」に違反する場合、前述の消費者保護法17条の規定により契約内容の変更の効力が生じる。また、法律に別段の処罰規定がある場合を除いて、主務官庁は違反者に対し期限を定めて是正するよう命じることができ、期限までに是正しない場合、新台湾ドル3万元以上30万元以下の過料を科すことができる。この場合、主務官庁が違反者に対し再度期限を定めて是正するよう命じても違反者が期限までに是正しないときは、さらに新台湾ドル5万元以上50万元以下の過料を科すことができるほか、違反した回数に応じて処罰をすることができる（消費者保護法56条の1参照）。

(6) 定型化契約に記載すべき事項および記載できない事項の内容の変更

実務上、企業が「個別交渉の条項」によって「定型化契約に記載すべき事項および記載できない事項」の内容を変更しようとすることはしばしばみられる。しかし、定型化契約に記載すべき事項および記載できない事項は、消費者の権益を最低限保障するものである。したがって、主務官庁である行政

院消費者保護処は、消費者保護法15条の「定型化契約の条項の約定が個別交渉の条項に抵触する場合、抵触する部分は無効となる」という規定については、目的論的に縮小解釈すべきであると考えている。つまり、「定型化契約の条項」が「個別交渉の条項」よりも消費者に不利なものである場合、当該定型化契約の条項は無効となる。

これに対し、「定型化契約の条項」が「個別交渉の条項」よりも消費者に有利なものであって、かつ、消費者が契約の条項の交渉時にそのことを知らない場合には、「定型化契約の条項」の内容を双方の権利義務関係の根拠とすべきである。

4 事案の検討

甲社が、自社の親会社が本国で使用している建物の売買契約のひな形を台湾市場で使用したい場合には、まずそのひな形が台湾の建物売買の定型化契約に記載すべき事項および記載できない事項の関係規定に抵触していないかを確認し、適切な調整を行ってから使用する必要がある。

第2章　第7節　消費者保護および商品表示分野に関するコンプライアンス

Ⅱ　クーリング・オフ期間

1　事　案

　甲社は、台湾市場で電子書籍のオンラインプラットフォームを経営しており、同プラットフォーム上で、日本の多数の会社の電子コミックを代理販売しているところ、今般、消費者からカスタマーサービスにある問合せがあった。その消費者は、ダウンロードした漫画を何頁か読んでみたが、画風もストーリーも気に入らないことがわかったので、7日間が経過する前に返品して払戻しを受けたいという。この要望には、根拠があるだろうか。

2　法的ポイント

クーリング・オフ期間（猶予期間）とは何か。クーリング・オフ期間を特約で排除することはできるのか。その期間は、どうやって計算するのか。商品やサービスの性質を問わず、電子商取引であればクーリング・オフ期間は適用されるのか。

3　基本概念の解説

(1)　クーリング・オフ

通信販売（電子商取引）および訪問販売の消費者は、合理的な例外事由（「合理的な例外事由」の具体的な内容については、下記(4)を参照）を除き、商品を受領し、またはサービスの提供を受けた後7日以内であれば、理由のいかんを問わず、費用も負担することなく、直接商品の返品、または書面による契約の解除をすることができる。また、この権利は特約で排除することができな

222

い（消費者保護法19条1項参照）。この「7日間」という期間は、消費者が契約を解除できる「猶予期間」であり、台湾市場では、中国語で俗に「鑑賞期」と呼ばれている。

(2)　クーリング・オフの行使期限と方法の通知

クーリング・オフ期間についてまず注意すべき点は、企業は、消費者が商品またはサービスを受ける時に、クーリング・オフの行使期限とその方法を消費者に明確に告知しなければならないということである。消費者が商品またはサービスを受ける時に企業が上記告知をしなかった場合、7日間のクーリング・オフ期間は、企業が実際に消費者に告知した日の翌日から起算することになる。ただし、企業が上記告知をしなかった場合でも、消費者による解除権は、消費者が商品またはサービスを受けてから4カ月を経過したときにも消滅する（消費者保護法19条3項参照）。

このほか、消費者による契約解除権の行使期限は、商品を発送した時、または解約通知を発した時が基準となり（消費者保護法19条4項参照）、台湾の民法上一般的に採用されている到達主義の考え方とは異なっている。

(3)　通信販売におけるクーリング・オフの適用除外

2015年の消費者保護法改正以前は、通信販売によって消費者と契約が成立した場合には、すべての商品またはサービスにクーリング・オフ期間の規定が適用されていた。しかし実務上、これによって一部不合理な現象も生じていた（たとえば、消費者が新聞や雑誌を閲読した後に返金を求めるケース等）。そのため、2015年の消費者保護法の改正時に、通信販売について合理的な例外事由が追加され、一定の要件を満たす場合には、クーリング・オフ期間に関する規定を適用しないことができるようになった。

クーリング・オフ期間の規定は強行規定であり、たとえ企業と消費者との間の契約において、クーリング・オフ期間の規定を適用しない旨定めたとしても、このような定めは無効である（消費者保護法19条5項を参照）。しかし、合理的な例外事由に該当する場合には、クーリング・オフ期間内であっても、

第2章　第7節　消費者保護および商品表示分野に関するコンプライアンス

消費者が契約を解除することはできない。

(4)　合理的な例外事由

合理的な例外事由とは、企業が以下の商品について、消費者に対し、クーリング・オフ期間の適用を排除すると告知した場合のことである（「通信販売に係る解除権の合理的な例外事由の適用準則」参照）。

① 腐りやすいもの、保存期限が比較的短いもの、または解約時に間もなく期限が到来するもの

② 消費者の要求に基づくオーダーメイド品を給付したとき

③ 新聞、定期刊行物または雑誌

④ 消費者が開封した映像・音楽の商品またはコンピューターソフトウェア

⑤ 有形でない媒体によって提供されたデジタルコンテンツ、または提供することによって直ちに完了するオンラインサービスであって、事前に消費者の同意を得てから提供したもの

⑥ 開封された個人用衛生用品

⑦ 国際航空旅客運送サービス

4　事案の検討

電子書籍は「有形でない媒体によって提供されたデジタルコンテンツ」に該当すると考えられる。したがって、通信販売においてクーリング・オフ期間を適用しないことができる例外規定に適合する。ただし、甲社が消費者に、当該電子書籍には消費者保護法のクーリング・オフ期間に関する規定は適用されないことをすでに明確に告知していたか、という点に注意が必要である。告知していなかった場合には、消費者が無条件で解約と返金を求めることができる可能性がある。

また、甲社はクーリング・オフ期間の行使期限とその方法を消費者に明確に告知すべきである。告知しなかった場合、7日間のクーリング・オフ期間

224

を起算することはできず、4 カ月の経過によって消費者が解約の権利を主張できなくなるまで待たなければならなくなる。

▓日本法の観点から▓

　日本法（特定商取引に関する法律（昭和51年法律第57号））においては、クーリング・オフの対象となる取引形態は、訪問販売、電話勧誘販売、連鎖販売取引、特定継続的役務提供、業務提供誘引販売取引および訪問購入の 6 類型であり、通信販売（消費者の側から通信手段により契約の申込みがなされる形態）はクーリング・オフの対象とならない。これに対し、台湾法においては、上記のとおり、通信販売であっても、原則としてクーリング・オフの対象となる。

　なお、台湾にいる消費者が日本のショッピングサイトで買い物をした場合、消費者は台湾にいることから、このケースも台湾の消費者保護法の効力の範囲内であることに注意が必要である。

第2章　第7節　消費者保護および商品表示分野に関するコンプライアンス

Ⅲ　消費者紛争の処理（訴訟手続に入る前の段階）

1　事　案

　　甲社は、著名なアパレル企業である。今般、消費者から、購入した服のサイズが合わないため、無条件で返金してほしいという苦情があった。しかし、甲社は商品に瑕疵はなく、返金には応じられないと考え、消費者の苦情に応じなかった。その後、消費者は市政府の消費者保護官[9]に申立てを行った。甲社および消費者は消費者保護官の招集した調停会議に出席したが、双方が和解に達することはできなかった。その後、消費者はさらに市政府の消費者紛争調停委員会[10]に調停の申請を行った。これに対し、甲社は双方の意見の相違が大きいと考え、調停会議には出席しなかったところ、後日甲社のもとに、調停委員会が提案する調停案が届いた。甲社は、どのように対応すればよいのだろうか。

9　消費者保護法39条には、「（1項）行政院、直轄市、県（市）政府には、消費者保護官を若干名置かなければならない。（2項）消費者保護官の任用及び職掌の弁法は、行政院が定める」と規定されている。行政院が公告した消費者保護官の任用及び職掌弁法によれば、消費者保護官の職掌には「消費者紛争の申立事項を処理すること」、「消費者紛争調停委員会の議長となり、消費者紛争の調停事項を処理すること」、「裁判所に対し、企業経営者による本法の消費者の保護に関する規定への重大な違反行為の停止又は禁止を申し立てること」が含まれる。現在、行政院消費者保護委員会、直轄市および県（市）政府には、すべて消費者保護官が設けられている。

10　消費者保護法45条には、「（1項）直轄市、県（市）政府には、消費者紛争調停委員会を設けなければならず、7名から21名の委員を置く。（2項）前項の委員は、直轄市、県（市）政府の代表、消費者保護官、消費者保護団体の代表、企業経営者が所属若しくは関係する職業団体の代表、又は学者及び専門官から任用しなければならず、消費者保護官を議長とし、その組織は別途定める」と規定されており、消費者は消費者紛争について消費者紛争調停委員会に調停を申請することができる。

226

Ⅲ　消費者紛争の処理（訴訟手続に入る前の段階）

2　法的ポイント

　消費者紛争が生じたときは、消費者は直接裁判所に民事訴訟を提起する以外の救済手段はあるか。その他の救済手段の手続とは何か。どのような効力が生じるか。

3　基本概念の解説

　消費者紛争が生じたときは、消費者は企業を相手方として訴訟を提起することも、企業経営者に対して直接クレームを入れることもできる。このほか、消費者保護官に申立てを行うことや、直轄市、県（市）政府の消費者紛争調停委員会に調停を申請することもできる。消費者が企業経営者にクレームを入れた場合、企業経営者は、申立ての日から15日以内に適切に処理しなければならず、適切な処理がなされない場合、消費者は消費者保護官に申立てを行うことができる（消費者保護法43条参照）。

　消費者は、前述の申立てにより適切な処理がなされない場合には、消費者紛争調停委員会に調停を申請することができる（消費者保護法44条参照）。このほか、消費者が申立てを行ったかどうかは、消費者が裁判所に直接訴訟を提起する権利に影響を及ぼさない。また、申立ては提訴の前提条件でもない。

　消費者紛争の調停において、双方が合意に達していないものの、すでに合意に近づいている場合、調停委員はあらゆる状況を斟酌して、職権により事件の解決案を提出することができる。少額の消費者紛争（現在の規定では新台湾ドル10万元以内のもの）において、いずれか一方が正当な理由なく調停期日に出席しないときも、調停委員は状況を斟酌して、職権により調停案を提出することができる。双方が調停案の送達後10日以内に異議を申し立てないときは、同案に基づく調停が成立したとみなされる（消費者保護法45条の2～45条の5参照）。

　調停成立の効力については、郷鎮市調停条例25条から29条までの規定が

227

第2章 第7節 消費者保護および商品表示分野に関するコンプライアンス

準用されている（消費者保護法46条参照）。つまり、調停委員は調停案および
調停の資料を管轄裁判所に送付し、決定を求めなければならない。裁判所の
決定を経た調停案は、確定判決と同一の効力を有する（郷鎮市調停条例26条、
27条参照）。

4 事案の検討

甲社が、調停委員会の提案した調停案は受け入れられないと考える場合に
は、10日の不変期間内に調停委員会に異議を申し立てなければならない。
同期間内に異議を申し立てない場合、法律により調停が成立したものとみな
され、その後に裁判所の決定を経た調停案は、確定判決と同一の効力を有す
ることとなる。

228

Ⅳ　企業経営者の責任

1　事　案

　甲社は自動車の輸入業者であり、台湾市場において、日本の有名な自動車メーカーの自動車の代理販売を行っている。その最新モデルの車種には、自動運転機能が搭載されている。消費者のＡは最新の車種を購入した後、その車を友人のＢに貸した。Ｂが運転中に自動運転機能をオンにしたところ、自動車は暴走を始め、路肩に駐車していた他の自動車に衝突する事故を起こした。そこでＢは、甲社に賠償を請求した（本稿では、台湾で自動運転が解禁されたと仮定して説明を進めている。なお、現時点では自動運転はまだ違法である）。

2　法的ポイント

　消費者保護法上の消費者および企業経営者の定義とは何か。消費関係の分野における、企業経営者の民事責任とは何か。

3　基本概念の解説

(1)　消費者と企業経営者

　消費者とは、消費を目的として取引を行い、商品を使用し、またはサービスを受ける者をいう。一方、企業経営者とは、商品の設計、生産、製造、輸入、販売またはサービスの提供を営業する者をいう（消費者保護法2条参照）。

　なお、特に注意が必要な点として、消費者保護法にいう消費者には、契約の相手方だけでなく、消費を目的として商品を使用し、またはサービスを受ける者も含まれており、企業経営者と契約を締結した者以外が消費者となる

第2章　第7節　消費者保護および商品表示分野に関するコンプライアンス

可能性もある。同様に企業経営者についても、消費者と契約を締結した者だけでなく、設計、生産、製造、輸入に従事する企業も含まれる。つまり、契約当事者間にのみ存在するとされる一般的な民事契約関係と比べて、消費者保護法における消費者と企業経営者の範囲は、より広範囲に及んでいる。

(2)　企業経営者の責務

　企業経営者のうち、商品の設計、生産、製造、輸入またはサービスの提供に従事する者は、商品が市場で流通する時、またはサービスを提供する時に、当該商品またはサービスが、その当時の科学技術または専門水準に基づき合理的に期待される安全性を満たすように確保しなければならない。さらに、当該商品またはサービスが消費者の生命、身体、健康または財産に危害を及ぼす可能性があるときは、当該商品またはサービスの見やすい場所に警告および危険が生じた場合の応急処置の方法を表示しなければならない（消費者保護法7条、9条参照）。

　企業経営者は、前述の消費者保護法7条および9条の規定に違反し、消費者または第三者に損害が生じたときは、賠償責任を負わなければならない。この際、企業経営者は無過失責任を負うことになる。つまり、たとえ企業経営者が自身に過失がないことを証明できたとしても、賠償責任を免れることはできず、責任が軽減されるにとどまる（消費者保護法7条、8条参照）。これは、民法上は一般的に故意または過失がある場合に限って責任を負う必要があることとは異なっている。

　このほか、企業経営者が、その提供した商品またはサービスについて、その当時の科学技術または専門水準に基づき合理的に期待される安全性を満たしていたという抗弁を主張する場合、企業経営者自身が立証責任を負うことになる（消費者保護法7条の1参照）。この点も、民法上は一般的に、被害者側が不法行為の有責性を立証しなければならないこととは異なっている。

230

4 事案の検討

本事案において、消費者Aの友人であるBは、甲社から自動車を購入した取引の相手方ではない。しかし、Bは消費を目的として自動車を使用しているため、消費者保護法上の消費者に該当する。一方、甲社は自動車の輸入者であるため、こちらも消費者保護法上の企業経営者に該当する。

甲社は設計、製造をした業者ではないが、消費者保護法は、輸入業者に対しても、市場に流通する商品がその当時の科学技術または専門水準に基づき合理的に期待される安全性を満たすように確保する義務を課している。したがって、甲社は輸入した自動車が合理的に期待される安全性を満たしていることを立証しなければならない。もしも当該自動車が合理的に期待される安全性を満たしていない場合、たとえそれが設計または製造上の不具合によるものであって、輸入業者である甲社とは無関係であったとしても、消費者保護法の規定により、甲社は賠償責任を負う必要がある。この場合、甲社は、自社が無過失であることを理由として、賠償額の減額を主張できるにとどまる。

第2章　第7節　消費者保護および商品表示分野に関するコンプライアンス

V　場屋の主人の責任

1　事　案

　　甲社は、台湾で大型のショッピングモールを経営している。消費者の
Aは、買い物のために自動車でショッピングモールに行き、甲社のショッ
ピングモール内の地下駐車場に駐車した。Aは買い物を終えた後、自動
車の鍵がこじ開けられ、車内の財物が何者かに盗まれたことを発見した。
Aは、甲社の自動車の保管体制が不十分であったと主張して、損失が生
じた財物の賠償を甲社に請求した。

2　法的ポイント

　場屋の主人の責任とは何か。駐車場に駐車することは、法律上の「寄託」
にあたるのか、それとも「賃貸借」にあたるのか。駐車場の業者は、駐車さ
れた車両に対して保管義務を負っているのか。

3　基本概念の解説

　「場屋の主人の責任」とは、一時的な滞在および利用のために消費者に供
する場所（たとえば、理髪店、スポーツジム、飲食店、浴場またはその他類似す
る場所）の主人が、不可抗力、物の性質または消費者もしくは同行者の故意
もしくは過失による場合を除き、消費者が携帯した通常の物品の毀損、滅
失に対して賠償責任を負わなければならないという責任である（民法606条、
607条参照）。

　現在、台湾の司法実務見解の多くは、駐車場に駐車したときに、消費者と
駐車場の業者との間に成立するのは賃貸借関係であって、寄託関係ではない

232

と認定している。消費者と駐車場の業者との間に生じるのが賃貸借関係であるとすれば、駐車場運営業者は、駐車に適した空間を消費者に提供するだけでよく、車両の保管責任は負わない。他方、寄託関係のもとでは、消費者が駐車した車両について保管責任を負うことになる。

このほか、交通部が公表している路外駐車場賃貸借の定型化契約に記載すべき事項第5(4)点には、「本駐車場は、車両の駐車のために駐車スペースを貸し出すにとどまり、甲は、駐車車両に対する保管責任を負わない。ただし、甲の責めに帰すべき事由によって車両に毀損、滅失が生じたとき、又は車内の物品を遺失したときは、この限りでない」と規定されている。したがって、駐車場の業者の責めに帰すべき事由によって生じた毀損、滅失を除いて、駐車場運営業者は消費者が駐車した車両に対する保管責任を負わない。

4 事案の検討

まず説明が必要な点として、当該駐車場が有料かどうかは、双方の駐車契約の成立を妨げるものではない。有料で駐車する場合、甲社とAとの間の関係は賃貸借契約関係となり、無料で駐車する場合、甲社とAとの間の関係は使用貸借契約関係となる。台湾の裁判所における多数の見解は、賃貸借であっても使用貸借であっても、甲社は駐車に適した空間をAに提供して駐車させれば足り、Aが駐車した車両を保管する義務は負わないと認定している。したがって、車上荒らしについて甲社に帰責事由がある場合を除き（これには、保管または警備の責任は含まれない）、Aはその財物の損失について、甲社に損害賠償を請求することはできない。

このほか、台湾の民法における場屋の主人の責任も考慮する必要がある。つまり、場屋の主人は通常の物品の損害に対して、それが不可抗力または消費者自身もしくはその同行者の責めに帰すべき事由によって生じた場合を除いて、賠償責任を負わなければならない。本事案のようなショッピングモールに民法上の場屋の主人の責任が適用されるかについては、参考となる明確

233

第2章　第7節　消費者保護および商品表示分野に関するコンプライアンス

な司法実務見解はまだ存在しない。しかし、同条の立法理由を考慮すると、場屋とは、一時的な滞在および利用のために消費者に供する場所であるため、ショッピングモールについて場屋の主人の責任を負う可能性があるというリスクは排除できないと考えられる。

Ⅵ　広告による契約上の義務

1　事　案

　甲社は電球の製造業者である。最近、甲社は電球の寿命を延長する新しい技術の研究開発に成功した。甲社が実際にサンプリングテストを行ったところ、全体の95％の電球の寿命が５年を超えたことがわかった。甲社はその後、パッケージに「最新の技術を使用。５年の長寿命電球」との広告を表示した。電球を購入した消費者のAは、購入から４年目に電球が切れたため、甲社に交換を請求するとともに、主務官庁には不実の広告の告発を行った。

2　法的ポイント

民事契約における広告の効力とは何か。

3　基本概念の解説

　消費者保護法22条の規定によれば、企業は広告の内容が真実であることを確保しなければならず、広告の内容は、企業が消費者に対して負う最低限の義務となる。したがって、当該広告の内容は、それが契約に明記されているかを問わず、企業が消費者に対して負うべき義務となる。

　ただし、注意が必要な点として、消費者が広告の内容を明確に知ったうえで、当該広告の内容を排除することを具体的かつ明確に合意した契約を企業との間で締結したときは、当該広告の内容は企業が負うべき義務にはならない。

　なお、本事案は公平交易法21条の不実の公告の問題にも関係する。その

235

第2章　第7節　消費者保護および商品表示分野に関するコンプライアンス

基本概念の解説は、第4節VIを参照されたい。

4　事案の検討

　甲社は、電球の寿命が5年に達すると広告に記載した。その後、甲社と消費者のAとの間で、当該広告の内容が甲の義務にはならないと明確に排除していない場合には、消費者保護法22条の規定により、甲社は消費者のAに対して、当該電球の寿命が5年に達することを保証する義務を負う。そのため、消費者のAが使用を開始してから5年を経過しない間に、電球が点灯しなくなったときは、甲社に新品の電球と交換するよう要求することができると考えられる。

　しかし、甲社の広告が公平交易法上の不実の広告に該当するかについては、争いの余地がある。一般社会通念上、広告に表示する電球の寿命をサンプリングテストによって算出することは認められると考えられる。したがって、そこに差異が存在することも認められると考えられる。甲社が電球のサンプリングテストを行った結果、寿命が5年を超える電球は、全体の95％に達していた。これが公平交易法に違反するかには議論の余地があり、主務官庁が個別の案件の状況に応じて認定する必要がある。

　以上を踏まえて、会社が広告の内容を決定するときには、広告の内容が消費者に対する最低限の義務となることに特に注意を払う必要がある。そのため、誇大広告によって宣伝することは適切ではないほか、製品の効果は実際に試験を行ったものを掲載することが理想的である。本事案において、甲社がパッケージに「電球の寿命についてサンプリングテストを行った結果、5年以上使用可能な電球は全体の95％に達した」との広告を掲載した場合には、甲社の民事上および行政上の責任に関する法的リスクを引き下げることができる。

Ⅶ　商品表示分野に関する法令遵守

1　事　例

　甲社はショッピングモールを経営しており、ショッピングモールには玩具や化粧品等の商品が陳列され、販売されている。店内に陳列されている商品が、商品表示に関する法令の規定に適合するようにするために、甲社はどのような規定に注意すべきだろうか。

2　法的ポイント

　商品表示に関する法律の規定は、どのようなものか。玩具、化粧品の商品表示においては、それぞれどのような規定に注意すべきか。

3　基本概念の解説

⑴　商品表示に関する法律等

　商品表示に関する法律には、主に商品表示法や主務官庁である経済部が特定の商品について公告している表示基準が存在する。さらに、特定の商品には、商品の表示について定めている特別法も存在する。以下にて概説する。

⑵　経済部が特定の商品について公告している表示基準

　商品表示法12条には、「中央主務官庁は、特定の商品について、商品の正確な表示及び消費者の権益保護を損なわないという条件の下で、その表示すべき事項及び表示方法を定めて公告することができる」と規定されている。そのため、経済部は同条の委任によって、特定の商品について、その表示すべき事項および表示方法について定め、公告することができる。

　経済部は2023年7月に、11種類の商品の表示基準を公告した。これには、

第2章　第7節　消費者保護および商品表示分野に関するコンプライアンス

たとえば服飾表示基準、織物表示基準、ベビーベッド商品表示基準、玩具商品表示基準等がある。

上記の表示基準では、商品表示法において表示するよう要求されている項目以外に、商品の特性に応じて特に表示する必要がある項目も規定されている。たとえば、玩具商品表示基準では、「対象年齢」、「使用者の安全又は健康に危険を及ぼすおそれがある場合は警告」を表示する必要があると規定されている。

(3)　特別法の商品表示に関する規定

商品表示法のほか、多くの特別法にも表示内容に関する規定がおかれている。特別法には、たとえば食品安全衛生管理法（食品、食品用器具）、健康食品管理法、化粧品衛生安全管理法、薬事法、たばこ煙害防止法、毒性化学物質管理法、飼料管理法、肥料管理法、動物保護法（ペット食品）、動物薬品管理法、農薬管理法、糧食管理法、たばこ酒管理法等がある。

なお、いくつかの特殊な商品には、特別法の規定だけでなく他の関連規定も適用される可能性があることにも注意が必要である。たとえば化粧品の表示では、化粧品衛生安全管理法以外にも、主務官庁が化粧品衛生安全管理法の委任に基づき公告した「化粧品の外装、容器、ラベル又は商品説明書の表示規定」および「化粧品の表示、宣伝広告が虚偽、誇大又は医療の効能に関わる場合の認定準則」等の規定にも注意しなければならない。

4　事案の検討

商品表示法5条には、商品の製造業者、製造委託業者、輸入業者または小分け販売業者は商品表示の義務を負い、商品が市場に流通する時に商品表示をしなければならないと規定されている。また、商品表示法13条には、販売業者は、商品表示法の規定に従って表示していない商品を販売し、または販売を意図して陳列してはならないと規定されている。甲社は販売業者であることから、商品表示法13条の規定により、商品表示法の規定に従って表

238

示されていない商品をショッピングモールに陳列してはならない。したがって、自社が生産したものではない商品についても、商品棚に陳列する前に、商品表示の関係規定を遵守しているかに注意を払う必要がある。

甲社は法令遵守を徹底するために、商品表示法、経済部が公告した表示基準およびその他商品表示にかかわる特別法等の規定を1つずつ確認しなければならない。本事案では、玩具商品については、玩具商品表示基準における要求に特に注意する必要がある。また、化粧品の表示については、表示内容が化粧品衛生安全管理法およびその関係する下位法における要求を満たしているかを確認しなければならない。

商品表示について注意すべき法規範は、商品の類型によって異なる。法規範は複雑であり、また、主務官庁は前述の商品表示基準およびその他の商品表示にかかわる特別法等の規定を随時改正している。そのため、専門の部署または専門の弁護士に依頼して、定期的に検討、確認することを推奨する。

第2章　第8節　環境保護に関するコンプライアンス

第8節　環境保護に関するコンプライアンス

I　環境保護法令の基本類型

1　事　案

　甲社は、台湾で温泉旅館を経営することを計画している。環境の破壊によって法に触れてしまわないようにするために、甲社が注意すべき代表的な環境保護法令には、どのようなものがあるのだろうか。

2　法的ポイント

　企業が事業経営の過程において注意すべき環境保護に関する法令には、どのようなものがあるのか。

3　基本概念の解説

(1)　環境保護法令の定義

　環境基本法2条1項では、「環境」を「人類の生存と発展に影響を及ぼす各種の天然資源及び人の活動による影響を受けた自然の要素の総称であって、日光、空気、水、土壌、陸地、鉱物、森林、野生生物、景観及びレクリエーション、社会経済、文化、歴史遺産、自然遺産並びに自然の生態系等を含む」と定義している。

　よって、「自然の要素」の保護と汚染の防止に関係する法律は、すべて環境保護に係る法律に該当することになる。

I 環境保護法令の基本類型

(2) 環境保護法令の例示

環境保護法令に関係する範囲は広範にわたっている。台湾の環境保護法令の領域にかかわる規範について初歩的に理解したい場合には、以下のいくつかの切り口からみることができる。

(A) 「環境教育法施行細則7条」に列挙されている法令

「環境教育法」は、環境教育を推進するための基本法であり、その施行細則7条に列挙されている「環境保護の法律」に含まれるのは、環境教育法、環境影響評価法、空気汚染防止法、室内空気品質管理法、騒音規制法、水汚染防止法、海洋汚染防止法、廃棄物清掃法、資源回収再利用法、土壌及び地下水汚染浄化法、毒性化学物質管理法、飲用水管理条例、環境用薬管理法、温室ガス減量及び管理法である。

(B) その他の法令

その他の環境保護の法律には、たとえば、水及び土壌保全法、森林法、傾斜地保育利用条例、湿地保育法、野生動物保育法、(一部の地方政府が制定した)光害規制自治条例等の法律がある。

(3) 行政による規制

企業が経営する事業について、上述した環境保護法令だけでなく、他に行政による規制の規定があるかにも留意する必要がある。

いくつか例をあげると、たとえば、観光旅館業の経営者は、申請書、定款、営業計画書、財務計画書等の関係する文書を添付して、中央主務官庁に申請する必要があり、許可を得たあとに限って設立の準備をすることができる。

また、たとえば、建築技術規則建築設計施工編（建築法の下位法）39条の1第1項には、新築または増築する建築物の高さのうち21mを超過する部分には、日照・日影制限が設けられている（例外的な場合を除き、冬至の日に生じる日照・日影に関し、近隣の住宅区または商業区の敷地に1時間以上の有効な日照を生じさせなければならない）。

241

第2章　第8節　環境保護に関するコンプライアンス

(4)　まとめ

企業活動において環境保護に関する法令を遵守する必要がある場合、関係する措置をとる前に、まず2つの側面の問題について確認する必要がある。

①　環境を害する可能性がある物を製造、排出するか（汚染物の産出）

②　環境を害する可能性がある物は製造、排出しないものの、その他環境に不利となる影響を引き起こす可能性はあるか（たとえば、大きな面積に作物を植える場合、たとえ有害物質を製造、排出しなくとも、水および土壌の破壊、森林の伐採等、環境に不利となる行為をする可能性がある）。

単一の開発行為でも、数種類の法律の規定に同時にかかわる可能性がある。具体的な開発行為にかかわる法律の規定および法的リスクに関しては、弁護士および関係する領域の専門家に対して具体的な個別の案件の状況に基づき分析、評価するよう依頼することが適切である。

4　事案の検討

甲社が台湾で温泉旅館を経営することを計画している場合、その営業の特性上、開発許可に関する特別法令（温泉法、観光旅館業管理規則等）に注意すべきである。このほか、本計画に関係する可能性がある主な環境保護法令の問題は、以下のとおりである。

①　甲社が旅館を建設する位置および開発する面積、並びに従事する他の具体的な開発行為（たとえば、地表水、地下水または温泉の汲取り）等に基づき、環境影響評価法およびその他の関係法令に基づく環境影響評価を実施する必要があるかを確認する必要がある。

②　甲社の開発行為は、空気、土壌、水等の汚染を引き起こす可能性があり、施工時には、土壌及び地下水汚染浄化法、空気汚染防止法、廃棄物清掃法等の関係法令に違反していないかに注意するとともに、その排出する物質が検査基準およびその他の法定手続に沿っているかにも注意しなければならない。

242

③　たとえ汚染源をつくり出さない場合でも、温泉旅館は通常山間部に設置されるため、水及び土壌保全法、森林法、傾斜地保育利用条例、野生動物保育法等の関係法令における要求にも注意しなければならない。

④　開発行為にかかわる環境保護法令は極めて複雑かつ煩雑であるため、甲社は開発行為に従事する前に、適切な評価を行うとともに、主務官庁への確認を行わなければならない。たとえば、温泉の汲上げ（自然に湧き出る温泉は除く）について、毎秒の汲上げ量が0.02㎥以上の場合には、環境影響評価を実施する必要がある。許可を得ずに無断で開発したときは、主務官庁は新台湾ドル30万元以上150万元以下の過料を科すことができる（当初取得した許可が事後に取り消された場合を含む）。また、主務官庁が開発の停止を命じたにもかかわらず遵守しないときは、企業の責任者は刑事責任を負う可能性もある。

第2章　第8節　環境保護に関するコンプライアンス

II　廃棄物の清掃

1　事　案

　　甲社は台湾に工場を設立することを計画し、工場用地となる土地を選
定したあと、その用地の地主から土地を購入して、工場を建設した。あ
る日、甲社はその敷地に既存の建築物のレンガ廃材および土石が埋まっ
ており、さらに鉄の棒、プラスチック等のごみも混ざっていることを発
見した。甲社はどのように対応すべきなのだろうか。

2　法的ポイント

　①法律上、甲社に廃棄物を清掃する義務はあるのだろうか。②甲社は、ど
のように当該廃棄物を清掃すべきなのだろうか。

3　基本概念の解説

(1)　廃棄物の種類
　廃棄物清掃法の規定に基づき、廃棄物の種類を〔表2-21〕に整理した。
(2)　廃棄物の清掃責任
　行政による規制に対する責任は、行為責任と状態責任に区分することがで
きる。
　行為責任とは、行為者の行為が公共の安全または秩序に危害を生じさせる
ことから負うべき責任である。
　一方、状態責任とは、物の所有者または物に対して事実上の支配力を有す
る者が、物に対する支配力に基づき、物の状態により生じる危害を防止また
は排除する責任を負うことをいう。

244

〔表 2 － 21〕　廃棄物の種類

廃棄物の種類		定　義
一般廃棄物		事業廃棄物に該当せず、かつ、持ち運ぶ方法によって移動することができる次の固体または液体の物質または物品 ①　遺棄された物 ②　原効用が減失し、原効用が放棄され、効用がなく、または効用が不明である物 ③　建設、製造、加工、修理、販売、使用の過程で産出された目的物以外の産物 ④　製造工程で産出された物であって、実用的技術または市場経済価値がない物 ⑤　その他中央主務官庁が公告した物
事業廃棄物	有害事業廃棄物	事業活動によって産出されたものであり（その従業員の生活によって産出されたものを除く）、毒性、危険性を備え、その濃度または数量が、人体の健康または環境汚染に影響を及ぼすに足りる廃棄物（主務官庁が別途有害事業廃棄物の認定基準を定める）
	一般事業廃棄物	事業活動によって産出された（その従業員の生活によって産出されたものを除く）、有害事業廃棄物以外の廃棄物

　廃棄物清掃法は、廃棄物を投棄、製造した行為者および廃棄物が所在する土地の所有者、管理人または使用者に、廃棄物を清掃する義務を課しており、行為責任および状態責任のいずれも含めている。したがって、廃棄物が所在する土地の所有者、管理人または使用者は、自身が「廃棄物を投棄した行為者」ではないことを理由として、廃棄物の清掃を拒むことはできない。

(3)　廃棄物を清掃する前に注意すべき事項

　廃棄物は、その類型によって規制の密度も異なるほか、その清掃や処理の方法も異なる。そのポイントを〔表 2 －22〕に整理した。

　〔表 2 －22〕から、廃棄物の類型に応じて、異なる処理方法が定められていることがわかる。企業が自ら、または他人に委託して廃棄物の清掃、処理

第 2 章　第 8 節　環境保護に関するコンプライアンス

〔表 2 － 22〕　廃棄物の種類と清掃、処理の規制等

廃棄物の種類	清掃、処理に責任を負う者	清掃、処理の規制
一般廃棄物	①　廃棄物清掃法11条に列挙された状況：各所有者、管理人または使用者 ②　廃棄物清掃法11条に列挙された状況以外であって、かつ、各地区の環境保護局および郷（鎮、市）公所が公告した指定清掃区域内である場合：各地区の環境保護区および郷（鎮、市）公所 ③　一定の性質を満たす物品またはその包装、容器の場合：物品またはその包装、容器の製造、輸入または原料の製造、輸入を行う業者	①　自己清掃：廃棄物の分類、貯蔵、排出、回収、清掃、処理等の行為は、「一般廃棄物回収清掃処理弁法」の規定に適合していなければならない ②　委託清掃：主務官庁が一般廃棄物の清掃、処理を行うことを許可した廃棄物清掃処理機関に委託しなければならない
事業廃棄物	自ら清掃、処理することができないときは、他の機関に執行を委託する ①　自己清掃、処理：行政院環境保護署が、専門の技術人員をおかなければならないと指定し、公告した事業であって、かつ、その事業から産出される事業廃棄物の全部または一部に自己清掃、処理を採用する事業者 ②　共同清掃、処理：設立された共同清掃処理機関 ③　委託清掃、処理 　ⓐ　各地区の環境保護局および郷（鎮、市）公所 　ⓑ　許可を得た、または機関が設置、指定した公営・民営の廃棄物清掃処理機関 　ⓒ　許可を得た、または機関が設置、指定した廃棄物処理施設	①　自己清掃、処理：自己清掃、処理に係る許可を取得するほか、使用する機具、施設およびその他の関係する措置は、いずれも「事業者による事業廃棄物の自己清掃処理許可管理弁法」の規定に適合している必要がある ②　共同清掃、処理：共同清掃処理機関の設立、許可は、関係する管理規則の制限に適合している必要がある ③　委託清掃、処理：各地区の環境保護局および郷（鎮、市）公所を除いて、公営・民営の廃棄物清掃処理機関および廃棄物処理施設の設立、許可は、関係する管理規則の制限に適合している必要がある

246

（収集、運搬を含む）を行う際には、当該廃棄物の種類は何か、特別な規制があるかを確認する必要がある。また、疑問があれば事前に専門家に助言を求めることが適切である。

4　事案の検討

甲社は土地の所有者であり、廃棄物清掃法の規定によれば、廃棄物を清掃、処理する責任を負っている。これは法定の状態責任であり、自身が行為者ではないことを理由として免責を主張することはできない。

甲社の工場敷地内の建築物のレンガ廃材、土石、鉄の棒、プラスチック等のごみは、内政部（目的事業の主務官庁）が公告する建設混合物である。これは事業廃棄物であり、内政部が公告した方法で分類を行っていない場合であっても、廃棄物清掃法の規定に従って清掃、処理または再利用しなければならない。したがって、甲社は事業者による事業廃棄物の自己清掃処理許可管理弁法の規定に従って、上記事業廃棄物の自己清掃、処理に係る許可を取得した場合を除いて、法に従って各地区の環境保護局、郷公所（執行機関）、建設廃棄物の共同清掃処理機関、または許可を得て上記廃棄物を清掃することができる公営・民営廃棄物の清掃処理機関に委託して、清掃と撤去を行わなければならない。

このほか注意が必要なのは、甲社は、たとえ公営・民営の廃棄物清掃処理機関に清掃・撤去または再利用の処理を委託した場合であっても、委託を受けた事業者と連帯して清掃の責任を負わなければならないという点である。つまり、委託を受けた事業者（清掃、処理および再利用を行う機関を含む）が、甲社が清掃を委託した事業廃棄物を適切に清掃しなかった場合には、甲社はなおも当該事業廃棄物の清掃について連帯責任を負わなければならないのである。また、甲社が関係する法定の注意義務に違反したときには、さらに環境の改善についても連帯責任を負わなければならない。

なお、土地所有者である甲社は、前述の状態責任を負う必要があるが、廃

第2章　第8節　環境保護に関するコンプライアンス

棄物の清掃を行った後に、当該清掃等にかかった費用を真の行為者に求償することができる。

Ⅲ　用地の所有者の義務

Ⅲ　用地の所有者の義務

1　事　案

　甲社はプラスチック製品の製造工場を設置しており、生産の過程においては若干の事業廃棄物を排出しているが、工場を設置して以来、法に基づいて廃棄物の清掃、リサイクル等の手続を行ってきた。ある日、甲社は工場建物を改築するときに、会社の敷地の土壌には、法定の基準を超える濃度の重金属が含まれていることを発見した。内部調査を行ったところ、この重金属は生産の過程で排出されたものではなく、工場設置前にすでに存在していたものであることが確認された。

2　法的ポイント

　甲社が土地の汚染の事実を工場設置時に発見できなかった場合、何らかの法的リスクはあるのか。甲社は汚染を発見した後、主務官庁への通報義務を負うのか。通報しなかった場合、どのような法的リスクがありうるのか。

3　基本概念の解説

(1)　土壌及び地下水汚染浄化法上の関係する義務者

　土壌汚染について規定する法律として、土壌及び地下水汚染浄化法（以下、「汚染浄化法」という）がある。汚染浄化法に基づき義務を負う主な者は、〔表2－23〕の3者である。

　「汚染地の関係者」の定義にあてはまらない土地の使用者、管理人または所有者であっても、土壌、地下水汚染規制区内の土地の使用者、管理人または所有者である場合は、土壌、地下水の汚染浄化計画、汚染管理計画または

249

第2章　第8節　環境保護に関するコンプライアンス

適切な措置の実施に協力しなければならず、主務官庁が現場に人員を派遣して検査をすること、または必要な資料の提供を命じることを規避、妨害または拒否することはできないと汚染浄化法に規定されている。また、同法に違反した場合、新台湾ドル20万元以上100万元以下の過料が科され、違反した回数に応じて処罰されるおそれがある。

(2)　汚染用地または規制区

汚染浄化法に規定されているとるべき措置またはその他の義務は、区域の類型に応じて異なっている。区域の類型は、主に〔表2－24〕の3種類である。

(3)　特定事業における資料提供義務

汚染浄化法8条によれば、中央主務官庁が公告した特定事業のために使用する土地は、譲渡人が移転時に土壌汚染評価調査および検査資料を提供し、主務官庁に届け出なければならない。たとえば、合成樹脂およびプラスチック製造業は、この中央主務官庁が公告した特定事業に該当することから、土

〔表2－23〕　土壌及び地下水汚染浄化法上の関係する義務者

義務者	定　義
汚染行為者	次のいずれかの行為によって土壌または地下水の汚染を引き起こした者 ①　汚染物の漏洩または投棄 ②　汚染物の不法な排出または注入 ③　汚染物の漏洩、投棄、不法な排出もしくは注入の仲介または許容 ④　法令の規定に従って汚染物を清掃しないこと
潜在的な汚染責任者	次の行為によって、汚染物が土壌または地下水に蓄積し、土壌または地下水の汚染を引き起こした者 ①　汚染物の排出、注入、浸透 ②　灌漑排水システムおよび灌漑集水区域内における汚水・廃水排出の許可または同意
汚染地の関係者	土地が汚染管理用地または汚染浄化用地であると<u>公告</u>された時に、<u>汚染行為者ではない土地の使用者、管理人または所有者である者</u>

250

Ⅲ　用地の所有者の義務

〔表2－24〕　汚染区域の類型ととるべき措置等

区　域	定　義	説　明
汚染管理用地	土壌または地下水の汚染源が明確な用地であり、その汚染物が自然環境に存在するものではなく、雨水、散布、堆積、引水によって当該汚染物が土壌または地下水の汚染に係る規制基準に達したもの	①　汚染行為者または潜在的な汚染責任者は汚染管理用地調査を完了させ、汚染管理計画を作成しなければならない ②　汚染地の関係者は、調査を行って、汚染管理計画を作成することができる ③　主務官庁は、汚染行為者に作為の停止、営業停止、一部または全部の工事停止を命じることができる ④　主務官庁は、汚染行為者に必要な代替飲用水の提供、告示標識またはフェンスの設置、汚染物の除去または清掃、およびその他必要な対応措置（たとえば、封じ込め）をとることを命じることができる
汚染浄化用地	汚染管理用地が、初歩的な評価によって国民の健康および生活環境に重大な危害を及ぼすおそれがあることがわかったために、中央主務官庁が審査のうえ公告したもの	①　汚染行為者または潜在的な汚染責任者は、汚染浄化用地の調査および評価計画を提出しなければならないほか、浄化計画を提出し、実施しなければならない ②　汚染行為者または潜在的な汚染責任者が不明であるか、または規定を遵守しないときは、主務官庁は汚染地の関係者に調査および評価計画を実施するよう通知することができる ③　主務官庁は自ら浄化計画を作成し、または汚染行為者、潜在的な汚染責任者もしくは汚染地の関係者が個別にもしくは共同でこれを提出することができる ④　主務官庁は、汚染行為者に作為の停止、営業停止、一部または全部の工事停止を命じることができる ⑤　主務官庁は、汚染行為者に必要な代替飲用水の提供、告示標識またはフェンスの設置、汚染物の除去または清掃、およびその他必要な対応措置をとることを命じることができる

251

第2章　第8節　環境保護に関するコンプライアンス

汚染規制区	汚染管理用地または汚染浄化用地の土壌、地下水の汚染の範囲または状況に応じて区分された区域	①　汚染物、廃（汚）水の放置、注入、排出等の行為の禁止 ②　土地の利用行為の禁止 ③　主務官庁は、飲用、地下水の使用、飲用水の水源とすること、および農業、漁業、畜産行為を禁止することができる

壌汚染評価調査および検査作業管理弁法に規定されている検査項目の検査資料を提供しなければならない。

　中央主務官庁が公告する特定事業では、以下の行為をする前に、用地の土壌汚染評価調査および検査資料を作成して、主務官庁に審査を申請しなければならない。

①　法に基づく事業設立許可の取得、登記、営業ライセンスの申請

②　経営者の変更

③　産業の類別の変更。ただし、変更前後の産業の類別がいずれも中央主務官庁が公告する事業であるときは、この限りでない。

④　営業用地の範囲の変更

⑤　法に基づく廃業、経営許可もしくは営業ライセンスの返上、営業（運営）の終了、工場の閉鎖、または生産、製造、加工の停止

　上述の規定に従って届け出ない場合、または上述の規定に違反した場合は、新台湾ドル15万元以上75万元以下の過料が科され、補正を命じられても補正しないときは、違反した回数に応じて処罰されるおそれがある。

(4)　汚染地の関係者の善良な管理者の注意義務

　主務官庁が法に基づき提出した関係する計画もしくは評価、採用した改善または必要な対応措置等のために支出した費用について、善良な管理者の注意義務を尽くしていない汚染地の関係者は、汚染行為者、潜在的な汚染責任者と連帯して弁済責任を負わなければならない。

　したがって、将来別途汚染の清掃に係る費用負担を回避するよう、企業は

用地を選定する前に、土地にすでに汚染が存在しているかを事前に確認することが適切である。

4　事案の検討

甲社はプラスチックを製造する事業を経営している。これは、中央主務官庁が汚染浄化法で公告した「特定事業」に該当する。したがって、土地を譲り受けるとき、または汚染浄化法9条[11]に規定する行為をする前に、主務官庁に土壌汚染評価調査および検査資料を提供する義務を負っている。通報しなかった場合には、新台湾ドル15万元以上75万元以下の過料が科され、補正を命じられても補正しないときは、違反した回数に応じて処罰されるおそれがある。

土地が汚染管理用地または汚染浄化用地であると公告された場合に、「汚染行為者ではない土地の使用者、管理人または所有者」が善良な管理者の注意義務をすでに尽くしており、汚染行為者、潜在的な汚染責任者と連帯して弁済責任を負う必要はないかを判断するときには、「汚染のおそれがあることを発見したときに、直ちに主務官庁に通報したか」が判断基準の1つとなる。したがって、たとえ土壌及び地下水汚染浄化法に規定される通報すべき状況がなくとも、主務官庁に積極的に通報すべきである。

11　汚染浄化法9条「（1項）中央主務官庁が公告する特定事業では、次の行為をする前に、用地の土壌汚染評価調査及び検査資料を作成して、主務官庁に審査を申請しなければならない。
(1)　法に基づく事業設立許可の取得、登記、営業ライセンスの申請。
(2)　経営者の変更。
(3)　産業の類別の変更。ただし、変更前後の産業の類別がいずれも中央主務官庁が公告する事業であるときは、この限りでない。
(4)　営業用地の範囲の変更。
(5)　法に基づく廃業、経営許可若しくは営業ライセンスの返上、営業（運営）の終了、工場の閉鎖、又は生産、製造、加工の停止。
（2項）前条第1項及び前項の土壌汚染評価調査及び検査資料の内容、申告の時期、添付すべき文書、評価調査の方法、検査の時期、評価調査を行う人員の資格、研修、委託、審査作業手続き及びその他遵守すべき事項の弁法は、中央主務官庁が定める」。

第2章　第9節　資金洗浄（マネー・ローンダリング）の防止

第9節　資金洗浄（マネー・ローンダリング）の防止

Ⅰ　会社の内部者情報の申告

1　事　案

　非公開発行会社の股份有限公司である甲社は、外国会社である乙社と丙社が台湾で合弁により設立した子会社である。甲社の設立後、乙社と丙社はA、B、Cという3名の代表者を推薦し、甲社の董事に選任した。A、B、C自身は甲社の株式を保有していない。そこで、甲社の内部者情報を申告するときに、甲社はこの3名が保有する甲社の株式の数をゼロと申告した。

2　法的ポイント

　会社の董事が法人代表人董事である場合（法人代表人董事に関する説明は、第1章第2節Ⅳ参照）、内部者情報の申告はどのように行うべきなのか。法に従って申告しない場合、罰則はあるのだろうか。

3　基本概念の解説

(1)　会社の内部者情報の定期的な申告の義務づけ

　台湾においては、資金洗浄対策の一環として、一定の会社に内部者情報を開示することが法令により求められている。この点、2018年に会社法が改正される前は、会社が公開発行会社ではない場合であれば、証券取引法の規定に従って会社の組織、財務、業務に関する情報を定期的に申告する必要は

254

なかった。しかし、会社情報の申告が免除されるという非公開発行会社の特徴を悪用して実質的な受益者を隠匿し、資金洗浄行為がなされるといった事例が少なからず発生したことから、それを防ぐため、2018年の会社法の改正時に、会社の内部者情報の申告制度が新設された。これによって、公開発行会社以外の会社であっても、会社法に基づき主務官庁が設置するオンラインプラットフォーム上で会社の内部者情報を定期的に申告する義務を負うことになった。

(2) 会社法によって定期的な申告の義務を負う会社の類型

会社法22条の1第1項および同条の授権により制定された「会社法第22条の1の情報の申告及び管理弁法」（以下、「申告管理弁法」という）7条によれば、会社法に基づき組織され、公開発行をしていないすべての会社は、原則として申告を行う必要がある。

なお、外国会社（外国会社に関する説明は、第1章第1節I参照）は台湾の会社法に基づいて組織された会社ではないため、外国会社の台湾における支店や駐在員事務所は、申告を行う必要がない。

(3) 申告すべき内部者の範囲と申告事項

申告管理弁法4条によれば、会社が申告すべき内部者の範囲と申告事項は、〔表2-25〕のとおりである。

ただし、会社の董事または監察人が会社法27条に基づき選任されている

〔表2-25〕 申告すべき内部者の範囲と申告事項

申告すべき内部者の範囲	申告事項
董事	左記の者の次の情報
監察人	① 氏名または名称
経理人（会社法の規定により経理人の登記を行った同社の経理人に限る）	② 国籍 ③ 生年月日または設立登記の年月日 ④ 身分証明書番号または統一番号
持株が10％を超える大株主	⑤ 持株数または出資額 ⑥ その他主務官庁が指定した事項

255

第2章　第9節　資金洗浄（マネー・ローンダリング）の防止

場合（同条に基づく董事または監察人の選任に関する説明は、第1章第2節Ⅳ参照）、経済部（経済部に関する説明は、第1章第1節Ⅰ参照）の解釈通達により、会社が申告すべき内部者の範囲と申告すべき事項は、自然人が董事、監察人に選任される一般的な場合とは多少異なっている（経済部2019年1月21日経商字第10802400690号解釈通達）。この場合の申告方法は、〔表2－26〕のとおりである。

(4) 申告期限

申告管理弁法6条2項から4項の規定によれば、会社の申告期限は〔表2－27〕のとおりである。

(5) 申告に関する規定に違反した場合の罰則

会社法22条の1第4項によれば、会社が規定に従って申告を行わず、または不実の情報を申告したときは、経済部は期限を定めて是正するよう通知を行うとされている。期限までに是正されないときは、会社の代表者である董事に新台湾ドル5万元以上50万元以下の過料が科される。その後、再度期限を定めて是正するよう通知されることになるが、それでも是正されない

〔表2－26〕　会社法27条による董事等の選任の場合の申告すべき内部者

選任の根拠	選任の形態	申告すべき内部者
会社法27条1項	法人董事／監察人	法人董事／監察人本人
会社法27条2項	法人代表人董事／監察人	法人株主および選任された代表人（ただし、「持株数または出資額」については、法人株主の持株数または出資額を申告する）

〔表2－27〕　申告期限

申告の類型	申告期限
初回の申告	会社の設立後15日以内に申告を行う。
変更申告	申告した情報に変更が生じた場合、変更後15日以内に申告を行う。
年度の申告	毎年3月1日から3月31日までに、前年度の12月31日までの情報について申告を行う（同年度の1月1日から3月31日までに、すでに変更申告を行っていたときは、年度の申告は免除される）。

256

ときは、是正されるまで、違反した回数に応じて新台湾ドル50万元以上500万元以下の過料が科され続けることになる。

また、会社による違法の程度が重大であるときは、経済部は会社登記を廃止することができる。

4 事案の検討

甲社は公開発行会社ではないため、証券取引法の規定に基づいて、会社の組織、財務、業務等に関する情報を定期的に公開する必要はない。しかし、前述のとおり、会社法の規定により、甲社の内部者の情報を定期的に申告する必要はある。

甲社の董事であるA、B、Cの3名は、乙社と丙社が会社法27条2項に基づいて推薦し、選任した法人代表人董事であり、甲社の内部者に該当する。経済部の通達により、甲社はこの3名の情報だけでなく、法人代表人董事を推薦した法人株主として乙社および丙社の情報も申告しなければならないことになる。また、A、B、Cの3名の「持株数または出資額」に関する申告事項では、たとえこの3名が甲社の株式を保有していない場合であっても、甲社はこの3名が代表する法人株主（すなわち、乙社および丙社）の持株数を「持株和または出資額」として申告しなければならないことになる。

以上の検討を前提にすると、事案において、甲社は、規定に従って申告を行っていないこととなる。そのため、経済部が期限を定めて是正するよう通知し、甲社が期限までに是正しない場合には、甲社の董事長に新台湾ドル5万元以上50万元以下の過料が科される可能性がある。甲社としては、違法の程度が重大である場合、経済部は甲社の会社登記を廃止することにも留意を要する。

第2章　第9節　資金洗浄（マネー・ローンダリング）の防止

II　資金洗浄の罪

1　事　案

　　股份有限公司である甲社は、外国会社の乙社が台湾で設立した完全子
会社である。甲社の規模は極めて小さいため、乙社はＡ１名だけを董事
に選任しており、Ａは、甲社のすべての事務処理に関する一切の権限を
有している。また、Ａは甲社の董事に就任する以外に、Ａ自身が設立し
た丙社の責任者も務め、事業を経営している。ある日、Ａは丙社が脱税
により得た収益を隠匿するために、甲社に丙社と偽りの取引を行わせ、
丙社の脱税による収益の一部を、甲社の銀行口座に振り込んだ。

2　法的ポイント

　資金洗浄の罪の構成要件は、どのような内容か。会社が資金洗浄の罪を犯
した場合の刑事責任はどのようなものか。

3　基本概念の解説

(1)　資金洗浄の罪を処罰する目的

　資金洗浄の罪を処罰する目的は、行為者が正常な金融活動や関連する媒介、
たとえば正常な売買や投資のルートを利用して、犯罪による収益を隠匿する
ことによって、政府機関による有効な犯罪捜査および行為者が犯罪によって
得た不当な利益の没収ができなくなることを防止する点にある。

(2)　資金洗浄の罪における、資金洗浄行為の類型

　資金洗浄防止法２条には、資金洗浄行為として以下の３つの類型が定めら
れている。

258

① 特定の犯罪による収益の出所を仮装もしくは隠匿すること、または他人を刑事訴追から逃れさせることを意図して、特定の犯罪による収益を移転または改変すること

② 特定の犯罪による収益の本質、出所、流れ、所在、所有権、処分権またはその他権益を仮装または隠匿すること

③ 他人の特定の犯罪による収益を収受、保有または使用すること

(3) 特定の犯罪の範囲

前記(2)①〜③からは、資金洗浄行為の類型にかかわらず、資金洗浄の対象はいずれも「特定の犯罪による収益」であることがわかる。つまり資金洗浄行為は、それ以前に特定の犯罪が行われ、それによって犯罪による収益が生じていることが前提となっている。また、資金洗浄防止法3条の規定により、特定の犯罪の範囲は〔表2－28〕に掲げる犯罪に限定されている。

(4) 資金洗浄の罪の刑事責任

資金洗浄防止法14条によれば、資金洗浄の罪の刑事責任は7年以下の懲役と、新台湾ドル500万元以下の罰金の併科とされている。しかし、資金洗浄の罪は特定の犯罪に付随するものであるため、科刑上、特定の犯罪について定められた最も重い本刑を上回ることはない。

このほか、資金洗浄防止法16条には、会社の代表者、代理人、被雇用者またはその他従業員が、業務の執行にあたって資金洗浄の罪を犯した場合には、当該行為者を処罰するだけでなく、会社にも資金洗浄の罪に定める罰金を科すと規定されている。

4 事案の検討

Aは、丙社で脱税を行った。この行為は税務調査徴収法41条の犯罪に該当することになるため、この罪は資金洗浄防止法3条に規定する「特定の犯罪」にあたる。よって、脱税による収益を仮装するために甲社に丙社と偽りの取引を行わせ、丙社が脱税によって得た収益を甲社の銀行口座に振り込ん

第 2 章　第 9 節　資金洗浄（マネー・ローンダリング）の防止

〔表 2 － 28〕　資金洗浄の罪における特定の犯罪

違反した法令	条　項
刑法	121条 1 項（職務に反しない行為に係る贈賄及び収賄罪）、123条（準収賄罪）、201条の 1 第 2 項（偽造変造支払手段及び電磁的記録物行使罪）、268条（賭博場開帳及び博徒結合図利罪）、339条（普通詐欺罪）、339条の 3 （電子計算機使用詐欺罪）、342条（背任罪）、344条（高金利罪）、349条（贓物罪）
密輸処罰条例	2 条 1 項（規制物品密輸罪）、3 条 1 項（規制物品運送販売隠匿罪）
破産法	154条（詐欺破産罪）、155条（詐欺和解罪）
商標法	95条（商標権侵害罪）、96条（証明標章権侵害罪）
廃棄物清掃法	45条 1 項後段（廃棄物清掃法違反による人体の健康への危害の罪）、47条（監督義務違反罪）
税務調査徴収法	41条（脱税罪）、42条（代納、源泉徴収義務違反罪）、43条 1 項（脱税教唆又は幇助罪）・ 2 項（加重脱税教唆又は幇助罪）
政府調達法	87条 3 項（詐術入札談合罪）・ 5 項（名義貸しによる入札罪）・ 6 項（入札談合未遂罪）、89条（調達人員秘密漏洩罪）、91条 1 項（調達人員秘密漏洩強要罪）・ 3 項（調達人員秘密漏洩強要未遂罪）
電子決済機関管理条例	44条 2 項（実質取引に係る金銭の違法な代理支払及び回収罪）・ 3 項（監督義務違反罪）、45条（法に基づく準備金積立未実施／特別支出金違法使用罪）
証券取引法	172条 1 項（証券取引所の人員の職務に反しない行為に係る収賄罪）・ 2 項（証券取引所の人員の職務に反する行為に係る収賄罪）
先物取引法	113条 1 項（先物取引所等機関の人員の職務に反しない行為に係る収賄罪）、 2 項（先物取引所等機関の人員の職務に反する行為に係る収賄罪）
テロ資金供与防止法	8 条（テロ活動資金供与罪）、 9 条（テロリスト／テロ組織資金供与罪）
資金洗浄防止法	14条（資金洗浄罪）
全刑罰法規	最も軽い本刑が、 6 カ月以上の懲役以上の罪

だＡの行為は、資金洗浄の罪を構成することになる。また、Ａは甲社の業務の執行にかこつけて、甲社に丙社の脱税による収益を隠匿させている。よって、Ａ自身が資金洗浄の罪の刑事責任を負うだけでなく、甲社にも新台湾ドル500万元以下の罰金が科される可能性もある。

　会社の役職員が職務の執行にあたって資金洗浄の罪を犯すのを防止するために、乙社がとることのできる対策としては、甲社を設立するに際して、資金洗浄防止のための適切な内部制度を甲社に設けることが有効である。たとえば、専任者をおいて階層管理を行う方法を採用し、甲社の資金のやりとりや銀行口座の使用を厳格に管理することで、会社が資金洗浄の罪を犯すリスクを有効に抑えることができると期待できる。

第2章　第9節　資金洗浄（マネー・ローンダリング）の防止

Ⅲ　金融機関による資金洗浄防止の手続と特殊な資金洗浄の罪

1　事　案

　外国会社である甲社は、家族経営の企業である。数年前、創業者のAは高齢を理由に事業承継を行った。Aは、甲社の株式と経営権を子のBに移転し、甲社のすべての職務からも退いたが、現在も頻繁に甲社に出社して仕事をし、Bの代わりに甲社の事務を管理、決定している。甲社はその後、事業拡大のために全額出資子会社の股份有限公司である乙社を台湾に設立し、Bが乙社の責任者に就任した。しかし、Bは銀行で乙社の口座を開設するときに、上記のとおりAも甲社に対する支配権を事実上有しており、乙社の実質的な受益者であることを銀行に開示しなかった。ある日、Aは個人的な資産運用計画に基づき、Bの同意を得たうえで乙社の銀行口座を一時的に借り、そこに巨額の資金を預金した。Aは今後、この資金を他の投資に使用しようとしている。

2　法的ポイント

　会社が金融取引を行うときには、金融機関によるどのような資金洗浄防止の手続に協力する必要があるのか。違反した会社は、処罰されるのか。

3　基本概念の解説

(1)　金融機関の資金洗浄防止の手続

資金洗浄防止法7条から10条の規定によれば、金融機関は以下の4項目の資金洗浄防止の手続を実行しなければならない。これらの手続は、日本の

262

金融機関が日本の犯罪による収益の移転防止に関する法律によって、同法上の特定事業者として求められる手続と基本的に同じものである。

① 顧客の身分確認の手続（know your customer, KYC）

② 取引記録の保存

③ 一定の金額に達する取引の申告　　金融機関による資金洗浄防止弁法（以下、「金融機関資金洗浄防止弁法」という）2条2号によれば、一定の金額とは、新台湾ドル50万元または等価の外国通貨である。

④ 資金洗浄が疑われる取引の申告

(2) 顧客の身分確認の手続と、実質的な受益者の確認

前記(1)①〜④の資金洗浄防止の手続のうち、会社が特に注意を払う必要があるのは、①顧客の身分確認の手続である。金融機関資金洗浄防止弁法3条2号の規定によれば、金融機関は次の場合に、顧客の身分確認の手続を行う必要がある。

① 新規の顧客と取引関係を開始する場合

② 新台湾ドル50万元（または等価の外国通貨）以上の取引を行う場合（国内の送金を含む）

③ 新台湾ドル3万元（または等価の外国通貨）以上の国際送金を行う場合

④ 資金洗浄またはテロ資金供与の疑いがある取引を発見した場合

⑤ 過去に取得した顧客の身分に関する資料の真実性または妥当性に、疑いが生じた場合

確認方法に関する規定は、金融機関資金洗浄防止弁法3条4号から7号に定められている。これによると、会社は金融機関による会社の身分および実質的な受益者の確認のために、〔表2－29〕に列記した情報を含む、信頼でき、独立した情報源を有する文書を提出しなければならない。

　会社が前述した顧客の身分確認の手続に関する規定に違反し、金融機関にそのことが発覚した場合、金融機関資金洗浄防止弁法4条の規定により、金

263

第 2 章　第 9 節　資金洗浄（マネー・ローンダリング）の防止

〔表 2 - 29〕　会社が金融機関に提供すべき情報

会社の身分を確認するために提供すべき情報	①　会社の名称、法律上の形式および存在証明等
	②　会社の定款
	③　会社の上層部の管理職の氏名
	④　会社の登記されたオフィスの住所、および主要な営業所の住所
会社の実質的な受益者を確認するために提供すべき情報	①　会社の所有権および支配権の構造
	②　支配権を有する最終の自然人の身分（当該会社を支配する自然人まで遡って確認する。なお、支配権とは、当該会社の25％を超える株式または資本を直接または間接的に保有する者をいう。会社は金融機関の求めに応じて、株主名簿またはその他の文書を提出し、識別の完了に協力しなければならない）
	③　支配権を有する自然人の存在が確認できない場合、または支配権を有する自然人が実質的な受益者かどうかを確認できない場合、他の方法を通して会社への支配権を行使する自然人がいるかを判断するために、会社は金融機関の求めに応じて他の文書を提供しなければならない
	④　支配権を有する自然人の存在が確認できない場合、会社は金融機関の求めに応じて、上層部の管理職の身分に関する情報を提供しなければならない

融機関としては新規の顧客と取引関係を開始すること、または新規か否かにかかわらず金融取引を行うことを拒むことになる。

(3)　金融機関による資金洗浄防止の手続と特殊な資金洗浄の罪

　資金洗浄防止法における資金洗浄の罪に関する規定では、典型的な資金洗浄行為について定めている（詳細は、前記Ⅱ参照）。しかし、前記Ⅱで述べたとおり、資金洗浄の罪では、特定の犯罪による収益が資金洗浄の対象となっているため、特定の犯罪による収益がない場合には、資金洗浄の罪が成立しない。このような規制方法では抜け穴が生じる可能性があることから、2016年の資金洗浄防止法の改正時に、「特殊な資金洗浄の罪」が新設されることになった。

　資金洗浄防止法15条によれば、特殊な資金洗浄の罪の構成要件は〔表 2 -

Ⅲ　金融機関による資金洗浄防止の手続と特殊な資金洗浄の罪

30〕のとおりである。

〔表2－30〕から、行為者が金融機関による資金洗浄防止の手続を忌避し（すなわち、類型3）、かつ、その保有する財物に合理的な出所がなく、行為者の収入に比して明らかに不相当であるときは、特殊な資金洗浄の罪が成立する。ただし、特殊な資金洗浄の罪は、あくまで資金洗浄の罪に関する規定の不足を補うものという位置づけである。そのため、最高裁判所は過去に判決において、不法な収益の出所が特定の犯罪であることを証明できず、資金洗浄の罪に該当することにならない場合に限って、特殊な資金洗浄の罪を適用する余地があると判示している（最高裁判所2019年度台上字第1744号判決参照）。

(4)　特殊な資金洗浄の罪の刑事責任

資金洗浄防止法15条の規定によれば、特殊な資金洗浄の罪の刑事責任は6カ月以上5年以下の懲役であり、このほかに新台湾ドル500万元以下の罰金を併科することができる。

また、資金洗浄防止法16条には、会社の代表者、代理人、被雇用者またはその他従業員が、業務の執行にあたって特殊な資金洗浄の罪を犯した場合には、当該行為者を処罰するだけでなく、会社にも特殊な資金洗浄の罪に定める罰金を科すと規定されている。

4　事案の検討

Aは甲社の株主ではなく、甲社のいかなる職務の肩書きももっていない。

〔表2－30〕　特殊な資金洗浄の罪の構成要件

類型	行為の内容	結　果
類型1	他人になりすまし、または偽名で金融機関に口座開設の申請をすること	収受、保有または使用する財物または財産上の利益に合理的な出所がなく、かつ、収入に比して明らかに不相当であること
類型2	他人が金融機関に開設の申請をした口座を、不正な方法によって取得すること	
類型3	資金洗浄防止法7条から10条の資金洗浄防止の手続を忌避すること	

265

第2章　第9節　資金洗浄（マネー・ローンダリング）の防止

しかし、Aは甲社に対する支配権を有しており、かつ、Bの家族の構成員という身分で甲社の経営による利潤を享受している。よって、Aは甲社の実質的な受益者のほか、乙社の最終の実質的な受益者にも該当する。そのため、Bが銀行で乙社の口座を開設するときに、金融機関の求めに応じてAが乙社の実質的な受益者であるとの情報を開示しなかったことについては、金融機関による資金洗浄防止の手続を忌避したと認定される可能性が否めない。そして、Aが乙社の銀行口座に預金した巨額の資金が、乙社の従来の売上高に比して明らかに不相当であり、かつ、合理的な取得理由も認められない場合には、Bが乙社の業務の執行にかこつけてAに資金を預金させる行為について、特殊な資金洗浄の罪が成立しうる。この場合、B自身が刑事責任を負うだけでなく、乙社にも新台湾ドル500万元以下の罰金が科される可能性がある。

266

第 2 章　第 10 節　反社会的勢力の排除

第10節　反社会的勢力の排除

1　事　案

　　甲社は、日本企業が台湾に設立した子会社である。甲社は、親会社の
　方針により、取引の相手方が「反社会的勢力」ではないことの確認を求
　められている。甲社が台湾において親会社の要求を確実に実行するには、
　どうすればよいのだろうか。

2　法的ポイント

　台湾法上においても「反社会的勢力」および「暴力団」と同一ないし類似す
る概念はあるのか。取引の相手方が台湾法上の反社会的勢力ではないことを
確認したい場合、台湾ではどのような確認方法をとりうるか。

3　基本概念の解説

　日本における「反社会的勢力」とは「暴力団」を中核とする概念であるとこ
ろ、「暴力団」は他国に例をみない日本独自の存在であることから、台湾には、
日本における「反社会的勢力」や「暴力団」に関する規定と完全に一致する規
定がおかれた法令は存在しない。しかし、取引の相手方の「反社会的勢力」
該当性の検討にあたっては、「反社会的勢力」に類似する定義規定をおいてい
る「組織的な犯罪の規制条例」が制定されているため、この条例を参考にす
ることができる。

　「組織的な犯罪の規制条例」は、台湾で「組織的な犯罪集団」を規制するた
めに定められた法律である。組織的な犯罪の規制条例 2 条によれば、「組織

267

的な犯罪集団」とは、3名以上で組織され、暴力、脅迫、詐術もしくは威嚇を手段として用い、または最も重い本刑が5年を超える懲役刑である犯罪を行う、持続性または利益獲得の意図を有する構造的組織のことをいう。

たとえば、以前よくみられた「暴力的な債権回収を行う会社」や、近年相次いで出現している「振り込め詐欺会社」等は、どちらも組織的な犯罪の規制条例の定める「組織的な犯罪集団」に該当する。

取引の相手方が「組織的な犯罪集団」に該当するかを確認する方法については、台湾には日本のような暴力団の情報データベース（警察庁情報管理システム）も、警察への照会制度も存在しない。しかし、〔表2−31〕で示した各種の方法により、取引の相手方の基本情報、契約履行等の信用状況、犯罪記録等について、初歩的な確認を行うことはできる。

4　事案の検討

甲社としては、親会社の要求に確実に応えるために、反社会的勢力との関係遮断を目的とする態勢構築の一環として、新たな取引関係に入る前に一定の手続を踏んで、前記3で紹介した方法により、取引の相手方が「組織的な犯罪集団」に該当しないことを確認する必要がある旨の内部規程を定め、この確認手続を制度化しておくことが考えられる。

また、甲社には、取引の相手方が事後に「組織的な犯罪集団」に該当することが判明した場合にも関係を遮断できるよう、契約書に反社会的勢力に関する条項を新設し、取引の相手方が「組織的な犯罪集団」に該当することが判明したときには、甲社が契約に従って契約解除等の対応措置をとれるよう備えておくことが求められる。台湾における反社会的勢力排除条項のモデル例は、一般的に下記のようになっている。

第2章　第10節　反社会的勢力の排除

〔表2－31〕　取引の相手方の確認方法

公開情報観測サイト	取引の相手方が公開発行会社である場合、証券取引に係る法規に基づき、情報公開の義務を負っている。よって、「公開情報観測サイト」で公開発行会社の基本情報、重要な情報、または財務諸表等を検索することができる	http://mops.twse.com.tw/mops/web/index
裁判所判決検索データベース	台湾では、大多数の裁判所の判決が、裁判所のウェブサイトで公開されている。取引の相手方が過去に裁判所から有罪判決を受け、刑事訴訟案件にかかわり、または取引の相手方に民事紛争が生じていた場合、「裁判所判決検索データベース」を検索して関連情報を取得することが可能である。ただし、検索できるのは裁判所が判決を下した案件に限られ、和解した案件、現在進行中の案件、裁判所に持ち込まれなかった案件は、裁判所のウェブサイトを通じて調べることができない	https://judgment.judicial.gov.tw/（今後、主務官庁によるURLの調整によって変更される可能性がある）
取引の相手方の責任者、関係者に対する「警察刑事記録証明書（Police Criminal Record Certificate）」の提出要求	内政部警政署が作成する「警察刑事記録証明書（Police Criminal Record Certificate）」には、司法または軍法機関による判決が確定して執行された、自然人の刑事案件の記録が記載される。ただし、その記載範囲にも限界があり、「不起訴となった場合」、「緩起訴（日本の起訴猶予に類似する処分）となった場合」、「執行猶予処分を受け、取り消されていない場合」、「拘留、罰金の宣告を受けた場合」、「刑を免除する判決を受けた場合」等の状況は含まれていない	https://eli.npa.gov.tw/E7Web0/index01.jsp（今後、主務官庁によるURLの調整によって変更される可能性がある）

269

第 2 章　第 10 節　反社会的勢力の排除

　甲及び乙は、それぞれ相手方に対し、次の各号の事項を確実に表明し、保証する。

　⑴　自ら及びその役職員（董事、監察人、マネージャー等の管理職又はその他類似する職務の者をいう）が、組織犯罪規制条例第 2 条に定義される犯罪組織及びその構成員、又はこれに類似する組織、個人（以下、総称して「犯罪組織」という）ではないこと。

　⑵　犯罪組織に自己の名義を利用させ、本契約を締結するものでないこと。

　⑶　本契約の有効期間内に、自ら又は第三者を利用して、本契約に関して次の行為をしないこと。

　　①　相手方に対する脅迫的な言動又は暴力を用いる行為。

　　②　偽計又は威力を用いて相手方の業務を妨害し、又は信用を毀損する行為。

　もっとも、この点に関しては、実務上、以下のような留意点がある。すなわち、多くの日系企業は日本で使用している反社会的勢力排除条項を直接中国語に翻訳して、台湾の会社や自然人との契約書に導入しているが、そこにおける訳語が台湾では一般的ではないことから、取引の相手方に疑念を抱かせてしまい、導入を拒まれることがある。このような場合には、台湾の法制（たとえば、上記のモデル例のように、「組織的な犯罪の規制条例」の定義や用語に即して修正すること）に基づいて、条項の内容を調整することによって、契約締結に向けた交渉が行き詰まるリスクを抑えることが考えられる。具体的にどのような用語や内容にするかは、個別の事案によって異なるため、弁護士に相談することをお勧めする。

　また、日本では反社会的勢力との取引を有している企業は、①暴力団排除条例における利益供与の禁止に違反するものとして制裁を受ける、②取引の

相手方との契約書に導入された反社会的勢力排除条項に基づき契約の解除等をされる（金融機関からは借入金の一括返済を求められる）、③新規の株式上場が認められない、④上場企業にとっては上場廃止事由になりかねない、⑤公共調達から排除される、および⑥反社会的勢力との取引によって会社に損害が生じた場合には（株価下落を含む）、役員が株主代表訴訟の被告にされる等のリスクに晒されるが、台湾においては、「暴力団排除条例」という基本法およびその関連法令が存在しないため、表明保証条項を契約に定めるしかない。よって、日本における①ないし⑥のような法律効果またはリスクはないと思われる。

第2章　第11節　電気事業に対する規制の枠組み

第11節　電気事業に対する規制の枠組み

1　事　案

　外国会社である甲社は、台湾政府が「電気事業自由化」を推進していると聞き、自社が台湾で民営の電気事業を経営できるかについて検討したいと考えている。甲社が太陽光発電事業を経営する場合、どのような許可を取得する必要があるのだろうか。

2　法的ポイント

　電気事業自由化とは何か。台湾において現在民営が認められているのは、どの種類の電気事業なのか。

3　基本概念の解説

(1)　台湾の電気事業自由化の概説

　台湾では、2017年1月に電気事業法が改正された。改正前は、台湾では台湾電力社（以下、「台電」という）が発電、送電、配電および売電を担っていた。民営の発電事業（民営の発電所）も認められてはいたものの、自家用以外の余剰電力は台電に提供しなければならず、台電が統一的に需給バランス調整および送配電を行っていた。つまり、台電は発電事業者、公共売電事業者および送配電事業者の性質を同時に兼ね備える総合電気事業会社だったのである。

　電気事業法改正後の第1段階（すなわち、現段階）では、民営の発電事業者が需要家に電力を直接供給（自身の電力系統を通じて直接供給すること）または間接供給（台電の電力系統を通じて供給すること）することが段階的に認めら

272

れている。ここでは「グリーン電力先行」のモデルが採用されており、現在、再生可能エネルギー発電事業者が、需要家に電力を直接供給または間接供給することがすでに認められている。また、再生可能エネルギー売電事業ライセンスの申請も、すでに開始している。

将来、第2段階の改正（2017年の第1段階における改正の6～9年後が予定されている）では、総合電気事業をさらに送配電事業と公共売電事業に分割することが予定されている。前者は独占的な国営公共事業であり、電力の需給バランス調整業務の執行を担う。一方後者は、すべての需要家に売電することができる事業である（なお、一般売電事業者の売電の相手方は、電力購入選択権を有する需要家に限定されている）。

投資者にとっては、現在の台電の固定価格買取制度（FIT制度）の買取価格は、台電が需要家に販売する際の電力価格よりも高額であることから、一定の収益上の保障が存在している。また、再生可能エネルギー発展条例12条3項には、「電力需要家が締結する電気供給契約について、その契約容量が一定容量以上であるときは、電力を使用する場所若しくは適切な場所に、自ら若しくは場所を提供して一定の設置容量以上の再生可能エネルギー発電設備、蓄電設備を設置し、又は一定量の再生可能エネルギー電力及び証書を購入しなければならない」と規定されているとおり、法規上、電力使用量が比較的大きい事業者には、一定容量の再生可能エネルギーを採用する義務が課されている。そのため、再生可能エネルギー電力および証書に係る取引の需要が引き起こされ、将来的には、価格交渉を通じてより高い売電価格が得られる可能性もある。

他方で、日本において、FIT制度が終了し、市場価格にプレミアムが上乗せされた価格での買取制度（FIP制度）が導入されているように、エネルギー政策や太陽光発電の普及の程度次第で、制度変更がなされる可能性もある。そのため、エネルギー政策の動向については注視しておく必要がある。

273

第 2 章　第 11 節　電気事業に対する規制の枠組み

(2)　現段階において台湾で経営できる民営の電気事業

　前記(1)のとおり、現在台湾は電気事業自由化に係る改正の第 1 段階にあり、民間経営者が発電事業、再生可能エネルギー発電事業、および再生可能エネルギー売電事業の経営を行うことが認められている。このうち再生可能エネルギー売電事業以外の発電事業については、現時点では台電による統一的な需給バランス調整と送配電を受け入れる必要があり、電力を台電に卸売りすることしかできない。一方、再生可能エネルギー発電事業では、電力を直接需要家に売却することも選択できる。

　また、再生可能エネルギー売電事業とは、再生可能エネルギー発電設備によって発電された電力を購入して、需要家に売却する非公共事業のことをいう。つまり、再生可能エネルギー発電事業者からグリーン電力を買い取り、買い取ったグリーン電力を需要家に売却する事業形態のことである。

　しかし、注意が必要な点として、電気事業法47条 2 項には、「再生可能エネルギー売電事業者が需要家に電力を売却するときは、再生可能エネルギー発電設備によって発電された電力を購入することができるが、主要な発電設備を設置することはできない」と規定されている。したがって、現行法規においては、再生可能エネルギー発電事業者が、同時に再生可能エネルギー売電事業を兼業することはできないと思われる。

(3)　民営の電気事業の経営にあたって申請すべき許可

　前述した電気事業を台湾で経営することを計画する場合、電気事業法および再生可能エネルギー発展条例等の規定に基づいて、主務官庁に関係する許可を申請しなければならない。以下では、再生可能エネルギー発電事業の申請の流れを例に説明を行う。

　事業者が再生可能エネルギー発電事業を経営したい場合、その前提として、電気事業ライセンスおよび再生可能エネルギー発電設備に関する受理同意文書を取得する必要がある。取得の順序は、おおむね①電気事業設立準備許可の申請、②再生可能エネルギー設備の受理同意の申請、③施工許可の申請、

274

④電気事業ライセンスの申請等の段階に分かれている。事業者は、定められた順序に従って関係書類および許可を取得した場合に限り、設備の施工を完了し、再生可能エネルギー発電事業を適法に経営することができる。

4　事案の検討

　台湾の現行の外国人投資条例、電気事業法および再生可能エネルギー発展条例では、以前のような外国人の出資比率の上限に対する制限は設けられていない。したがって、外国人も出資比率の制限なく台湾の電気事業に投資することができる。

　また、甲社が投資と経営を計画している太陽光発電事業は、「再生可能エネルギー発電事業」に該当する。よって、前記3(3)における順序に従って電気事業設立準備許可、再生可能エネルギー設備の受理同意を取得した後、施工許可を取得して施工を行い、さらに施工の完了後に電気事業ライセンスを申請し、許可を得ることによって、台湾で再生可能エネルギー発電事業を経営することができる。

　ただし、注意が必要な点として、申請過程においては、実際には環境アセスメントの手続の要否、放流制御計画書の提出の要否、台電への並列接続計画の申請等に関する細かな問題も存在しており、これらにかかわる論点も繁雑である。さらに、関係法規や行政規則も変動し続けていることから、事業者が関係手続の評価を行う際には、専門家に法的なアドバイスを求めることが適切である。

275

第3章

上場企業における
コーポレートガバナンスと
コンプライアンス

第3章　上場企業におけるコーポレートガバナンスとコンプライアンス

I　董事会

1　事　案

　　外国会社である甲社は、台湾の上場企業である乙社への出資を計画している。甲社は台湾の上場企業における董事会の組織および構成についてよく理解できていないが、出資後に乙社の董事に就任する意向である。これは可能だろうか。

2　法的ポイント

　上場企業の董事会の職権とは何か。董事会の組織とはどのようなものか。一般の董事と独立董事の違いは何か。

3　基本概念の解説

(1)　董事会

　証券取引法26条の3には、上場企業の董事会には、少なくとも5名の董事を置かなければならないと規定されている。また、董事会には董事長を1名置き、董事長は、対内的には董事会の議長となり、対外的には会社を代表する。

　董事会は董事長が定期的に招集し、会議の形式で董事会の職権を行使する。董事会の決議は、法令に別段の定めがある場合を除き、董事の過半数が出席し、出席した董事の過半数の同意をもって行う。法人も董事に就任することは可能だが、後述する独立董事には就任することができない。

　董事会は、基本的には日本の取締役会に相当するものではあるが、法人は取締役になることができないため（日本会社法331条1項1号）、この点は顕著

278

な違いがある。

(2) 董事会の職権

董事会は、股份有限公司の業務執行機関である。会社法202条によれば、会社の業務は、会社法または定款に別段の定めがある場合を除き、董事会の決議に基づいて執行しなければならない。よって、会社の業務執行は原則として董事会の職権に属する。

(3) 董事会の構成

証券取引法14条の2および14条の4並びに主務官庁の命令により、上場企業には独立董事および審計委員会（後記Ⅱにて後述）を設置しなければならない。審計委員会は、すべての独立董事によって構成され、審計委員の人数は3名以上でなければならない。したがって、上場企業の董事会には少なくとも3名の独立董事が含まれている必要があり、独立董事のうち少なくとも1名は、会計または財務を専門とする者でなければならない。

(4) 独立董事の資格

董事となる者は、会社法30条に定める消極条件に該当してはならない（これには、組織犯罪条例における罪、詐欺罪、背任罪、横領罪、汚職治罪条例における罪等を犯したもの、破産宣告を受けた者、手形の使用につき取引停止処分を受けている者等を含む）が、株主の身分またはその他の資格・条件を具備している必要はない。一方、独立董事になるためには、証券取引法14条の2の授権により制定される公開発行会社独立董事設置及び遵守すべき事項弁法の規定により、以下のとおり、一定の専門性および独立性を備えている必要がある。

① 専門性の条件　　以下の専門資格・条件のいずれかを備え、かつ、5年以上の実務経験があること

　ⓐ 商務、法務、財務、会計または会社の業務に必要な関連学部の公立または私立の大学または専門学校の講師以上の資格を有する者

　ⓑ 裁判官、検察官、弁護士、会計士またはその他会社の業務に必要な

第3章　上場企業におけるコーポレートガバナンスとコンプライアンス

　　国家試験に合格し、証書を取得した専門職および技術者

　ⓒ　商務、法務、財務、会計または会社の業務に必要な実務経験がある者

②　独立性の条件　　選任前の2年間および就任期間中において、以下のいずれにもあてはまらない者であること

　ⓐ　会社またはその関係企業の被雇用者

　ⓑ　会社またはその関係企業の董事、監察人

　ⓒ　本人およびその配偶者、未成年の子女または他人の名義で、会社の発行済株式の総数の1％以上の株式を保有する、または持株数が上位10名である自然人の株主

　ⓓ　ⓐの経理人またはⓑⓒに掲げる者の配偶者、2親等以内の親族または3親等以内の直系血族

　ⓔ　会社の発行済株式の総数の5％以上を直接保有する、持株数が上位5名である、または会社法27条1項もしくは2項の規定により代表者を派遣して会社の董事もしくは監察人に就任している法人株主の董事、監察人または被雇用者

　ⓕ　会社と他の会社の董事の定員の過半数または議決権を有する株式の過半数が同一の者に支配されている場合における、当該他の会社の董事、監察人または被雇用者

　ⓖ　会社と他の会社または機関の董事長、総経理またはこれらに相当する職務に同一の者または配偶者が就任している場合における、当該他の会社または機関の董事（理事）、監察人（監事）または被雇用者

　ⓗ　会社と財務取引または商取引がある特定の会社または機関の董事（理事）、監察人（監事）、経理人または5％以上の株式を保有する株主

　ⓘ　会社または関係企業の監査を行い、または直近2年間に取得した報酬の累計金額が新台湾ドル50万元を超える商務、法務、財務、会計等に関するサービスの専門家、独資、パートナーシップ、会社または機

280

関の事業主、パートナー、董事（理事）、監察人（監事）、経理人およびその配偶者。ただし、証券取引法または企業合併買収法の関連法令に基づき職権を行使する薪資報酬委員会、公開収購審議委員会、併購特別委員会の構成員については、この限りでない。

(5) 一般の董事と独立董事の職権の相違

一般の董事と独立董事には、董事会における職権に違いはない。両者の違いは、独立董事は同時に審計委員会の委員でもあり、審計委員の特定の職権を行使できるという点である。

たとえば、財務報告、内部統制、募集株式の発行、重大な資産取引等の重大事項は、まず審計委員会の決議に付してから、董事会の決議に付さなければならない。また、会社に審計委員会を設置している場合は、監察人を設置する必要はなく、会社法における監察人の職権は審計委員が行使することになる。

4 事案の検討

甲社が乙社に出資し、その持株比率が比較的高い場合には、甲社が乙社の董事への就任を要求することが一般的である。ただし、上場企業は法に基づき一定数の独立董事を設置しなければならないが、独立董事は一定の資格要件を満たす必要があり、法人株主は独立董事になることはできない。そのため、甲社は乙社の一般の董事に就任することしかできない。

第3章　上場企業におけるコーポレートガバナンスとコンプライアンス

Ⅱ　審計委員会

1　事　案

　外国会社である甲社と、台湾の上場企業である乙社は、業務上の戦略的提携を行うことにした。その内容は、甲社が乙社に出資して、乙社の董事となり、乙社の某製品について特定の国家における独占販売権を取得するというものである。しかし、甲社が乙社に出資し乙社の董事に就任した後、乙社の審計委員会は、甲社に独占販売権を授権する議案を否決した。今後、乙社は董事会決議で可決することによって、この業務提携案を実施することはできるのだろうか。

2　法的ポイント

　審計委員会の職権とは何か。審計委員会が会社の意思決定を否決した場合、どのような効果が生じるのか。

3　基本概念の解説

(1)　審計委員会

　証券取引法14条の４および主務官庁の命令により、上場企業は審計委員会を設置しなければならない。審計委員会は、董事会の下に設置される特定機能を有する委員会の１つである。審計委員会は独立董事によって構成され、専門的、独立的な立場から董事会の意思決定をサポートするだけでなく、監察人に代替する機関として監査権を行使する。審計委員会は、すべての独立董事が構成員とならなければならず、その人数は３名を下回ることができない。そのうち１名が招集権者となるほか、委員のうち少なくとも１名は会計

282

または財務を専門とする者でなければならない。なお、審計委員会の決議は全委員の2分の1以上の同意をもって行う。

(2) 審計委員会の職権

審計委員会は、監察人に代替する機関として会社法上の監査権を行使する。これには、会社の業務執行を監督すること、董事会または董事による違法な職務執行行為を阻止すること、会社の利益のために株主総会を招集することなどが含まれる。また、証券取引法14条の5の規定によれば、会社の一定の重要な意思決定については、まず審計委員会の同意を得てから、董事会で決議しなければならない。事前に審計委員会の同意を得る必要がある事項は、以下のとおりである。

① 内部統制制度の制定または修正、およびその有効性の評価
② 重要な財務・業務行為の処理手続の制定または修正
③ 董事自身の利害関係にかかわる事項
④ 重要な資産または金融派生商品の取引
⑤ 重要な資金の貸与、裏書または保証の提供
⑥ 株主権の性質を有する有価証券の募集、発行または私募
⑦ 公認会計士の委任、解任または報酬
⑧ 財務、会計または内部監査に係る管理職の任免
⑨ 年度の財務諸表および第2四半期の財務諸表の審査
⑩ その他会社または主務官庁が規定する重大事項

(3) 審計委員会が会社の意思決定を否決した場合の効果

審計委員会は、独立した地位に基づいて会社の意思決定を監督する。しかし、会社の経営権は依然として董事会に属しており、かつ、実際の経営の結果に対して責任を負うのは董事会である。そのため、元々監査権の範囲に属している事項を除き、審計委員会に董事会の意思決定に代替し、またはこれを否決する権限をもたせるべきではない。このように解釈しなければ、監査権が董事会の経営権を骨抜きにすることになってしまい、本末転倒だからで

第3章　上場企業におけるコーポレートガバナンスとコンプライアンス

ある。

　一方で、会社の業務を監督するという審計委員会の機能を発揮するために
は、審計委員会が異なる意見を提示した場合には、その意見に一定の抑制均
衡の効果をもたせる必要もある。

　この点、証券取引法14条の5は、年度の財務諸表および第2四半期の財
務諸表の審査は、元々監察人の権限に属するものであることから、審計委員
会で可決されなければ、董事会で決議することはできないと規定している。
しかし、これ以外で、事前に審計委員会における審査が必要な会社の重要な
意思決定については、審計委員会の決議で可決できない場合であっても、董
事会は全董事の3分の2以上の同意をもって可決することができる。ただし、
董事会議事録には審計委員会の決議内容を明記する必要がある。

4　事案の検討

　甲社は乙社の董事であり、乙社が甲社に独占販売権を授権することは、証
券取引法14条の5に定める董事自身の利害関係にかかわる事項に該当する。
よって、法に基づき事前に審計委員会で可決した後、董事会で決議する必要
がある。しかし、乙社の審計委員会はこの業務提携案を否決した。この場合、
甲社は董事会において、全董事の3分の2以上の同意をもってこの議案を可
決する必要がある。また、董事会議事録には審計委員会の決議内容を記載す
る必要がある。

284

Ⅲ 董事候補者の指名制度

1 事案

　外国会社である甲社は、台湾の上場企業である乙社に出資して、乙社の董事となろうとしている。乙社は今年、全董事を改選する予定である。甲社は、董事候補者を指名することができるだろうか。また、何らかの制限はあるだろうか。

2 法的ポイント

上場企業の董事は、どのように選出されるのか。株主が董事候補者を指名することはできるのか。

3 基本概念の解説

(1) 董事候補者指名制度

2021年から、上場企業の董事の選任には会社法192条の 1 で規定する董事候補者指名制度が強制的に適用される。同制度では、董事会または一定の条件を満たす株主が、株主総会の招集前に董事候補者を会社に提出する。株主は、董事候補者の中から董事を選任しなければならず、法定の手続に従って董事候補者に指名されていない者を董事に選任することはできない。

(2) 董事候補者の指名手続

(A) 董事候補者の指名の受理

会社は、株主が董事候補者を提出できるようにするため、株主総会招集前の株主名簿閉鎖日までに、以下の事項を公告しなければならない。

① 董事候補者の指名を受理する期間（受理期間は10日を下回ることができ

285

第 3 章　上場企業におけるコーポレートガバナンスとコンプライアンス

ない）

② 　選任する董事の員数

③ 　受理する場所

④ 　その他必要事項（被指名者の氏名、学歴および経歴の説明、法令が要求す
る資格・条件の証明文書等）

　　　(B)　董事候補者の提出

　董事会または一定の条件を満たす株主には、董事候補者の指名権がある。
董事候補者を指名する場合、董事会または一定の条件を満たす株主は、公告
された受理期間内に、会社に対して推薦名簿を書面で提出する。なお、指名
する人数が、選任する董事の員数を超えることはできない。指名時には、被
指名者の氏名、学歴および経歴を明記し、被指名者が法定の資格・条件を満
たすことを証明する文書を添付しなければならない。

　　　(C)　董事候補者名簿の確定

　受理期間の経過後、董事会は董事候補者が規定に適合しているかを確認し、
以下の状況に該当しない場合には、董事候補者名簿に記載しなければならな
い。

① 　指名を行った株主が、公告の受理期間外に提出した

② 　会社法165条 2 項または 3 項に基づき株主名簿を閉鎖した時に、指名
を行った株主の持株数が発行済株式の 1 ％に達していない

③ 　指名した人数が選任する董事の員数を超えている

④ 　指名を行った株主が、被指名者の氏名、学歴および経歴を明記してい
ない

　　　(D)　董事候補者名簿の公告

　上場企業は、定時株主総会の開催日の40日前、または臨時株主総会の開
催日の25日前までに、董事候補者名簿並びにその学歴および経歴を公告し
なければならない。

286

Ⅲ　董事候補者の指名制度

(3)　候補者を指名することができる株主の資格

　会社に対して董事候補者を提出する株主は、会社の発行済株式の総数の1％以上の株式を保有している必要がある。ただし、単一の株主が指名をしなければならないという制限はなく、複数の株主の持株数の合計が1％に達する場合には、董事候補者を共同で提出することができる。

(4)　董事候補者の選任方法

　株主総会で董事を選任するときは、株主は董事候補者名簿の中から選任しなければならず、投票は累積投票によらなければならない。つまり、株主総会で董事を選任するときには、株式1株につき選任する董事の数と同数の議決権を有する。株主は、すべての票を1人に集中することも、数人に分配することもでき、投票された議決権が多い者から董事に選任される。

4　事案の検討

　乙社は上場企業であり、董事を選任するときには、董事候補者の指名制度を採用しなければならない。甲社は乙社の株主であり、董事候補者を提出するときは、まず乙社の発行済株式の1％以上の株式を保有するという条件を満たしている必要がある。さらに、公告された受理期間内に、被指名者の氏名、学歴および経歴を書面に明記し、被指名者が法定の資格・条件を満たすことを証明する文書を添付して、乙社に董事候補者を提出しなければならない。甲社の指名が法定の事項に違反していない場合には、乙社は、甲社が指名した者を董事候補者名簿に記載して対外的に公告しなければならず、株主総会では、候補者名簿の中から董事を選出しなければならない。

　したがって、上場企業に出資して自社が董事となり業務執行の決定に参画しようとする場合には、董事候補者の指名権を得るため当該上場会社の発行済株式の1％以上の株式を取得しておくことが肝要である。

第3章　上場企業におけるコーポレートガバナンスとコンプライアンス

Ⅳ　株主総会における株主の議題提案権

1　事　案

　外国会社である甲社は、台湾の上場企業である乙社の発行済株式の
3％の株式を保有する株主である。甲社が乙社に出資してから2年の期
間が経過した。投資期間中、乙社は経営により利益を得ていたが、乙社
の董事会は利益配当の提案を一度も行っていない。甲社は、株主総会で
利益配当の決議をするために、自ら株主総会に議題を提出することがで
きるのだろうか。

2　法的ポイント

　株主に、株主総会での議題提案権はあるのだろうか。株主総会における議
題提案の資格および手続とは何か。

3　基本概念の解説

(1)　株主提案権

　会社は、会社法または定款の規定により、株主総会で決議すべき事項につ
いては、株主総会に議題を提出し、株主総会で議論および決議を行わなけれ
ばならない。会社法172条の規定によれば、会社は株主総会の招集前に株主
に通知を発し、通知には株主総会の議題およびその内容を明記しなければな
らず、また、会社法の規定によれば、株主総会は原則として董事会が招集す
る。したがって、株主総会の議題は、主に董事会決議によって提出されるこ
とになる。

　董事会が議題を提出しない場合、株主は株主総会に緊急動議を提出するこ

288

とによって、議題を提出することもできる。しかし、会社法および証券取引法の規定によれば、特定の事項（たとえば、董事または監察人の選任または解任、定款の変更、減資、公開発行の停止申請、董事の競業許可、剰余金の資本組入れ、準備金の資本組入れ、会社の解散、合併、分割等）については、緊急動議を提出することはできない。株主に議題提案権がなければ、緊急動議を提出できないこれらの事項について、株主には意見を述べる機会が存在しないことになる。

　そこで、株主が会社経営に参加する機会を確保するために、会社法は一定の資格を満たす株主に議題提案権を与えている。一定の資格を満たす株主は、一定の手続を踏むことによって、株主総会に議題を提出することができる。

(2)　株主の提案に関する制限

(A)　株主の資格・条件

　会社法172条の１によれば、会社に定時株主総会の議題を提出することができるのは、発行済株式の１％以上の株式を保有する株主に限られる。なお、「発行済株式の１％以上の株式を有する株主」は単一の株主に限定されておらず、複数の株主が保有している株式の総数の合計が１％以上に達する場合にも含まれている。さらに、株主提案権は株主の固有権であり、普通株式にも特別株式にも上記の権利がある。

(B)　議題の内容

　株主が提案する議題は、株主総会で決議できる事項または公共の利益の増進や社会的責任を果たすよう会社に促すものに限られ、それ以外のものを議題に含めることはできない。

(C)　提案方法の制限

　株主は、定時株主総会にのみ議題を提出することができ、議題の数は１つに限定される。株主が会社に議題を提出するときは、書面によらなければならず、提案内容は300字を超えることができない。これに違反する提案は、議題に含めることができない。

289

第3章　上場企業におけるコーポレートガバナンスとコンプライアンス

(D)　提案期間

株主が株主総会で議題提案権を行使しようとするときは、会社が公告する受理期間内に議題を提出しなければならず、会社は期間外の提案は受理しない。

(3)　会社の株主提案の受理手続

会社は、定時株主総会の招集前の株主名簿閉鎖日までに、株主の議題提案を受理する旨、書面または電磁的記録による受理方法、受理する場所および受理期間を公告しなければならない。受理期間は10日間を下回ることができない。さらに、株主総会の招集に係る通知日までに議題提案を行った株主に処理結果を通知し、会社法172条の1の規定に適合する議題は招集通知に含めなければならない。株主の提案のうち、議題に含められなかったものについては、董事会は株主総会において、含めなかった理由を説明しなければならない。

4　事案の検討

会社法172条の1の規定により、乙社は、定時株主総会の招集に係る株主名簿閉鎖日までに、株主の議題提案を受理する旨、書面または電磁的記録による受理方法、受理する場所および受理期間を公告しなければならない。本事案では、甲社は乙社の発行済株式の3％の株式を保有している。甲社が利益配当の議題を提出したい場合には、上述の受理期間内に、書面により利益配当の議題を乙社に提出しなければならず、議題内容は300字を超えることができない。乙社は甲社の提案を受領した後、当該提案を株主総会の議題に含めて、株主総会で議論および決議を行わなければならない。

V 株主総会における電子投票制

V 株主総会における電子投票制

1 事 案

　外国会社である甲社は、台湾の上場企業である乙社の株主である。乙社は株主総会を招集しようとしている。しかし、甲社は新型の疫病の流行が原因で、株主総会に参加する者を台湾に派遣することも、他人に参加を委託することもできない。他に、議決権を行使する方法はあるだろうか。

2 法的ポイント

　株主は、電子投票によって株主総会に参加し、議決権を行使することができるだろうか。

3 基本概念の解説

(1) 電子投票制

　株主権の行使の保障、社外からの監督のしくみの強化、上場企業のコーポレートガバナンスの向上を目的として、主務官庁は、上場企業に対して、株主総会決議において電子投票制を採用するよう要求している。

　会社法177条の1の規定によれば、電子投票制とは、会社が株主総会を招集するときに、株主が実際に株主総会に出席して議決権を行使する方法に加え、株主が電子投票によりその議決権を行使して、株主総会の決議に参加することを認める制度をいう。これには、株主による議決権の行使方法の選択肢を増やすことにより、株主の株主総会への参加を拡大させる狙いがある。株主が電子投票により議決権を行使したときは、株主総会に自ら出席したも

291

第3章　上場企業におけるコーポレートガバナンスとコンプライアンス

のとみなされる。

(2)　電子投票の行使方法の通知

　会社が電子投票制を採用する場合、株主総会の招集通知に電子投票の行使方法を明記して、議決権を行使する方法を株主に周知しなければならない。通知の内容には、会社の名称、株主のアカウント番号、株主のアカウント名、株主の持株数、各議題の内容、董事または監察人を選任するときはその関係事項、その他主務官庁が規定する事項が含まれる。

(3)　電子投票による議決権の行使

　株主が電子投票により議決権を行使するときは、会社が通知した方法に従って株主総会の開催日の2日前までに行使しなければならない。現在、上場企業は「台湾集中保管結算所股份有限公司」に電子投票にかかわる事項の処理を委託しており、株主は「台湾集中保管結算所股份有限公司」に設置された「股東e服務」という電子投票のプラットフォームで投票する。

(4)　電子投票による議決権の計算

　株主が電子投票により議決権を行使したときは、株主総会に自ら出席したものとみなされ、その議決権は、株主総会の出席数および議案に係る議決権の数に算入される。しかし、株主は実際に出席しているわけではないため、株主総会に緊急動議や原議案の修正があった場合には、意見を述べることができない。したがって、株主総会の開催時に、原議案の修正案や緊急動議に係る議案が提出された場合、電子投票によって行使した議決権は、棄権したものとみなされる。

(5)　電子投票の撤回

　株主が電子投票によって議決権を行使した後、自ら株主総会に出席しようとするときは、株主総会の開催日の2日前までに投票を撤回しなければならない。撤回しない場合には、電子投票により行使した議決権が有効な投票として扱われる。

292

V 株主総会における電子投票制

⑹ 電子投票の資料の掲示および保存

株主総会の開催日当日、会社は電子投票により出席する株主の株式数について統計表を作成し、株主総会の開催場所の見やすい場所に掲示しなければならない。さらに、会社は株主が電子投票により議決権を行使したことに関する書面および媒体に関する資料を、少なくとも1年間保存しなければならない。ただし、株主が会社法に基づき訴訟を提起したときは、訴訟の終結まで保存しなければならない。

4　事案の検討

乙社が株主総会を招集する場合に、新型の疫病の流行が原因で、株主の甲社が職員を派遣することも、他人に参加を委託することもできないときであっても、株主総会の招集通知に記載された電子投票の方法に従い、電子投票によって株主総会の議案に対する議決権を行使することができる。ただし、実際に株主総会に出席しているわけではないので、その株主総会の開催時に議案の修正案や緊急動議が提出された場合には、甲社が電子投票により行使した議決権は、棄権したものとみなされてしまうことになる。

293

第3章　上場企業におけるコーポレートガバナンスとコンプライアンス

VI　財務情報の公開

1　事　案

　外国会社である甲社は、台湾の上場企業である乙社に出資している。甲社は乙社の株主ではあるが、乙社の董事には就任していない。甲社が乙社の業務と財務の状況を把握したい場合、それらの情報を公開情報から取得することはできるのだろうか。台湾の上場企業は、通常どのような情報を公開しているのだろうか。

2　法的ポイント

　上場企業の投資家は、どのような方法によって会社の情報を取得できるのか。上場企業は、どのような情報を公開しているのか。

3　基本概念の解説

(1)　情報公開の原則

　証券取引に係る法令によって、上場企業には、定期または不定期に財務と業務に関する情報を公開し、投資家および関係者に提供することが要求されている。これは、投資家が証券市場で証券を売買する前に十分かつ正確な情報に基づく投資判断をできるようにするためである。また、会社の経営を監督するという目的を達するために、会社が財務・業務に係る情報を公開することを通じて、外部の者が会社の公開した情報を確認できるようにするためでもある。

(2)　定期的に開示すべき事項

　定期的に開示すべき事項とは、指定されたウェブサイトで定期的に公開す

294

べき重大な財務・業務に関する情報のことである。主な内容は、「会計士の監査（年度）またはレビュー（四半期）を受けた財務諸表」、「年報」、「月ごとの運営状況」、「董事、監察人、経理人および株式の総額の10％以上を保有する株主の持株の変動状況」と「株主総会の開催資料」等である。以下、簡潔に説明する。

(A) 年度および四半期ごとの情報開示の原則

証券取引法の規定によれば、上場企業は各会計年度の終了後3カ月以内に、会計士が監査を行い、董事会で可決し、さらに監察人の承認を得た当該年度の財務諸表を公告し、届け出なければならない。

さらに、各会計年度の第1四半期、第2四半期および第3四半期の終了後45日以内に、会計士がレビューを行い、董事会に報告された財務諸表を公告し、届け出なければならない。

(B) 年　報

証券取引法の規定によれば、上場企業は年報を作成し、定時株主総会で株主に配布しなければならない。年報の主な記載事項は、以下のとおりである。

① 株主への報告書
② 会社の紹介
③ コーポレートガバナンス報告
④ 資金調達の状況
⑤ 運営の概況
⑥ 財務の概況
⑦ 財務状況および経営の結果の検討、分析およびリスクに関する事項
⑧ 特別な記載事項

(C) 月ごとの運営状況

証券取引法の規定によれば、上場企業は毎月、発行した発票（領収証）の総額、売上高、他人のために裏書または保証を提供した金額およびその他主務官庁が定める事項を公開しなければならない。

第 3 章　上場企業におけるコーポレートガバナンスとコンプライアンス

(D)　董事、監察人、経理人および株式の総額の10％以上を保有する株主の持株の変動状況

証券取引法の規定によれば、上場企業はその董事、監察人、経理人および株式の総額の10％以上を保有する株主について、保有する自社の株式の種類および数を主務官庁に届け出るほか、これを公告しなければならない。持株に変動があれば、翌月に変動状況を届け出なければならない。

(3)　不定期の開示事項

不定期の開示事項とは、公開発行会社の財務・業務の状況に重大な変化が生じ、株主の権益に損害を及ぼし、または会社の運営に影響が生じるおそれがあるときに、直ちに一般の投資家に開示すべき情報である。証券取引法の規定によれば、不定期の開示事項には、主に「年度の財務諸表と、公告および届出を行った財務諸表との不一致」、「株主の権益または証券の価格に重大な影響を及ぼす事項の発生」等が含まれる。

(A)　定時株主総会で承認された財務諸表と、公告および届出を行った年度の財務諸表との不一致

証券取引法の規定によれば、定時株主総会で承認された年度の財務諸表と、公告し、主務官庁に届け出た年度の財務諸表とが一致しない場合、会社は事実の発生日から２日以内に公告し、主務官庁に届け出なければならない。

(B)　株主の権益または証券の価格に重大な影響を及ぼす事項の発生

「株主の権益または証券の価格に重大な影響を及ぼす事項の発生」とは、以下のいずれかの事項をいう。

①　預金の残高不足による不渡り、取引停止またはその他信用を喪失する状況がある場合

②　訴訟、非訟、行政処分、行政争訟、保全手続または強制執行事件が、会社の財務または業務に重大な影響を及ぼす場合

③　著しい減産、全部もしくは一部の業務停止、会社の工場もしくは主要な設備の賃貸、または全部もしくは主要な部分の資産の質入れにより、

296

会社の営業に影響を及ぼす場合

④　会社法185条１項各号のいずれかに該当する場合[1]

⑤　裁判所が、会社法287条１項５号の規定に基づきその株式の譲渡を禁止する決定をした場合

⑥　董事長、総経理または３分の１以上の董事に変動が生じた場合

⑦　公認会計士を変更した場合（変更の事由が会計事務所内部の調整である場合は除く）

⑧　重要な覚書、戦略的提携、その他業務提携計画もしくは重要な契約の締結、変更、終了もしくは解除、業務計画の重要な内容の変更、新製品の開発の完成、試験中の製品が開発に成功して正式に量産段階に入ったこと、他人の企業の買収、または専利権、商標の専用権、著作権もしくはその他知的財産権の取得もしくは譲渡の取引が、会社の財務または業務に重大な影響を及ぼす場合

⑨　その他会社の継続的な運営に影響を及ぼすに足りる重大な事項

(4)　上場企業による情報開示のプラットフォーム

上場企業は、情報開示の義務を負っている。定期的または不定期に開示すべき財務・業務の情報は、主務官庁が設置した公開情報観測サイト〈https://mops.twse.com.tw/mops/web/index〉（今後、主務官庁によるURLの調整によって変更される可能性がある）で開示しなければならない。一般の投資家は、この情報開示プラットフォームを通じて、上場企業の重要な財務・業務の状況を知ることができる。

1　会社法185条１項によると、会社が次の行為を行う場合、発行済株式総数の３分の２以上の株主が出席する株主総会を開催し、出席株主の議決権の過半数の賛成を得なければならない。①全部の事業を賃貸、経営委託または他者と共同で経営する契約の締結、変更または終了の場合、②全部または主要部分の事業または資産の譲渡の場合、③他者の全部の事業または資産の譲受けが会社の運営に重大な影響を及ぼす場合。

第 3 章　上場企業におけるコーポレートガバナンスとコンプライアンス

4　事案の検討

　乙社は上場企業であり、証券取引法令の規定によれば、一般の投資家が検索できるよう、公開情報観測サイトでその財務・業務の重要な情報を開示する必要がある。甲社は上場企業の投資家として、公開情報観測サイト上で乙社の財務・業務に関する情報を検索することができる。

第4章

台湾事業撤退に関する
コンプライアンス

第 4 章　台湾事業撤退に関するコンプライアンス

　会社は法人として、設立登記の時から法人格が生じ、権利能力を有することになる。会社は法人格が消滅した時に権利能力を喪失する。

　会社の法人格が消滅する原因は 1 つではなく、その原因には、解散、破産、合併、分割等がある。このうち解散は、株主が自主的に行う任意解散（たとえば、株主総会の決議による解散）、株主が自主的に行うものではない法定解散（たとえば、株主の人数が法定の最低人数に満たなくなった場合）、および株主の申立てに基づく裁判所の決定による強制解散に区分することができる。また、破産、合併、分割の場合を除き、会社が解散したときには清算手続を行わなければならず、会社の法人格は、清算手続が終結した時に初めて消滅することになる。

　外国会社が台湾で投資を行う前においては、投資環境の全体像、収益の状況等の要素の評価が行われる。しかし、台湾で投資を行った後に、経営環境に重大な変化が発生し、当初の投資計画と大きく乖離することになったときには、外国会社は投資規模の縮減や、さらには投資撤退の評価を行う可能性もある。この場合にも、会社法等の関係規定に注意を払うことが適切である。

　次に、外国会社が営業の終了を決定したときには、計画が万全ではないことが原因で、労使紛争が発生することがよくある。そのため、雇用している労働者との間の労働契約の終了に関する事項をどのように処理するのかも重要な課題である。この点については、労働基準法のほかに「労働者大量解雇保護法」（以下、「大解法」という）という法律も存在する。大解法には、労働者を大量に解雇する場合に遵守すべき手続が規定されており、注意が必要である。

　本章では、股份有限公司を対象に、会社の解散、清算の原因、履行すべき手続等の事項とともに、労働者を大量に解雇する場合に注意すべき事項も解説する。

I　会社の解散手続

1　事　案

　甲股份有限公司（以下、「甲社」という）は外国の乙社が台湾において設立した完全子会社である。近年、産業の景気が低迷し、甲社に多額の欠損が生じたため、乙社は甲社が台湾で営業する事業を終了することを決定し、甲社に速やかに営業を終了して、台湾市場から撤退するよう指示した。この場合、甲社の董事はどのようにして甲社の営業を適法に終了すべきなのだろうか。

2　法的ポイント

　股份有限公司は、いつでも営業の終了を決定して解散することができるのか。できる場合、どのように解散を行うべきなのか。

3　基本概念の解説

(1)　会社の解散の意義

　解散は、会社の法人格の消滅原因の1つである。よって、会社が営業を終局的に終了させたい場合、「解散」を行う必要がある。一方で、会社が営業を一時的に停止するにとどまり、将来営業を再開する計画があるのであれば、「営業停止」の手続を行う必要がある。

(2)　会社の解散事由

　会社法の規定によれば、股份有限公司の解散の種類は、「任意解散」、「法定解散」および「強制解散」という3つの類型に区分することができる（〔表4－1〕参照）。

301

第4章　台湾事業撤退に関するコンプライアンス

〔表4－1〕　解散の種類

種類	説　明	具体的な事由		根　拠
任意解散	会社が自らの意思で解散すること	定款に定めた解散事由※1に該当すること		会社法315条1項1号
		株主総会※2の特別決議による解散		会社法315条1項3号、316条
法定解散	会社が法律の規定に基づき解散すること	会社が経営する事業がすでに成就し、または成就できないこと		会社法315条1項2号
		記名株式の株主が2名に満たないこと※3。ただし、株主が政府または法人株主1名のみである場合は、解散する必要はない		会社法315条1項4号
		会社が他の会社と合併すること		会社法315条1項5号
		会社が破産宣告を受けたこと		会社法315条1項6号
強制解散	会社が主務官庁の命令、登記の取消しまたは廃止、裁判所の決定により解散すること	解散命令	会社が設立登記後6カ月を経過しても営業を開始せず、かつ、期間延長の登記を行わないこと	会社法10条1号
			営業開始後に、営業を自ら6カ月以上停止し、かつ、営業停止登記を行わないこと	会社法10条2号
			会社の名称を使用してはならない旨の裁判所の判決が確定し、判決の確定後も法定の期限までに名称変更の登記を行わないこと	会社法10条3号
			会社が設立登記の申請時、またはその後30日以内に、会計士による監査を受けた証明文書を提出できない場合。ただし、主務官庁による解散命令の前においては、補正することができる	会社法10条4号
		解散決定	会社の経営に著しい困難があり、または重大な損害が生じた場合、裁判所は株主の申立てに基づき、主務官庁の意見を聞き、会社に答弁を提出するよう通知した後、解散を決定することができる	会社法11条1項

302

※1　本号の事由では、会社は株主総会で定款を変更した後、営業を継続する
　　ことができる。
※2　会社法128条の1第1項の規定により、政府または法人株主1名から組織
　　される股份有限公司においては、その株主総会の職権は董事会が行使する。
※3　本号の事由では、会社は記名株式の株主を増加した後、営業を継続する
　　ことができる。

(3) 会社の解散の効力

　股份有限公司が〔表4－1〕の各種の事由によって解散したときには、以下の2つの効力が発生する。

① 会社は清算手続を行わなければならない。清算手続において、清算人は会社責任者となる（会社法8条2項）。

② 主務官庁に解散登記を行わなければならない。解散登記の完成前における主務官庁は経済部商業発展署であり、登記完成後の後続する清算手続は裁判所が監督する。

(4) 会社が解散後に実施すべき手続

(A) 清算人の選任

　会社に解散事由が発生した後、会社のすべての法律関係を清算するために、清算手続を行い、清算人を選任して清算作業を処理させなければならない。清算人の選任に関する説明は以下のとおりである。なお、清算手続の詳細は後記Ⅱで説明する。

① 会社が複数の株主によって組織されている場合

　ⓐ 会社が清算手続に入った後、董事会は存在しなくなり、業務執行権限は清算人が行使するように変更される。

　ⓑ 会社法322条1項の規定により、原則として、すべての董事が清算人となる。ただし、会社法もしくは定款に別段の規定がある場合、または株主総会が別途清算人を選任した場合は、この限りでない。言い換えれば、董事が清算人に就任することを拒む意思表示をした場合を

第4章　台湾事業撤退に関するコンプライアンス

除き、会社が清算手続に入り、かつ、定款に清算人の人選についての別段の定めがなく、株主総会も別途清算人を選任していないときには、すべての董事は当然に清算人となる（これは「法定清算人」と呼ばれる）。

② 会社が法人株主1名によって組織されている場合　清算人の人選についての説明は①と同様である。注意が必要な点として、株主が1名の会社には株主総会は存在しないため、董事全員が清算人となることを拒み、または清算人を辞任したときには、会社は株主総会を通じて清算人を選任することができなくなる。この点について主務官庁は、会社法322条2項に基づいて利害関係人が裁判所に清算人選任の申立てを行うことができるほか、法人株主が別途他の者を清算人として指名することもできるとしている（経済部2014年11月3日経商字第10302128450号解釈通達）。

(B)　外国人投資の取消しの申請

外国会社が投資した台湾の子会社が解散することは、外国人投資計画の変更にあたるため、解散事由が発生した後、経済部投資審議司に変更、投資の取消しを申請しなければならない。

(C)　主務官庁の解散申請許可書の取得

会社が解散する場合、会社登記規則の関連規定に基づき、解散事由の発生日から15日以内に、法定の書類を添付して、原設立登記機関に変更を申請し、解散申請許可書を取得しなければならない。

4　事案の検討

甲社は親会社である乙社が株式の100％を保有する股份有限公司であり、株主は法人株主1名のみであるため、乙社はいつでも任意に甲社を解散することができる。その具体的な方法は、甲社が董事会で解散を決議し、清算人を選任し、投資の取消しを申請し、解散申請許可書を取得した後、解散手続は完了となる。

304

なお、清算手続が完了する前においては、会社の法人格はまだ消滅していないことに注意が必要である。

第4章　台湾事業撤退に関するコンプライアンス

Ⅱ　会社の清算手続

1　事　案

　甲股份有限公司は、外国会社である乙社が台湾で設立した完全子会社
であり、董事1名のみを設置し、外国人Aを甲社の董事として派遣して
いる。甲社の収益が長きにわたって芳しくないことから、乙社は甲社か
らの投資撤退を決定し、Aに対して必要な手続を実施するよう指示した。
Aは、甲社の解散決議、主務官庁からの解散申請許可書の取得、経済部
投資審議司への投資取消しの申請を行った後、甲社の法人格はすでに消
滅したものと考えて、甲社の残余の資金を乙社に送金した。

2　法的ポイント

　外国の親会社は、台湾における子会社の解散手続完了後清算人に就任した
者をして、直ちに子会社の残余の資金を外国の親会社に送金させることがで
きるのだろうか。

3　基本概念の解説

(1)　会社が解散後に行うべき清算手続

　会社は合併、分割、破産によって解散した場合を除いて、清算手続を行わ
なければならず、解散した会社は、清算手続においてはまだ解散していない
ものとみなされる（会社法24条、25条）。

　よって、会社の法人格は、会社が解散した後に清算手続を完了した時に、
初めて消滅する（最高裁判所1986年度台抗字第385号決定参照）。

306

(2) 清算手続の類型

会社法の規定によれば、股份有限公司の清算手続は主に「普通清算」および「特別清算」という2つの類型に区分することができる。一般的に、会社の残余の資産が負債を超過する場合には普通清算手続が行われ、例外的に普通清算手続の実行に著しい障害があるとき（たとえば、会社の資産が差押えを受けており現金化することができない場合や、会社の資産が負債を超過するかを確認することができない場合等）に、裁判所は債権者、清算人もしくは株主の申立てに基づき、または職権で、会社に特別清算手続を行うよう命じることができる。

本書では、紙幅の都合上、比較的よくみられる普通清算手続についてのみ説明を行う。

(3) 普通清算手続の期間

清算人は6カ月以内に清算を結了しなければならない。6カ月以内に清算を結了することができないときは、清算人は理由を明記して裁判所に期間の延長を申し立てることができる（会社法334条が準用する87条3項）。

(4) 普通清算手続期間に清算人が実施すべき事項

(A) 清算事務の執行

会社法に規定する清算事務の執行は、主に、以下の2つの部分に区分できる。

(a) 裁判所に対する清算人就任の報告

清算人は就任後15日以内に以下の事項を完了しなければならない（なお、法定清算人の場合、会社の解散時に当然に就任するため、15日以内の期間は、会社が解散決議を行った日から起算する）。

① 会社の財産の状況を検査して財務諸表および財産目録を作成し、監察人による審査を受けた後、株主総会の承認を受ける。ただし、法人株主1名により組織される会社の場合は株主総会の承認を得る必要はない。また、会社に監察人が設置されていないときには、監察人の審査を受ける必要はない（会社法326条1項）。

第 4 章　台湾事業撤退に関するコンプライアンス

② 債権者に 3 カ月以内にその債権を申し出るよう催告するとともに、期
限までに申出をしないときは、清算に含めない旨を表明する公告を新
聞に 3 回以上実施する。注意が必要な点として、この債権申出期間中、
清算人は原則として債権の弁済を受けることはできない（会社法327条、
328条 1 項）。

③ ①②のすべての事項を完了した後、裁判所に清算人の就任を報告する。
報告事項には、清算人の氏名、住所または居所および就任日が含まれる
（会社法334条が準用する83条）。

　　(b)　債権債務の清算、残余財産の分配の執行

　清算人就任の報告を完了したあと、清算人が執行すべき職務は、現務の結
了、債権の回収、債務の弁済、利益または欠損の分配、残余財産の分配であ
る。また、これらの職務を執行するときには、清算人は会社を代表して訴訟
上または訴訟外の一切の行為をする権限を有する。ただし、会社の資産、負
債を含む営業を他人に譲渡する場合には、株主の同意を得なければならない
（会社法334条が準用する84条）。

　このほか、注意が必要な点として、清算人は会社の債務を弁済したあとに
限って、会社の財産を各株主に分配することができる（会社法334条が準用す
る90条）。分配時には、各株主の持株比率に応じて分配を行わなければならな
い。ただし、会社が特別株式を発行しており、かつ、定款に別段の定めが
あるときは、その定めに従う（会社法330条）。

　このほか、清算人が職務の執行過程において、会社の資産が債務の弁済に
不足することを発見したときは、裁判所に破産の申立てを行わなければなら
ない（会社法334条が準用する89条 1 項）。

　　(B)　税務申告
　税務申告には、〔表 4 － 2〕の事項が含まれる。

　　(C)　清算結了の報告
　清算結了後、裁判所に清算結了の報告を行う。完了すべき事項は以下のと

308

〔表4－2〕 税務申告で実施すべき事項

実施する時点	実施すべき事項
解散申請許可書を取得した後一定期間内	① 解散申請許可書を取得した日から、随時、すでに源泉徴収した税額について源泉徴収票を作成し、10日以内に管轄の税務徴収機関に申告を行わなければならない（所得税法92条1項ただし書） ② 解散申請許可書を取得した日から15日以内に、当期の営業税を申告し、営業税を納税し、税籍登記の取消しを行う（加値型及び非加値型営業税法30条1項、加値型及び非加値型営業税法施行細則33条、税籍登記規則10条） ③ 解散申請許可書を取得した日から45日以内に、当期の営利事業所得額を申告し、申告前に自ら納税する（所得税法75条1項） ④ 解散申請許可書を取得した日から45日以内に、まだ10％の営利事業所得税を追加徴収していない未分配の利益を申告し、追加徴収される税額を計算して、申告前に自ら納税する（所得税法102条の2第2項）（注：財政部は2018年から未分配の利益に10％の営利事業所得税を追加徴収する旨を、5％の営利事業所得税を追加徴収する旨に引き下げているが、これに対応した条文の内容の修正は行われていない）
清算手続中	① 随時、すでに源泉徴収した税額について源泉徴収票を作成し、10日以内に税務徴収機関に申告を行う（所得税法92条1項ただし書） ② 随時、すでに分配した配当金または利益について配当金証書を作成し、10日以内に税務徴収機関に申告を行う（所得税法102条の1第1項ただし書） ③ 清算期間中、残余の商品または労務を処理する必要があるときは、管轄の税務徴収機関に統一発票の取得を申請し、規定に従って納付すべきまたは過払いの営業税額の申告を行う（加値型及び非加値型営業税法施行細則34条1項、加値型及び非加値型営業税法35条）
清算結了後一定期間内	① 清算結了後15日以内に、清算期間満了時の当期の営業税額を申告および納付する（加値型及び非加値型営業税法施行細則34条2項） ② 清算結了後30日以内に、清算期間における営利事業所得税を申告する。なお、申告前に当年度に適用される営利事業所得税の税率に基づき、清算期間における営利事業所得税を自ら計算し、納付する（所得税法75条2項）

第4章　台湾事業撤退に関するコンプライアンス

おりである。

①　清算結了後15日以内に、清算期間中の収支表、損益表を作成し、各種の帳簿と共に監察人に提出して審査を受けた後、株主総会の承認を受ける。ただし、法人株主1名により組織される会社の場合は株主総会の承認を得る必要はない。また、会社に監察人が設置されていないときには、監察人の審査を受ける必要はない（会社法331条1項）。

②　株主総会の承認後15日以内に、裁判所に清算結了を報告する（会社法331条4項）。

　　(5)　清算人が会社法の規定に基づき普通清算手続を履行しない場合の効果

　清算人は、会社法の規定に基づき普通清算手続を履行しなかった場合、処罰される可能性がある。関連罰則は〔表4-3〕のとおりである。

〔表4-3〕　普通清算手続を履行しなかった場合の関連罰則

類　型	違法の内容および罰則	根　拠
行政罰	期限までに清算人の就任を申告しない場合、新台湾ドル3000元以上1万5000元以下の過料を科す	会社法334条が準用する83条4項
	期限までに清算を結了しない場合、新台湾ドル1万元以上5万元以下の過料を科す	会社法334条が準用する87条4項
	会社の資産が債務の弁済に不足することを発見したにもかかわらず、直ちに破産の申立てを行わない場合、新台湾ドル2万元以上10万元以下の過料を科す	会社法334条が準用する89条3項
	株主総会における承認後15日以内に、裁判所に清算結了の報告を行わない場合、新台湾ドル1万元以上5万元以下の過料を科す	会社法331条5項
刑罰	会社の債務の弁済前に、会社の財産を株主に分配した場合、1年以下の有期懲役、拘留に処し、または新台湾ドル6万元以下の罰金を科し、もしくは併科する	会社法334条が準用する90条2項

4 事案の検討

Aが完了したのは甲社の解散手続のみであり、清算手続は完了していないため、甲社の法人格はまだ消滅していない。また、Aは甲社の法定清算人である。Aは、甲社の債務が弁済される前に、甲社の残余財産を株主である乙社に送金しており、これは会社法の規定に違反している。よって、Aは、1年以下の有期懲役、拘留に処し、または新台湾ドル6万元以下の罰金を科し、もしくは併科するという刑事責任に問われる可能性がある。

第4章　台湾事業撤退に関するコンプライアンス

Ⅲ　労働者の大量解雇

1　事　案

　甲グループは台湾事業から撤退し、台湾に設立した子会社である乙社を清算することを計画している。乙社所属の従業員は計90人であり、いずれも台湾人である。甲グループは、乙社は2023年10月31日に第1弾として従業員15人を解雇し、2024年3月31日に第2弾として従業員75人を解雇することを計画している。

2　法的ポイント

　乙社が第1弾として従業員15人を解雇し、第2弾として従業員75人を解雇する場合、労働者大量解雇保護法（大解法）は適用されるのか。適用される場合、遅くともいつまでに大量解雇届出手続を行わなければならないのか。

3　基本概念の解説

⑴　一定の人数の労働者を解雇する際の留意点

　台湾においては、雇用主は労働基準法11条または合併、買収、改組により労働者を解雇し、それが特定の基準に達したときは、大解法に基づき関係する届出および労使協商等の手続を行わなければならない。よって、外国会社が台湾から撤退することを計画しており、一定の人数の労働者を解雇する必要があるときには、大解法が適用されるのかに注意する必要がある。

⑵　大解法が適用される基準

　〔表4-4〕のいずれかの事由にあたるときは、「大量」解雇に該当し、大解法を適用しなければならない（大解法2条1項）。ただし、大解法2条2項

312

〔表4－4〕　大解法が適用される基準

事業組織態様	雇用する労働者の人数	期　間	解雇する人数
同一の仕事場	30人未満	60日以内	10人を超過する
同一の仕事場	30人以上200人未満	60日以内	雇用する労働者の人数の1/3を超過し、または1日に20人を超過する
同一の仕事場	200人以上500人未満	60日以内	雇用する労働者の人数の1/4を超過し、または1日に50人を超過する
同一の仕事場	500人以上	60日以内	雇用する労働者の人数の1/5を超過し、または1日に80人を超過する
同一の事業単位		60日以内	200人を超過し、または1日に100人を超過する

により、「雇用する労働者の人数」および「解雇する人数」には、就業服務法46条に基づき有期契約により雇用した外国人は含まれない。

(3)　大量解雇の手続

大量解雇の手続は、主に「届出手続」および「労使協商手続」に区分することができる。

(A)　届出手続

雇用主は大量解雇の60日前までに、大量解雇計画書を地方主務官庁および関連部門または人員（大量解雇にかかわる部門の労働者およびその労働者が所属する労働組合、労使会議の労働者側の代表等）に提供するとともに、公開掲示しなければならない（大解法4条1項）。

天災、事変または突発的な事件が発生したときは、上述の60日という期間による制限は適用されない。

(B)　労使協商手続

解雇計画書を提出した時から10日以内に、労使双方は労使自治の精神に基づき協商を行わなければならない（大解法5条）。

双方が合意に達したときは、合意した結果に基づき対応を行い、双方の協商会議の記録等の資料を主務官庁に届け出なければならない。双方が協商を

拒み、または合意に達することができないときは、主務官庁は強制協商を行い、10日以内に双方を招集して協商委員会を組織し、解雇計画書の内容について協商を行うほか、適時代替案を提出しなければならない。

協商委員会が協商を行った結果、合意に達したときは、主務官庁は合意の成立後7日以内に、協議書を管轄裁判所による審査にのために提供しなければならない。審査済みの協議書は執行名義とすることができる。依然として合意に達することができないときは、会社都合による解雇の手続により対応する（なお、会社都合による解雇の説明は、第2章第1節Ⅷ参照）。

上述した大量解雇手続の流れを整理し、図示すると〈図4－1〉のとおりである。

　(4)　大解法の適用の効果
　　(A)　任意解雇または異動の禁止

協商期間中、雇用主は解雇の予告をした労働者を任意に異動または解雇してはならない（大解法10条2項）。

〈図4－1〉　大量解雇手続の流れ

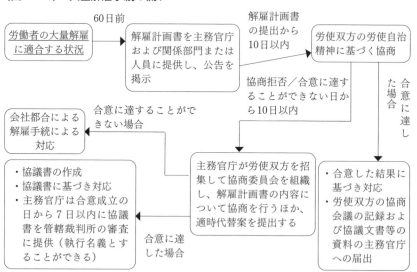

（B）　差別の禁止

人種、言語、階級、思想、宗教、党派、本籍地、性別、容貌、心身の障害、年齢および労働組合の職務に就いていることを理由として労働者を解雇した場合、その労働契約の終了は効力を生じない（大解法13条１項・２項）。

（C）　董事長および実際の責任者の出国制限

事業単位が労働者を大量に解雇する場合、未払いの労働者退職金、解雇手当または賃金が〔表４－５〕の金額に達するときに、主務官庁が期限を定めて支払いを命じても支払わないときは、董事長および実際の責任者の出国を禁止することができる（大解法12条１項）。

〔表４－５〕　董事長および実際の責任者の出国制限の基準

雇用する労働者の人数	未払いの退職金、解雇手当および賃金の総額
10人以上30人未満	新台湾ドル300万元に達する場合
30人以上100人未満	新台湾ドル500万元に達する場合
100人以上200人未満	新台湾ドル1000万元に達する場合
200人以上	新台湾ドル2000万元に達する場合

4　事案の検討

乙社に所属する従業員は計90名であり、「30人以上200人未満」の場合に該当する。よって、60日以内に解雇する人数が雇用する労働者の人数の３分の１を超過し、または１日に20人を超過する場合には、大解法が適用される。乙社は第１弾として１日に15人を解雇することを予定しており、これは上記の基準には達していない。しかし、第２弾として１日に75人を解雇することを計画しており、これは「60日以内に解雇する人数が雇用する労働者の人数の３分の１を超過する」または「１日に20人を超過する」という要件を満たしている。したがって、第２弾の解雇には大解法が適用される。

雇用主は大量解雇を行う60日前までに大量解雇計画書を提出しなければならない（大解法４条１項）。

第 4 章 台湾事業撤退に関するコンプライアンス

　乙社が 2024 年 3 月 31 日に予定している第 2 弾の解雇には大解法が適用される。2024 年 3 月 31 日から 60 日遡った日は 2024 年 2 月 1 日となるため、遅くとも同日の 1 日前、つまり 2024 年 1 月 31 日までに解雇計画書を提出しなければならない。

第5章

台湾における
紛争解決手続

第5章　第1節　民事紛争の解決手続

第1節　民事紛争の解決手続

　台湾における民事紛争解決のための制度は、裁判所が判決を下す訴訟と、当事者による自主的な解決という要素が比較的強い仲裁、調停とに大別することができる。

　訴訟では、事件の類型に応じて異なる専門裁判所が審理を行い、専門事件の手続法である各種の「審理法」が適用されることになる。権利救済を求めるにあたってどの裁判所に訴訟を提起すべきかは、権利救済の実現性や実現するまでに要する時間などに影響するため、特に注意して検討することが必要である。

　台湾では、民事紛争の解決の専門化および当事者が手続を選択する権利の尊重という観点から、「裁判外紛争解決手続」（ADR：Alternative Dispute Resolution）の機能が強化されている点が特徴的である。

　台湾における民事紛争解決のための制度の概要を〔表5－1〕に整理した。以下、本章の各節では、このうちの重要なものについて説明を行う。

〔表5－1〕　台湾における民事紛争解決のための制度

訴　訟		
事件の類型	審理を行う裁判所	根拠となる手続法
一般民事訴訟	通常裁判所（地方裁判所、高等裁判所、最高裁判所）	民事訴訟法
労働事件	通常裁判所（地方裁判所、高等裁判所、最高裁判所）	労働事件法
家事事件	通常裁判所（地方裁判所、高等裁判所、最高裁判所）	家事事件審理法、民事訴訟法
知的財産権関連事件	知的財産及び商業裁判所、最高裁判所	知的財産事件審理法、民事訴訟法
商業事件	知的財産及び商業裁判所、最高裁判所	商業事件審理法

318

第5章　第1節　民事紛争の解決手続

仲　裁		
事件の類型	仲裁機関	根拠となる手続法
一般民事事件（和解できるものに限る）	現在、中華民国仲裁協会、台湾仲裁協会、中華工程仲裁協会、中華不動産仲裁協会という4つの仲裁機関が存在する	仲裁法
調　停		
事案の類型	調停人	根拠となる手続法
一般民事事件、家事事件（裁判所の調停）	通常裁判所（地方裁判所、高等裁判所）	民事訴訟法、家事事件法
商業訴訟事件（裁判所の調停）	知的財産及び商業裁判所	商事事件審理法
一般民事事件（郷、鎮または市の調停）	郷、鎮または市の調停委員会	郷鎮市調停条例
一般民事事件（仲裁法に基づく調停）	仲裁機関	仲裁法
政府調達法が規定する調達契約の履行に関する紛争事件	各レベルの政府の調達申立審議委員会	調達申立審議規則
労使紛争	各地方政府の労使紛争調停委員会	労使紛争処理法
消費者紛争事件	地方政府の消費者紛争調停委員会	消費者紛争調停弁法
金融分野における消費者紛争事件	財団法人金融消費評議センター	金融消費者保護法
著作権紛争調停事件	経済部知的財産局の著作権審議及び調停委員会	著作権法
環境・公害に関する民事紛争	各地方政府の公害紛争調停委員会	公害紛争処理法

319

第 5 章　第 1 節　民事紛争の解決手続

I　紛争解決手続の選択

1　事　案

　外国会社である甲社と、台湾の会社である乙社は、売買契約の締結を計画している。甲社と乙社は、契約で台湾における紛争解決の方法について定めるつもりだが、どのような方法を定めることができるのだろうか。

2　法的ポイント

　一般的な実務では、契約書にどのような紛争解決の方法が定められているのだろうか。

3　基本概念の解説

　台湾には、民事紛争を終局的に解決する手続として、民事訴訟手続、仲裁手続および調停手続が存在する。

⑴　民事訴訟手続

　民事訴訟手続は、裁判所が審理を行って判決を下すという方法によって民事紛争を解決する手続である。台湾では民商二法統一の法制度が採用されているため、商事事件も民事事件も民事法の範囲に含まれる。よって、法律に特別な規定がある場合を除き、原則としてどちらも裁判所の民事法廷が管轄する。

⒜　民事訴訟の審級

　民事訴訟では、原則として「三級三審制」が採用されている。「三級」とは、地方裁判所、高等裁判所および最高裁判所の 3 つの審級のことをいう。事件

320

の審理は、まず地方裁判所で行われ（第一審）、地方裁判所の判決に不服があるときは、高等裁判所に控訴することができる（第二審）。そして、第二審の判決に不服があるときは、終審である第三審の審理を求めて最高裁判所に上告することができる。これを「三審」という。ただし、訴訟の目的の価額が新台湾ドル150万元以下の事件や「少額手続」事件、手続法に規定されている例外的なケース[1]等では、第三審に上告することはできない。

(B)　民事訴訟の手続の種類

民事訴訟の手続は、民事事件または商事事件の種類および金額に応じて、「通常手続」、「簡易手続」および「少額手続」に区分することができる（〔表5－2〕参照）。

〔表5－2〕　民事訴訟の手続の種類

手続の種類	内　　容
簡易手続	訴訟の目的の価額が新台湾ドル50万元以下の事件または特定の10類型の事件（簡易事件）に適用される簡易な手続
少額手続	請求する金銭、代替物または有価証券の金額が新台湾ドル10万元以下の事件（少額事件）に適用される簡易な手続
通常手続	「簡易事件」および「少額事件」以外の一般民事事件または商事事件に適用される手続

(C)　近時の発展

民事または商事の法律関係は、複雑さを増す傾向にある。民事紛争を適切に解決するために、司法院は近時、専門性のニーズを考慮して、民事法廷以外に労働事件法廷、工事事件専門法廷[2]、医療事件専門法廷等の専門法廷を

1　第一審の判決の全部または一部について第二審の裁判所に控訴または附帯控訴していない場合には、当該判決を維持する第二審判決に対して、第三審へ上告することはできない。

2　建設工事は専門性が高く、かつ、建設費が高額なものも多いため、建設工事を原因として生じる訴訟事件は、人々の私法上の権利義務に大きな影響を及ぼすものである。そこで、建設工事請負契約から生じた民事紛争事件を審理するために、2008年に台北地方裁判所に工事事件専門法廷が設けられた。

設置している。しかし、これは裁判所内部の事務の配分にすぎないため、契約当事者がどの専門法廷が管轄するかを契約で定めることはできない。

(D) 紛争を民事訴訟により解決する旨を契約で定める方法

一般的な商事契約または民事契約において、紛争を訴訟により解決する旨を定める場合、直接「○○地方裁判所が管轄する」と定めるのが通例である。これによって、紛争を民事訴訟により解決する機会を確保できるほか、管轄裁判所もあらかじめ定めておくことができる。

(2) 仲裁手続

仲裁手続は、当事者が一定の法律関係について資格を有する中立的な第三者である仲裁人を自主的に選任し、仲裁人からなる仲裁廷が仲裁法に従って審理を行う手続である。仲裁法の規定により、仲裁廷がした仲裁判断は、確定判決と同一の効力を有することになる。

(A) 仲裁機関

現在、台湾には中華民国仲裁協会、台湾仲裁協会、中華工程仲裁協会および中華不動産仲裁協会という4つの仲裁機関が存在する。

(B) 紛争を仲裁により解決する旨を契約で定める方法

契約において、紛争を仲裁により解決する旨を定めようとする場合、双方が仲裁に同意する旨を定め、仲裁機関の名称とその所在地、仲裁に使用する言語等を記載する必要がある。たとえば、中華民国仲裁協会が提供している参考条文では、次のように定めている。「本契約により生じた、又は本契約に関するあらゆる紛争は、中華民国仲裁協会による仲裁に付し、中華民国仲裁法及び同協会の仲裁規則に従って、(台北/台中/高雄(いずれかを選択))において仲裁により解決するものとする」。

(C) 民事訴訟との競合

契約当事者が、紛争は仲裁により解決すると契約で定めたにもかかわらず、当事者の一方が訴訟を提起した場合、裁判所は仲裁法の規定に従って訴訟手続を停止し、期限を定めて当事者に仲裁に付すよう命じることができる。そ

して、期限までに仲裁に付されないときは、裁判所は訴えの却下を決定しなければならないことになる。

(3) 調停手続

調停手続は、本質的には当事者による和解の一種に属する。民事訴訟法や各種の法令には、調停手続に関する規定がそれぞれおかれている。その中には、調停が成立した場合、調停は確定判決と同一の効力を有すると規定している法律もある（たとえば、民事訴訟法、政府調達法、郷鎮市調停条例）。

調停の実施の可否については、関係法令に特別な制限が設けられていることもあるため、調停手続を利用しようとする場合、この点をあらかじめ確認しておく必要がある。たとえば、国家賠償事件では、郷鎮市調停条例に基づく調停の申請はできないが、民事訴訟法に基づき調停を成立させることはできるとされている。

調停の性質は当事者による和解であるため、調停が成立するかは当事者の意思にかかっている。したがって、調停では、調停の成立に同意するよう当事者を強制することはできず、この手続によって紛争を終局的に解決できるという保証はない。そのため実務上は、調停のみを終局的な紛争解決の手段として定める契約は極めて少数である。

なお、通常、政府調達契約には、契約の履行について紛争が生じたときは、先に調停を行う必要があるとする特別な定めがおかれていることには特に留意が必要となる。この場合、業者（請負人）が初めから訴訟の提起や仲裁の申立てをすることはできず、先に政府の調達申立審議委員会に対して、調達契約の履行に係る紛争の調停を申請しなければならないことになる。そして、その後調停が不成立となった場合に限って、裁判所に訴訟を提起することなどができるとされている。

4 事案の検討

甲社と乙社は契約において、○○地方裁判所を第一審の管轄裁判所として

第5章　第1節　民事紛争の解決手続

訴訟により解決する旨を定めることも、仲裁を終局的な紛争解決の方法とする旨を定めることもできる。

Ⅱ　知的財産権関連事件の審理を行う裁判所

1　事　案

　甲社はパソコンのソフトウェア開発を手がける会社である。甲社はある日、乙社が自社のソフトウェアの著作権を侵害していることを発見した。そこで、甲社は裁判所に訴訟を提起して、乙社に侵害の停止と賠償を請求することを計画している。甲社は、どの裁判所に訴訟を提起すべきだろうか。

2　法的ポイント

知的財産権に係る紛争は、どの裁判所が審理するのか。

3　基本概念の解説

　知的財産権は無体財産権の一種であり、他の財産権とは違って、高度な専門性と技術的性質を有している。そのため台湾には、知的財産権の紛争事件を審理する裁判所として、知的財産及び商業裁判所が設置されている。

　知的財産及び商業裁判所組織法の規定によれば、以下の法律に関する民事事件は、知的財産及び商業裁判所が第一審、第二審の審理手続を行うこととされている。

① 専利法
② 商標法
③ 著作権法
④ 光ディスク管理条例
⑤ 営業秘密法

325

第5章　第1節　民事紛争の解決手続

⑥　集積回路の回路配置保護法

⑦　植物の品種及び種苗法

⑧　公平交易法によって保護される知的財産権の権益

第三審は法律審であり、第二審の判決の適法性についての審理に限られ、事件の事実認定をするわけではない。したがって、上記①から⑧に記載の法律に関する事件であっても、第三審に上訴されたときは最高裁判所が審理を行うことになっている。

知的財産及び商業裁判所の審理手続は、知的財産事件審理法に基づいて行われ、知的財産事件審理法に規定されていない事項にのみ、民事訴訟法が適用される。また、審理に参加する裁判所の人員として、裁判官以外に技術審査官が置かれている。技術審査官は、知的財産に関する専門知識または技術を有する人員であり、裁判官の命令に基づき事件の技術的な判断、技術的な資料の収集および分析、並びに技術的な意見の提供を行うなどして訴訟手続に参加する。

知的財産及び商業裁判所は、民事事件のみならず、知的財産権に関する刑事事件や行政救済事件を審理する権限も有している。

4　事案の検討

甲社が乙社に主張する権利は、著作権法に基づいて生じた権利である。よって、甲社は知的財産及び商業裁判所に訴訟を提起する必要がある。なお、甲社が地方裁判所に訴訟を提起したときは管轄違いとなり、地方裁判所は事件を知的財産及び商業裁判所に移送する。

326

Ⅲ　商業事件の審理を行う裁判所

1　事　案

　　甲社は乙社に金銭を貸し付けており、貸付金額は新台湾ドル1億元に上る。甲社の株主であるAは、甲社の貸付けは会社法の「会社の貸付けは商取引がある場合に限る」という要件を満たしておらず、貸付けに関する甲社の董事会決議も違法だと考えている。そこで、Aは貸付契約および董事会決議の無効確認の訴えの提起を計画している。Aは、どの裁判所に訴訟を提起すべきだろうか。

2　法的ポイント

商業事件は、どの裁判所が審理するのか。

3　基本概念の解説

(1)　商業事件の管轄

　知的財産権関連事件を除く民事紛争事件は、これまで原則としてすべて地方裁判所（通常裁判所）が審理を行い、三級三審制が採用されていた。しかし、2019年12月17日、新規制定法である商業事件審理法と、知的財産及び商業裁判所組織法の改正案が立法院を通過した。これにより、2021年7月1日以降は知的財産及び商業裁判所が、商業事件の専属管轄権を有することになった。

　知的財産及び商業裁判所が取り扱う商業事件は商事に関する民事事件に限られており、刑事事件、行政事件はそこに含まれない。商業事件は、大きく商業訴訟事件と商業非訟事件の2つに分類することができる。

327

第 5 章　第 1 節　民事紛争の解決手続

(2)　商業訴訟事件

商業訴訟事件とは、以下の類型の事件のことをいう。

① 　会社の責任者と会社との間に、業務の執行により生じた民事上の権利
義務に関する紛争であって、その訴訟の目的の金額または価額が新台湾
ドル 1 億元以上であるもの

② 　以下の@〜@の事件により生じた民事上の権利義務に関する紛争で
あって、訴訟の目的の金額または価額が新台湾ドル 1 億元以上であるも
の

@ 　証券取引法上の有価証券詐欺、財務報告もしくは財務・業務書類へ
の不実の記載、公開説明書の不交付、公開説明書への不実の記載、違
法な公開買付け、市場操作、短期売買取引、インサイダー取引、慣習
にあわない取引、または違法な貸付けもしくは担保の提供

@ 　先物取引法上の市場操作、インサイダー取引、先物取引詐欺、公開
説明書への不実の記載、または公開説明書の不交付

@ 　証券投資信託及びコンサルティング法上の虚偽、詐欺、その他他人
を誤信させるに足りる行為、公開説明書への不実の記載、または公開
説明書の不交付

@ 　不動産証券化条例上の公開説明書もしくは投資説明書への不実の記
載、または規定に従って公開説明書もしくは投資説明書を提供しない
こと

@ 　金融資産証券化条例上の公開説明書もしくは投資説明書への不実の
記載、または規定に従って公開説明書もしくは投資説明書を提供しな
いこと

③ 　公開発行会社の株主が、株主という地位に基づき株主の権利を行使し
たことにより、会社または会社の責任者に対して生じた民事上の権利義
務に関する紛争事件

④ 　証券投資者および先物取引参加者の保護機関が、証券投資者及び先物

328

取引参加者保護法の規定に基づき、裁判所に会社の董事または監察人の解任の裁判を求める事件

⑤ 公開発行会社の株主総会または董事会決議の効力に関する紛争事件

⑥ 公開発行会社と支配または従属関係にあり、かつ、資本金の額が新台湾ドル5億元以上である非公開発行会社の、株主総会または董事会決議の効力に関する紛争事件

⑦ 会社法、証券取引法、先物取引法、銀行法、企業合併買収法、金融機関合併法、金融持株会社法、不動産証券化条例、金融資産証券化条例、信託法、手形金融管理法、または証券投資信託及びコンサルティング法により生じた民事上の法律関係に関する紛争で、かつ、その訴訟の目的の金額または価額が新台湾ドル1億元以上の場合であって、当事者双方が商業裁判所を管轄裁判所とすることに書面で合意した民事事件

⑧ その他法律の規定または司法院の指定により、商業裁判所が管轄する商業訴訟事件

(3) 商業非訟事件

商業非訟事件とは、以下の3種類の事件のことをいう。

① 公開発行会社（第1章第2節Ⅰ参照）による株式買取価格の決定に関する事件

② 公開発行会社が、会社法の規定により、臨時管理人、検査人の選任、およびその解任を申し立てる事件

③ その他法律の規定または司法院の指定により、商業裁判所が管轄する商業非訟事件

(4) 商業訴訟事件の特徴

一般の民事訴訟事件との比較において、商業訴訟事件には〔表5-3〕のような特徴がある。

第5章　第1節　民事紛争の解決手続

〔表5-3〕　商業訴訟事件の特徴

特　徴	説　明
二級二審制	知的財産及び商業裁判所の判決は高等裁判所の判決に相当し、最高裁判所への上訴のみを行うことができる
弁護士による強制代理制度	審理の効率を高めるため、訴訟当事者は、必ず弁護士または弁護士の資格を有する者に手続行為の代理を委任しなければならない
テクノロジーの運用	訴訟当事者等は、オンラインシステムで書状を送信しなければならない。また、訴訟当事者による訴訟の進行の利便性を図るため、裁判所が適切であると認めたときは、申立てによりまたは職権で、音声および映像の伝送技術を搭載した設備を用いて審理を行うことができる
調停前置主義	商業事件では、先に調停を行わなければならない。調停委員は、関係する専門的学識を有する者から裁判所が選任する。これには、調停委員が提出する調停案の専門性と信頼性を高めるとともに、商人の自治を尊重し、自主的な紛争解決を支援する狙いがある
商業調査官の設置	商業裁判所には商業調査官が設置される。商業調査官は、証拠の争点および法律上の疑義の分析および整理、専門領域について説明した参考資料の提供、報告書の作成等を行い、裁判官の商業問題に関する判断を補助することができる
当事者による照会制度	訴訟戦略を評価し、手続を加速させるため、訴訟当事者は主張または立証の準備をする際に、必要事項を記載して他方当事者に照会し、または説明を求めることができる
専門家証人制度	事実審における専門性を強化するため、訴訟当事者は、専門家証人による専門的な意見の提供を申し立てることができる。さらに、他方当事者の専門家証人に質問することや、出廷して意見を陳述するよう裁判所から通知することもできる
秘密保持命令	真実の発見と営業秘密の保護を両立させるため、手続において提出した文書、検証物または鑑定に必要な資料が営業秘密に関係する場合、保有者は、秘密保持命令を発するよう裁判所に申し立てることができる

330

Ⅲ　商業事件の審理を行う裁判所

4　事案の検討

　甲社の株主であるＡが提起しようとしている訴訟は、商業事件審理法の規定によれば、商業訴訟事件に該当する。したがって、Ａが2021年7月1日以降に本件の訴訟を提起するときは、知的財産及び商業裁判所に訴訟を提起する必要がある。

第5章　第1節　民事紛争の解決手続

IV　仲裁手続

1　事　案

甲社は、乙社との間で請負契約を締結し、ビルの新築工事を請け負った。請負契約には、紛争解決の方法は定められていなかった。その後、乙社に請負報酬の未払いが発生した。甲社は仲裁手続のほうが早期に紛争を解決することができると聞き、乙社に報酬の支払いを請求する仲裁を申し立てた。

2　法的ポイント

仲裁手続を利用するために必要なことは何か。仲裁合意の内容は、どのように定めるべきか。仲裁手続の流れはどうか。訴訟手続との違いは何か。

3　基本概念の解説

仲裁法の規定によれば、仲裁をするためには、書面による仲裁合意の定めが必要であり、この合意がない場合、仲裁機関は法に基づき仲裁の申立てを却下しなければならない。

仲裁による解決が可能な民事紛争は、当事者が自由に処分できる権利または法律関係であって、和解により解決できるものに限られる。法により和解することができない紛争は、仲裁により解決することもできない。和解することができない民事上の法律関係には、会社法の株主総会決議取消しの訴えや、民法の親子関係事件、親権事件、監護宣告の取消事件、死亡宣告の取消事件等の家事事件等がある。

裁判所の訴訟手続と比較した場合の仲裁手続の長所として、〔表5-4〕の

332

〔表5－4〕 訴訟手続と比較した場合の仲裁手続の長所

長　所	説　明
秘密性	当事者双方に別段の約定がある場合を除き、仲裁手続は対外的に公開されない。よって、仲裁の当事者は、営業秘密や他の秘密を保全することができる
紛争解決のスピード	仲裁法の規定によれば、仲裁判断は、当事者が紛争を仲裁に付した後6カ月以内に下されなければならず、3カ月間の延長が一度だけ認められる。つまり、9カ月以内に紛争を解決することができる
費用	仲裁費用は、訴訟費用よりも低額である
各分野の専門性を有する仲裁人	仲裁人は、各分野における専門知識や経験を有する専門家が務める。仲裁人は係争の業種の取引の実務と習慣に通じており、各業界の複雑な、または技術的な紛争の解決に適している

ような点があげられる。

　仲裁判断が下された後、その仲裁手続が法に違反するものであったときは、法定期間内に裁判所に仲裁判断の取消しを申し立てることができる。しかし、この点を除いて、仲裁には裁判所の訴訟手続のような審級による救済制度は存在しない。また、仲裁判断は、確定後は裁判所の確定判決と同一の効力を有する。ただし、仲裁判断に基づき強制執行をする際には、裁判所に許可決定を申し立てる必要がある。そして、裁判所が審査し、許可した後に、執行を申し立てることができる。

4　事案の検討

　甲社が乙社と締結した請負契約には、仲裁を紛争解決の方法とする旨は定められていないため、甲社は仲裁を申し立てることはできない。

　ただし、事後に甲社と乙社が合意に達して、双方が紛争を仲裁により解決することに書面で同意したときは、甲社は仲裁を申し立てることができる。

第5章　第1節　民事紛争の解決手続

V　外国の判決または仲裁判断の台湾における執行

1　事案

　日本企業の甲社は、台湾企業の乙社と売買契約を締結し、甲社が乙社に機械設備を売却することを定めた。また、紛争が発生したときは日本の東京都で仲裁を行い、一般社団法人日本商事仲裁協会を仲裁機関とする旨も定めた。

　一方、甲社は台湾企業の丙社とも売買契約を締結し、甲社が丙社に機械設備を売却し、丙社が代金を分割で甲社に支払うことを定めた。また、紛争が発生したときは日本の東京地方裁判所を管轄裁判所とする旨も定めた。

　その後、乙社と丙社の双方に代金の未払いが発生した。よって、甲社は売買契約に基づき、乙社に対しては仲裁を申し立てた。日本商事仲裁協会は仲裁判断を下し、乙社に甲社への賠償を命じた。また、丙社に対しては東京地方裁判所に訴訟を提起した。裁判所は、丙社は代金を弁済すべきであるとの判決を下した。では、甲社はこれから台湾において、乙社と丙社に対する強制執行をどのように行うべきなのだろうか。

2　法的ポイント

　外国の裁判所の判決を得た場合、台湾でどのように強制執行を行うべきか。また、外国の仲裁判断を得た場合、台湾でどのように強制執行を行うべきか。

334

3 基本概念の解説

(1) 外国の裁判所の判決の承認と執行

民事訴訟法および強制執行法の規定によれば、外国の裁判所の判決が以下の要件を満たすときであれば、債権者が裁判所に債務者に対する強制執行を申し立てることができるとされている。

① 確定判決であること

② 以下のⓐ～ⓓのいずれにも該当しないこと

　　ⓐ 台湾の法律によれば、外国の裁判所に管轄権がない

　　ⓑ 敗訴した被告が応訴していない。ただし、訴訟の通知が、相当な時期に当該外国においてすでに適法に送達されたとき、または台湾の法律上の共助により送達されたときは、この限りでない

　　ⓒ 外国判決の内容または訴訟手続が、台湾の公共の秩序または善良の風俗に反している

　　ⓓ 当該外国と台湾に相互の承認がない

③ 台湾の裁判所が、強制執行を許す旨を判決により宣言したこと

台湾では、外国の裁判所の確定判決の効力が原則として承認されている。しかし、強制執行申立てに先立ち、裁判所に申立てを行い、裁判所から強制執行を許す旨の判決を得る必要がある。債権者はその後、外国の裁判所の確定判決と台湾の裁判所の強制執行を許す旨の判決をもって、裁判所に債務者の財産に対する強制執行を申し立てることができる。

(2) 外国の仲裁判断の承認と執行

仲裁法の規定によれば、台湾の領域外で下された仲裁判断または台湾の領域内で外国の法律を適用して下された仲裁判断は、いずれも外国の仲裁判断となる。外国の仲裁判断については、以下の要件を満たす場合に裁判所に債務者に対する強制執行を申し立てることができるとされている。

① 以下のⓐ～ⓒのいずれにも該当しないこと（ⓐ、ⓑのどちらかに該当す

第5章　第1節　民事紛争の解決手続

る場合、裁判所は法に基づき申立てを却下しなければならない。一方、ⓒに
該当する場合には、裁判所は承認するか、または却下するかを職権により決
定できる）

　ⓐ　当該外国の仲裁判断の承認または執行が、台湾の公共の秩序または
　　　善良の風俗に反している

　ⓑ　台湾の法律によれば、当該外国の仲裁判断に係る紛争事項は、仲裁
　　　により解決できないものである

　ⓒ　当該外国が台湾の仲裁判断を承認していない

②　裁判所が承認の決定をしたこと

仲裁法の規定によれば、台湾で承認の決定がされた外国の仲裁判断は、裁
判所の確定判決と同一の効力を有し、債務名義となる。

つまり台湾では、外国の仲裁判断の効力は原則として承認されるものの、
まずは裁判所に申立てを行い、裁判所から仲裁判断を承認する旨の決定を得
る必要がある。その後、債権者は外国の仲裁判断と台湾の裁判所の承認の決
定をもって、裁判所に債務者の財産に対する強制執行を申し立てることがで
きる。

4　事案の検討

甲社は、日本商事仲裁協会の仲裁判断については、同仲裁判断をもって、
台湾の裁判所に承認の決定を申し立てる必要がある。その後、裁判所に債務
者である乙社に対する強制執行を申し立てることができる。

また、東京地方裁判所の確定判決についても、同判決をもって台湾の裁判
所に強制執行を許す旨の判決を申し立てる必要がある。同判決が得られれば
仲裁判断のときと同様に、裁判所に債務者である丙社に対する強制執行を申
し立てることができる。

336

VI 労働事件法の紹介

1 事 案

　従業員Aは、タイムカードに記録されているように、2021年1月は毎日1時間の残業をしたと主張し、B社に同月の残業につき合計20時間分の残業代を請求した。一方、B社は、従業員Aが毎日勤務時間を1時間過ぎてからタイムカードを押して退勤していることは認めるものの、従業員Aは定時後、タイムカードを押して退勤するまでの1時間、個人的な事務処理をしており業務をしていないとして残業代の支払いを拒んだ。そこで、従業員Aは、B社に対して残業代の支払いを求める訴訟を提起した。

2 法的ポイント

　会社と従業員との間に労働関係を原因とする紛争が発生し、訴訟となった場合、どのような手続が行われ、どのような事項に注意すべきなのだろうか。

3 基本概念の解説

(1) 労働事件法の施行

　労使紛争について権利救済を求めようとする場合、労働者には、基本的に地方行政の主務官庁に対して行政労使紛争調停の申請を行うか、または裁判所に対して調停を申し立て、その後に訴訟を提起するかといった選択肢が与えられる。

　労使紛争についての訴訟については、裁判所はこれまで主に民事訴訟法に規定された手続に従って訴訟を進行させていたが、2020年1月1日に労働

337

事件法が施行されたことにより、現在では、労働事件には労働事件法に規定された手続が優先的に適用され、労働事件法に特に規定されていない事項に限って民事訴訟法の規定が適用されるようになっている。

(2) 労働事件法の特徴

雇用主にとって特に注意を要する労働事件法の特徴は、以下のとおりである。

(A) 労働事件の範囲

労働事件法に規定されている「労働事件」の範囲は比較的広範であり、①労働関係によって生じた民事上の権利義務に関する紛争、②コーオプ教育（就業体験）関係によって生じた民事上の権利義務に関する紛争、並びに③労働における男女平等への違反、就業差別、労働災害、労働組合の活動および争議行為、競業避止その他の労働関係によって生じた権利侵害行為に関する紛争が含まれている。

(B) 労働調停制度

労働事件では、訴訟を提起する前に原則として裁判所で労働調停手続を行う必要がある（なお、労働調停を行うことなく直接訴訟を提起した場合、当該提訴は調停の申立てとみなされ、裁判所は、当事者が先に調停手続を行うよう手配することになる）。ただし、当該労働事件についてすでに他の法定機関が調停を行った場合には（たとえば、行政主務官庁による労使紛争調停）、労働調停手続の前置は強制されない。

労働調停手続は、労働調停委員会（1名の裁判官および2名の労働調停委員によって構成される）が行う。

なお、労働調停手続において、労働調停委員会は案件に対する審理を行う可能性もある。また、調停が不成立となった場合、労働調停手続を行った裁判官と同じ裁判官が後続する訴訟手続を行う。

(C) 労働者の訴訟を妨げる障害の減少

労働事件法の施行により、労働者による裁判所への提訴または応訴の利便

性がより高まったほか、労働者が提訴時に予納する訴訟費用もより低額になっている。したがって、労働事件法施行後は、労働者が救済を求めて裁判所に訴訟を提起する可能性がより高まっているといえる。

(D)　迅速な手続

労働事件法の規定によれば、裁判所は原則として3カ月以内に、3回以内の調停期日によって労働調停手続を終結させる必要がある。また、調停が不成立となり訴訟手続に移行した場合、原則として開廷は1回のみとし、6カ月以内に審理を終結させなければならないとされている。

(E)　賃金と労働時間の推定

賃金に関する争いにおいて、労働者が、ある給付が労働関係を原因として雇用主から受領したものであることを証明できる場合、当該給付は賃金であると推定される。雇用主が当該給付は賃金ではないと主張する場合には、雇用主側において、その点の反証を行う必要がある。

出勤記録に記載された労働者の出勤時間は、労働者が雇用主の同意を得た労働時間であると推定される。雇用主が当該時間は労働時間ではない、または雇用主の同意を得た労働時間ではないと主張する場合には、雇用主側において、その点の反証を行う必要がある。

(F)　即時的かつ有効な労働者の権利保護

裁判所の判決が確定する前において、労働者は労働事件法の規定により、裁判所に対し、先に一定の処分を行い、労働者が訴訟において主張する権利をあらかじめ実現するよう申し立てることができる。たとえば、雇用主に対して先に一定の金銭の給付を行うよう命じること、解雇された労働者の雇用および賃金の支払いを継続するよう命じることまたは配転した労働者を配転前の業務で引き続き雇用するよう命じることを裁判所に申し立てること等である。

339

第 5 章　第 1 節　民事紛争の解決手続

4　事案の検討

　従業員 A と B 社が他の法定機関で調停を行っていない場合、従業員 A が裁判所に訴訟を提起したとき、裁判所は、先に双方の労働調停を手配し、1 名の裁判官および 2 名の労働調停委員によって構成される労働調停委員会が調停を行うことになる。従業員 A と B 社との間で調停が成立しなかった場合は、訴訟手続に移行する。この場合、労働調停手続を行った裁判官と同じ裁判官が、当該訴訟の審理を担当する。

　なお、B 社が、従業員 A は定時からタイムカードを押して退勤するまでの 1 時間に個人的な事務処理をしているため業務をしていないと主張したい場合には、B 社が反証する必要がある。そして、B 社が反証することができないときには、裁判所は、従業員 A の残業に関する主張に理由があると認定することになる。

340

第2節　刑事訴訟手続

1　はじめに

　刑事訴訟手続は、刑事事件の処理を行う司法手続である。民事手続では、紛争の解決が重視されることから、原則として当事者が手続を選択する権利を有している。これに対し、刑事訴訟手続は、公的手続の色彩を強く帯びているため、対象となる刑事事件の内容等に応じて、履践される手続が基本的に確定している。

　刑事手続は、事件の真相を明らかにして、有罪であることが立証されなかった被告人には無罪判決を下し、他方、有罪であることが立証された被告人には適切な刑罰を科すことを目的としている。刑事手続の過程では、犯罪の捜査機関および裁判所が、被疑者、被告人またはその他の者に対して、重要な権利利益を制約する強制処分を行う可能性がある。また、刑事手続の結果次第では、被告人に対して刑罰（高額の罰金や懲役刑、果ては生命の剥奪まで含まれる）が科されることもある。それゆえ、刑事手続の全過程において、人権保障と手続的正義を確保することが最重要課題となる。

　もっとも、本節の目的は、難解な刑事手続の理念について掘り下げて解説したり、複雑な刑事訴訟制度のすべてを説明したりすることではない。本節では、より実用的な観点から刑事訴訟手続のポイントを解説する。たとえば、個人や企業が刑事訴追を受けた場合、どのように対応すべきか。あるいは、反対に犯罪による被害を受けたときには、どのように刑事手続を利用して犯罪者の責任を追及すべきか。本節では、こうした点について、事例をあげながら解説を行う。また、限られた紙数の中で実用的な知識を最大限提供すべく、検察官が主導する捜査段階を主な解説の対象とし、かつ重要な項目に絞って説明を行う。

341

第5章　第2節　刑事訴訟手続

事例による説明に入る前に、まずは重要な基本概念を一部紹介する。

2　刑事訴訟手続の基本的な流れ

刑事訴訟手続は、基本的に「捜査段階」、「公判段階」および「執行段階」という3つの段階に区分することができる。

① 捜査段階　検察官は、警察局または調査局（重大な経済犯罪等の事件を担当する機関）を指揮して調査を行い、犯罪の証拠を収集する。検察官は、被疑者に犯罪の嫌疑があり、かつ、起訴の基準に達したと判断したときは、裁判所に公訴を提起しなければならない。反対に、被疑者に犯罪の嫌疑があるとはいえず、または起訴の基準に達しないと判断したときは、不起訴処分としなければならない。捜査段階の最も重要な特徴は、「捜査は非公開で行われる」という点である。検察官は、犯罪を抑止し、治安を維持するという目的に基づき、被疑者や関係者への取調べと、各種の手段による証拠収集活動を秘密裏に実施する。検察官が捜査により収集した証拠を被疑者（被告人）および関係者が入手できるのは、検察官が裁判所に起訴状および証拠を提出した後である。

② 公判段階　検察官が公訴を提起した場合、裁判所で事件の公判手続が行われる。検察官と被告人は、各自が法廷で主張と証拠を提出し、攻撃と防御を行う。そして、裁判所は双方が提出した主張と証拠を踏まえ、有罪または無罪の判決を下す。裁判所の公判は、原則として公開で行われる。被告人は、自らを弁護するために、検察官が収集した証拠を取得する権利のほか、自己に有利な他の証拠の調査を裁判所に請求する権利も有している。

③ 執行段階　裁判所が執行（罰金、懲役または死刑）を伴う有罪判決を下したときは、検察官が執行を行う。

上述の典型的な流れのほかに、例外的なケースもいくつか存在する。たとえば、検察官は、被疑者が有罪であると判断した場合であっても、一定の条

342

件の下で被疑者を「緩起訴処分」（起訴猶予処分に類似するもの）とし、当該事件を終結させることができる。また、犯罪の被害者等が、検察官を通さず直接裁判所に起訴することもできる（この制度は「自訴」と呼ばれる）。

3　三級三審制

台湾では、公訴が提起された後の公判の段階では、原則として「三級三審制」が採用されている。「三級」とは、地方裁判所、高等裁判所および最高裁判所の3つの審級のことをいう。一方、「三審」とは、3つの審級の裁判所を設け、当事者が望んだ場合に、原則として3回までの反復審理を受けられる制度をいう。すなわち、事件の公判は、まず地方裁判所で行われる（第一審）。地方裁判所の裁判に不服があるときは、高等裁判所に控訴することができる（第二審）。そして、第二審の裁判に不服があるときは、終審である第三審の最高裁判所に上告することができる。

ただし、すべての事件に三級三審制が適用されるわけではない。たとえば、窃盗罪、横領罪等の財産犯や、刑の上限が3年以下の懲役である軽罪に係る事件については、第三審（最高裁判所）への上告ができない場合もある。

4　刑事訴訟の重要な基本原則

(1)　無罪推定の原則

被告人は、裁判所が被告人に有罪と宣告するまでは、無罪であると推定される。すなわち、たとえ国家の代表たる検察官が証拠を収集し、被告人は有罪だと判断したうえで公訴を提起した場合であっても、法廷では、被告人は依然として無罪であると推定される。

(2)　検察官の立証責任

検察官は、被告人の行為が確実に犯罪を構成すると十分に証明できる証拠を提出して、無罪の推定を覆す必要がある。検察官が提出した有罪の証拠が十分に確実なものではない場合、裁判所は、無罪判決を下さなければならない。

343

第5章　第2節　刑事訴訟手続

Ⅰ　証人、被告人、被疑者、関係者

1　事案

①　乙社は、日本の甲グループの台湾における現地法人である。ある日、乙社の総経理であるＡは、法務部調査局台北市調査処から「取調通知」を受け取った。通知には「事案の概要：証券取引法等違反事案」、「本件の被通知人は、被疑者である」、「出頭日：2020年1月15日」等の情報が書かれていた。Ａはどのように対応すべきだろうか。

②　上記①において、仮にＡが受け取ったのが台北地方検察署の呼出状であり、呼出状に「本件の呼出しを受けた者は、被告人である」と記載されていた場合、Ａはどのように対応すべきだろうか。

③　上記①において、仮にＡが受け取ったのが台北地方検察署の呼出状であり、呼出状に「本件の呼出しを受けた者は、証人である」と記載されていた場合、Ａはどのように対応すべきだろうか。

④　上記①において、仮にＡが受け取ったのが台北地方検察署の呼出状であり、呼出状に「本件の呼出しを受けた者は、関係者である」と記載されていた場合、Ａはどのように対応すべきだろうか。

2　法的ポイント

被疑者、被告人、証人、関係者とは、それぞれどのような立場の者か。刑事手続上、それぞれどのような義務を負うのか。

344

I 証人、被告人、被疑者、関係者

3 基本概念の解説

(1) 刑事訴訟法に規定されている名称──「被告人」、「被疑者」、「証人」

捜査段階において、捜査機関が関係する者に出頭して取調べを受けるよう求める際には、「被告人」、「被疑者」、「証人」、「関係者」等の異なる名称を用いることがある。しかし、刑事訴訟法に明文で規定されているのは「被告人」、「被疑者」および「証人」だけであり、「関係者」は法律で定義された用語ではない。

このような名称の違いは、刑事訴訟手続上の権利義務が異なることを表している。たとえば、「被告人」または「被疑者」と認定された者は、捜査機関から犯罪の嫌疑がかけられている者である。これらの者には、取調べを受ける際、黙秘権が認められる。また、これらの者が選任した弁護人は、取調べに立会い、弁護活動をすることもできる。これに対し、「証人」と認定された者（捜査機関が事件に関する重要な情報を提供できると考えている者）は、必ず出頭して取調べを受け、忠実に供述しなければならず、弁護人に委任することはできない。

「被告人」と「被疑者」は、刑事訴訟手続上の権利義務に大きな差異はない。前者は検察官による取調べを受けるときの名称であり、後者は検察官の補助機関（警察または重大な経済犯罪の捜査を担う「調査局」）による取調べを受けるときの名称である。

(2) 関係者

実務上、捜査機関が「関係者」という名称を用いて、事件に関係する者に出頭するよう通知することがよくみられる。「関係者」は、法律に規定された名称ではない。それゆえ、関係者には、出頭して取調べを受ける義務はない。これに対し、前述の「被告人」や「証人」等には、黙秘権の有無等の違いはあれ、いずれも出頭義務がある（仮にそれらの者が正当な理由なく出頭しない場合、捜査機関はこれらの者を強制的に勾引することができる）。

345

第5章　第2節　刑事訴訟手続

しかし、「関係者」に法的な出頭義務がないとしても、事態は犯罪に関する事項にかかわるものであり、また、捜査の進展に伴い「関係者」が事後的に「被疑者」や「被告人」に切り替わることもあるため、大部分の「関係者」は実際には慎重な態度で対応し、出頭して取調べを受けている。

4　事案の検討

本事案の①から④までのすべての状況において、まず行ったほうがよいことは、「事案の概要」および「呼出しを受けた際の立場」から、同事件において自身が直面しうる法的リスクを分析することである。

「被告人」または「被疑者」という立場で呼出しを受けたときは、法に基づき弁護人を選任し、弁護人の立会いと支援を受けることができる。そこで、出頭前に弁護士に委任し、事前に関係する法的リスクを分析したうえで、弁護士と共に出頭して取調べを受けることが望ましい。台湾の刑事事件の捜査実務において、弁護士は大きな役割を果たすことができる。したがって、なるべく事件を捜査段階で終結させ、起訴後の公判段階にまで発展しないよう、捜査段階から積極的に弁護士に委任すべきである。

「関係者」または「証人」という立場で呼出しを受けたときは、弁護人の選任を請求することはできない。しかし、捜査機関が捜査中に収集した証拠をもとに、関係者や証人を被告人や被疑者に切り替える可能性もある。そこで、関係者または証人が事件にかかわっており、犯罪の嫌疑をかけられる可能性があるときには、やはり事前に弁護士の意見を聞いたうえで取調べを受けるべきである。

そして、どの立場で呼出しを受けた場合であっても、少なくとも出頭はすべきである。出頭しないことにより、捜査機関から余計な嫌疑をかけられるおそれがあるためである。もし指定された出頭日にすでに重要な予定が入っていた場合は、事前に捜査機関に対し、出頭できない理由および他の日に取調べに協力する旨を書面で説明することが望ましい。

346

Ⅰ　証人、被告人、被疑者、関係者

　これに対し、自らが認識している事実をすべて供述すべきか否か、あるい
はどのように供述をすべきかについては、個々の事件の状況に応じた判断が
必要となる。そこで、供述の内容については、上記のとおり、適宜弁護士の
意見を聞いたうえで判断することが望ましい。

第5章　第2節　刑事訴訟手続

Ⅱ　人身と行動の自由に対する強制処分

1　事　案

① 　乙社は、日本の甲グループの台湾における現地法人である。乙社の総経理である日本国籍のAは、日本から台湾に戻り空港で入国した際に、警察に逮捕された。そして、Aは、そのまま台北地方検察署に送致され、取調べを受けることになった。台北地方検察署に到着した後、Aはどのように対応すべきだろうか。

② 　上記①において、台北地方検察署の検察官は、Aの取調べを行った後、犯罪の嫌疑が濃厚であると判断し、裁判所に勾留を申し立てた。この場合、Aはどのように対応すべきだろうか。

2　法的ポイント

捜査段階において、捜査機関は、被疑者または被告人の行動の自由を制限するために、どのような強制処分を行うことができるか。他方、捜査機関から強制処分を受けた者は、自身の適法な権利を守るために、どのような方法をとることができるだろうか。

3　基本概念の解説

捜査機関は、犯罪に関する証拠を収集するために、法定の要件を満たし、法定の手続に従うことを前提として、被告人および被疑者に対し、勾引、逮捕、住居制限、出国制限、勾留等の強制処分を行うことができる。法定の要件は、主として、処分事由の存在（被疑者または被告人に罪証隠滅または逃亡のおそれがあること）、および処分の必要性の存在（強制処分によって被疑者または被告

348

人の罪証隠滅または逃亡を防止する必要があること）があげられる。

人身の自由を制限する強制処分のうち最も重要なものは、勾留や住居制限、出国制限といった、人身の自由を長期間制限できる処分である。特に、人身の自由を最も厳しく制限する勾留については、現行の刑事訴訟法の規定によれば、検察官は裁判所に申立てを行う必要があり、裁判所は、検察・弁護側双方の意見を聞き、法定の要件を満たすかを審査した後に限って、勾留を許可するかどうかを決定できる。

4 事案の検討

Aは空港で逮捕されているが、これは、Aがすでに指名手配を受けていたことを意味している。そして、Aが空港で逮捕された後、警察は、Aを取り調べるため、Aを直ちに当該事件の担当検察官のところへ移送した。この場合、Aは、法に基づき、自身の弁護人となる弁護士の選任を請求することができる。また、Aは、弁護人が現場に到着するまで、取調べを拒むことができる。そのうえ、Aと弁護人には、弁護人が到場後1時間の面談の時間が与えられる。そのほか、Aが選任した弁護人は、その後のAの取調べに立ち会うこともできる。

検察官は、Aを取り調べた後、Aに逃亡、罪証隠滅または共犯者との口裏合わせをするおそれがあり、勾留の必要があると認めたときは、裁判所に関係する証拠を提出して、勾留を申し立てることができる。この場合、Aの弁護人は、関係する証拠を閲覧するとともに、検察官の主張に反論することができる。

具体的な事件の状況によっては、検察官は勾留の申立てをせず、住居制限処分や出国制限処分等によって被告人の身柄確保という目的を達成しようとする可能性もある。また、検察官が勾留の申立てを行った場合であっても、裁判所が出国制限または住居制限によって目的を達成することができると判断し、出国制限処分または住居制限処分で代替することも考えられる。その

第5章　第2節　刑事訴訟手続

うえ、仮にＡが検察官または裁判官から出国を制限された場合でも、Ａは、事後的に証拠を提出し、自身に逃亡のおそれがないこと、または出国制限処分に必要性がないことを証明したときには、検察官または裁判所に他の方法（たとえば保釈金の納付）で代替するよう請求することができる。

III 緩起訴

1 事案

　乙社は、日本の甲グループの台湾における現地法人である。乙社の総経理であるAは、乙社の資金を使用して自身の日用品を購入した疑いにより、横領罪等の容疑で台北地方検察署の捜査を受けた。担当検察官は、Aに対し、Aの犯行は証拠上明確であり公訴すべきではあるが、もしもAが罪を認めるなら緩起訴処分とすることを考慮してもよいと話した。

2 法的ポイント

「緩起訴」とは何か。Aはどのように対応すべきだろうか。

3 基本概念の解説

(1) 緩起訴の意義

　被告人が犯した罪が重罪ではない場合、検察官は、被告人の犯行の軽重、被害者の損害、公共の利益等の考慮すべき要素を比較衡量したうえで、被告人を緩起訴処分とし、当該事件を直接終結させることができる。

(2) 緩起訴処分のポイント

　通常、緩起訴処分は、被告人が罪を認めており、被害者も被告人が罪を認めたことを受け入れていることを前提としている。それゆえ、実際に被害者がいる事件で緩起訴を得るためには、通常は事前に示談が成立していることが必要となる。

　緩起訴は、不起訴とは異なる。緩起訴処分を受けた被告人が、緩起訴の期間中（1年〜3年）に故意に他の罪を犯したときは、検察官は、緩起訴となっ

第5章　第2節　刑事訴訟手続

た前罪の刑事責任についても、新たな犯罪の刑事責任とともに追及すること
ができる。

　緩起訴処分には一定の行為義務が伴うことが一般的である（この点が日本
法の「起訴猶予処分」との大きな相違点である）。たとえば、被告人が被害者に
謝罪もしくは賠償を行うこと、または国家もしくは国家が指定した公益団体
に一定の金銭の支払いや社会奉仕活動をすること等が緩起訴処分によって義
務づけられる。

4　事案の検討

　緩起訴処分を得ることができれば、刑事事件の手続は捜査段階で終結し、
被告人は公判手続に時間と労力を費やす必要がなくなる。また、捜査は非公
開で行われるため、被告人は、事件が公訴され自身がかかわった刑事事件の
状況が公開されることを防止できる。そこで、Aの犯行が証拠上確実に明確
であり、公訴後に無罪判決が得られる可能性が低い場合には、罪を認めて緩
起訴処分を受けることも有力な選択肢となる。もちろん、Aに罪を認める義
務はないから、Aは、緩起訴処分を受けず、捜査段階からその後の裁判所の
公判手続にかけて一貫して無罪を主張し、法廷活動によって自身の権利を守
ることを選択することもできる。

352

Ⅳ　告訴と自訴

1　事　案

　　乙社は、日本の甲グループの台湾における現地法人である。乙社の総経理であるＡには、インターネット上に「乙社の元社員のＢは、乙社の営業秘密を盗んで乙社のライバル企業に漏洩した」という虚偽の内容を投稿した疑いがある。ＢがＡの刑事責任を追及するには、どのような方法があるのだろうか。

2　法的ポイント

犯罪被害者が犯罪行為者の刑事責任を追及するには、どのような方法があるか。告訴と自訴の違いは何か。

3　基本概念の解説

　犯罪被害者が犯罪行為者の刑事責任を追及する方法には、「告訴」と「自訴」の2種類がある。「告訴」とは、被害者が捜査機関（検察官、警察等）に犯罪の事実を申告し、犯罪行為者の責任の追及を求める意思表示をすることである。一方、「自訴」とは、被害者が直接裁判所に刑事訴訟を提起して、被告人に有罪の判決を下すよう裁判所に請求することをいう。

　捜査機関は、被害者の告訴を受理した後、原則として調査を開始し、証拠を収集して被告人が有罪か否かを判断する。告訴の長所は、捜査機関は強大な公権力をもっており、捜索、差押え、呼出し等の強制的な手段を用いて証拠を収集できることである。しかし、捜査機関は日々大量の事件を受理しており、捜査の進捗が比較的遅いこともある。このような場合、告訴人が有効

第5章　第2節　刑事訴訟手続

かつ直接的に調査を進めるよう捜査機関を促す方法は存在しない。

　一方、自訴は、捜査段階を経ることなく、被害者が直接裁判所に起訴する手続である。被害者が自ら起訴することから、被害者は手続の進捗を自ら掌握することができる。しかし、被害者は公権力をもたないため、自らの力だけで証拠を収集する必要がある。それゆえ、被害者が自訴によって犯罪行為者の責任を追及するのは、一般人でも簡単に有罪の証拠を獲得できる事件（たとえば、名誉に対する罪に係る事件の一部）が多い。

4　事案の検討

　Aが匿名で虚偽の内容を投稿しBを攻撃しているのであれば、Bが投稿者を特定するのは容易ではない。この場合、Bが捜査機関に告訴を提起し、捜査機関の調査によって発言者を特定するほうがより効果的である可能性が高い。反対に、Aが実名で投稿しており、Bが当該投稿を確実な方法で保存している場合には、Bは直接裁判所に自訴を提起することも検討できる。なお、法令の規定により、Bは、自訴を提起するときには、必ず弁護士に委任しなければならない。

第5章 第3節 行政訴訟手続

第3節 行政訴訟手続

1 はじめに

行政訴訟手続は、行政行為に対する救済手続である。行政訴訟法の規定によれば、行政訴訟の類型には、主に取消訴訟、義務付け訴訟、確認訴訟および一般給付訴訟の4つの種類がある。以下では、企業が比較的かかわることの多い取消訴訟および義務付け訴訟について紹介する。

2 取消訴訟

(1) 適用対象

取消訴訟は、行政機関が行った「不利益処分」の取消しを求めて提起される訴訟類型である。たとえば、行政機関が会社に過料を科した場合または行政処分によって会社に一定の行為を命じた場合において、会社が当該行政処分の内容を不服とするときは、取消訴訟を提起して救済を求めることになる。

(2) 訴願前置主義

取消訴訟の特色の1つとして、取消訴訟は、原則として提訴をする前に訴願手続（審査請求に類似する手続）を行う必要があり、訴願の結果にも不服がある場合に限って提起することができる点があげられる。これを「訴願前置主義」という。また、「訴願前置主義」に基づいて行われる行政救済手続は、行政訴訟の「通常の救済手続」と呼ばれている。

(3) 期間制限

不利益処分については、原則として行政処分書を受領した日の翌日から30日以内に訴願を申し立てなければならない（なお、訴願の審査機関は、原則として原処分機関の直属の上級機関である）。これに対し、自己に不利な訴願決定が下された場合、訴願決定書を受領した日の翌日から2カ月以内であれば、

355

第5章　第3節　行政訴訟手続

行政訴訟を提起することができる。

3　義務付け訴訟

(1)　適用対象

　義務付け訴訟は、行政機関に申請した案件が拒否された場合の救済手続である。たとえば、会社が行政機関に使用ライセンスの発行を申請したところ、行政機関がこれを却下したとする。この場合において、会社が当該却下を不服とするときは、義務付け訴訟を提起し、法律に基づき使用ライセンスの発行を許可する行政処分をするよう行政機関に対して命じることを、裁判所に請求することになる。

(2)　訴願前置主義

　訴願前置主義は、義務付け訴訟にも適用される。すなわち、行政機関が申請を拒否する行政処分をした場合、先に訴願手続を経なければ、義務付け訴訟を提起することはできない。なお、行政機関が申請に対して許可も却下もせず、単に放置しているケースもある。このような場合、行政処分は存在しないものの、行政機関が申請を受領した日から2カ月を経過してもなお許可や却下等の決定を行わないときは、直接訴願によって救済を申し立てることができる。

4　特殊な救済手続

　上述した、先に訴願手続を行う必要があるものを「通常の救済手続」と称している。これに対し、法律の特別な規定によって、それらとは異なる救済手続が定められている場合もある。これは「特殊な救済手続」と呼ばれており、主に以下の3つの類型に区分することができる。

①　行政処分に対して直接行政訴訟を提起することができ、先に訴願手続を経る必要がないもの（例：公平交易法の事件）

②　訴願手続に相当する他の救済手続を経る必要があるもの（例：政府調

356

達事件における申立手続）

③　訴願手続の前に経るべき法定の救済手続がさらに設けられており、先に当該法定の救済手続を行ったうえで、その結果に不服がある場合に限り、訴願手続を行うことができるもの（例：税関密輸取締条例の事件）。すなわち、通常の救済手続で行われる訴願手続よりも前に、さらに前置すべき手続が定められているのである。

法定された手続に従って救済手続の申立て等を行わない場合には、提起した行政訴訟は、裁判所から手続が不適法であると認定され、決定で却下されることになる。したがって、会社としては、行政処分の根拠となった法律にどの種類の救済手続が適用されるのか、特に注意を払う必要がある。

〈図5-1〉　行政救済手続

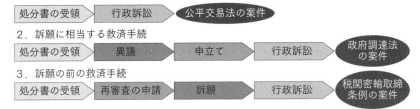

第5章　第3節　行政訴訟手続

I　意見陳述

1　事　案

　　甲社は、所在する県市政府の環境保護局から通知書を受け取った。通知書の内容は、甲社が所有する空地に山積みになっている廃棄物について意見を陳述するよう要求するものであった。しかし、甲社は、当該空地にある当該廃棄物は自社が置いたものではなく、他人が投棄したものであるため、自社とは無関係だと考えた。そこで、甲社は、環境保護局の通知書を放置することにした。その後、甲社は過料の処分書を受領した。甲社はどのように救済を申し立てるべきなのだろうか。

2　法的ポイント

　行政機関から意見の陳述を求められた場合、どのように対応すべきか。行政処分を受けた後、どのように救済を申し立てるべきか。

3　基本概念の解説

⑴　意見陳述

　意見陳述は、行政機関による侵害的処分（たとえば、過料等）の前段階に履践される手続であるため、放置すべきではない。

　行政手続法102条には、「行政機関は、すでに第39条の規定に基づいて処分の相手方に意見を陳述するよう通知した場合、又は聴聞の開催を決定した場合を除き、人民の自由又は権利を制限又は剝奪する行政処分を行う前に、当該処分の相手方に意見陳述の機会を与えなければならない」と規定されている。それゆえ、行政機関は侵害的処分を行う前に、法に従い意見陳述の機会

358

I 意見陳述

を与えなければならない。

すなわち、会社が行政機関から送付された意見陳述要求書を受領した場合、それは当該行政機関が会社について法令違反の疑いをもち、会社に対して一定の侵害的処分を行う可能性があることを意味している。そこで、このような場合、会社としては、事実を明らかにするために積極的に説明を行い、関係資料を提供すべきである。

(2) 訴願の申立て

過料処分を受けた後の救済は、訴願の申立てにより行う。

本節冒頭の解説で説明したように、通常の救済手続では、不利益処分を受けた場合、原則として行政処分書を受領した日の翌日から30日以内に訴願を申し立てなければならない（なお、通常は、行政処分書の文末に「法定の期間内に訴願を申し立てることができる」といった内容が記載されている）。それゆえ、会社が行政処分を受けたときは、処分書の受領日および訴願の申立期間の末日に特に注意すべきである。

特に、訴願期間はわずか30日間であり、訴願の機会を逃してしまうと、その後の行政訴訟の提起もできなくなり、救済を受ける可能性が失われてしまうことになる。そこで、訴願を申し立てる場合、訴願期間を徒過しないよう綿密に時間調整を行いながら、顧問弁護士と協議して訴願の準備を進める必要がある。

4 事案の検討

そもそも、甲社は、受領した意見陳述の通知書を放置すべきではなく、行政機関から侵害的処分を受けないよう、会社に有利な事実を積極的に主張立証したうえ、法の適用についても適時に意見を述べるべきであった。また、行政機関から制裁を受けた場合でも、救済の機会を失わないよう、法定の期限内に訴願を申し立てる必要がある。

359

第5章　第3節　行政訴訟手続

Ⅱ　行政指導

1　事　案

　甲社はウォーターサーバー用水の販売業者である。標準検査局は、飲用水の安全性を確保し消費者の信頼を高めるため、甲社および他の業者に対し、ウォーターサーバー用水の包装に水質検査報告の内容を記載するよう指導した。しかし、関連する法規には、かかる記載を行うことを義務付ける規定はない。

2　法的ポイント

　行政機関が業者に対して行う「指導」の法的性質は何か。また、業者は行政機関の「指導」に対してどのように対応すべきか。

3　基本概念の解説

　日本の行政機関は、行政手法の一種として「行政指導」（指導、勧告、助言その他の行為であって行政処分に該当しないもの）を頻繁に行っており、日本では、この行政指導は（法律上、法的効果がないとされているものの）企業に対して事実上の拘束力を有しているといえる。では、台湾の主務官庁は、日本と同様に行政指導を頻繁に行っているのだろうか。日本の企業が台湾に進出する場合、台湾の主務官庁による行政指導をどのように認識すべきだろうか。

　行政手続法165条の定義によれば、「行政指導」とは、行政機関がその職権または所掌事務の範囲において、一定の行政目的を実現するために指導、協力、勧告、助言またはその他法律上の強制力をもたない方法によって、特定の者に一定の作為または不作為の行為を求めることをいう。

360

対外的に一定の法的効果が発生し、かつ、執行力もある「行政処分」と比較すると、「行政指導」の最大の特色および要素は「法的な強制力がない」ということである。したがって、行政指導は分類上、行政法上の「事実行為」に分類される。また、行政機関が強制力のない手段を利用して一定の行政目的の推進を求める場合、行政機関と人民との間には「法律の拘束を受ける意思」が存在しない。このことから、行政指導を通じて形成される行政機関と人民との関係は「紳士協定」とも呼ばれている。

行政機関は、行政指導を利用して、法的な強制力を行使することなく人民と対話し、特定の事項についての行政機関の立場および懸念を人民に伝え、理解を求めることができる。また、人民の側も、行政指導を契機として、行政機関に説明を行い、要望を伝えることができる。双方が各自の要望や課題について議論し、執行の方向性についての共通認識を形成することで、行政手続の実施を加速できるだけでなく、将来的に公権力が介入して取締りや処罰を行うといった事態が生じる可能性を低減させ、効率的な行政を実現することもできる。

台湾においては、主務官庁は、行政処分または行政指導の実施について、法定の裁量の範囲内で、行政手法の選択の自由を有している。まだ確定的に法規に違反しているわけではないものの、法規違反の疑いがある事件では、主務官庁はまず事業者への行政指導の実施を選択することもある。

なお、行政指導には強制力がないため、これについて行政救済手続を申し立てる必要はなく、また、制度上、申し立てることもできない。

4 事案の検討

関連する法規の規定において、ウォーターサーバー用水の包装に水質検査報告の内容を記載することは義務付けられていないため、標準検査局が甲社に対して行った指導は、「行政指導」に該当する。すなわち、当該指導に法的拘束力はないため、甲社はこれを遵守する義務はない。

第5章　第3節　行政訴訟手続

　この場合、甲社としては、行政機関との友好的な関係を考慮して、行政機関と積極的に意思疎通を行い、受入れ可能な範囲内で当該行政指導に従うこともできる。

　他方で、甲社が当該行政指導に従うことはできないと評価し、当該行政指導に法的な根拠もなく、さらに当該行政機関が将来的に行政処分を選択する可能性も低い場合には、必ずしも当該行政指導に従う必要はない。この場合、標準検査局への回答書簡によって婉曲的に拒否するとともに、当該行政指導に従うことができない理由および甲社にとって当該行政指導にどのような疑念および難点があるのかなどを具体的に説明することが望ましい。

362

◙ 編者紹介・執筆者一覧 ◙

〔編者紹介〕

有澤法律事務所
（ありさわほうりつじむしょ）

有澤法律事務所は台湾の総合型法律事務所であり、コーポレート、外国企業の台湾投資、M＆A、労務および人事管理、不動産開発、エネルギー、独占禁止および公正取引、個人情報・データ保護、紛争解決などの分野において、クライアントである企業に対し、専門的かつ精緻で効率的な法律サービスを提供している。

劉志鵬弁護士と黄馨慧弁護士がリーダーを務める有澤法律事務所の日本チームは、25年以上にわたり、日本の各業界でトップに位置する大企業を含む日系企業600社以上のクライアントにサービスを提供してきた経験を有している。

台北市松山区民生東路3段109号16階

電話番号：+886-2-2712-9096　　FAX番号：+886-2-2712-9085

事務所ウェブサイト：https://stellexlaw.com/jp/index.html

〔執筆者一覧〕

劉　志鵬	黄　馨慧	劉　至芳	洪　維徳
荘　凱閔	林　致平	李　宗霖	黄　　傑
陳　重安	簡　見安	方　瑋晨	黄　麗嬪
林　廷翰	廖　國翔	陳　健豪	李　有容
黄　亭妤	廖　福正	頼　怡欣	林　佩瑩
戴　丞偉	島村朋恵		

〔編者紹介〕

虎門中央法律事務所
（とらのもんちゅうおうほうりつじむしょ）

　虎門中央法律事務所は創設以来、一貫して、自己責任・自己判断の時代における最先端の法律事務所として、企業法務・金融法務を中心に、企業危機管理および企業コンプライアンスの確立に努めるとともに、「経済の法務パートナー」として、幅広い法務サービスを提供する総合法律事務所である。

〒105-0001　東京都港区虎ノ門一丁目1番18号
　　　　　　ヒューリック虎ノ門ビル（受付4階）

電話番号：03-3591-3281㈹　　FAX番号：03-3591-3086

事務所ウェブサイト：https://www.torachu.com/

〔執筆者一覧〕

今井　和男	有賀　隆之	台　　庸子	荒井　隆男
塗師　純子	小倉　慎一	鈴木　隆弘	望月　崇司
船木　久義	山下　大輝	佐藤　　慶	笹本　花生
韓　　光洋	村上　智哉		

台湾進出企業の法務・コンプライアンス
──設立・運営から紛争解決手続・撤退まで──

2024年11月2日　第1刷発行

編　者　有澤法律事務所
　　　　虎門中央法律事務所
発　行　株式会社　民事法研究会
印　刷　株式会社　太平印刷社

発行所　株式会社　民事法研究会
　　　　〒150-0013　東京都渋谷区恵比寿3-7-16
　　　　〔営業〕TEL 03（5798）7257　FAX 03（5798）7258
　　　　〔編集〕TEL 03（5798）7277　FAX 03（5798）7278
　　　　http://www.minjiho.com/　　info@minjiho.com

組版／民事法研究会
落丁・乱丁はおとりかえします。　　　　ISBN978-4-86556-650-5

企業進出・事業展開の予測可能性を高める！

マレーシア法務
― 外資規制、許認可、労務、税務から
紛争対応までの完全ガイドブック ―

ＴＮＹグループ 編

堤　雄史・永田貴久・荻原星治・西谷春平　著

Ａ５判・444頁・定価 4,950 円（本体 4,500 円＋税 10％）

▶有望な投資先として注目されるマレーシアに拠点を有し、多数の法務案件を取り扱う弁護士グループが、多種多様な事業の法規制対応を、法令・裁判例や担当官庁への調査に基づいて徹底解説！

▶今後の日本企業のマレーシア進出の促進およびマレーシアにおける円滑な事業運営のために、民間企業のニーズの高い分野について正確な情報を収録したガイドブック！

▶企業経営者・法務担当者、各種専門家・実務家にとって垂涎の書！

本書の主要内容

第1章	概　況
第2章	進出形態と法人設立
第3章	会社の運営等
第4章	事業参入と外資規制
第5章	不動産の取得
第6章	労働者の雇用
第7章	知的財産の登録・保護
第8章	紛争解決
第9章	税　務
第10章	競争法上の規制
第11章	汚職に関する規制
第12章	ラブアン法人・財団の設立
第13章	個人情報の保護
第14章	景品・広告に関する規制
第15章	その他の規制

ドローン／中古品の販売・輸入／ＥＣプラットフォーム事業／ブランド品の並行輸入・二重価格／整体・マッサージ／セントラルキッチン／太陽光発電／浄水器の販売等

HPの商品紹介は
こちらから→

発行　民事法研究会

〒150-0013　東京都渋谷区恵比寿 3-7-16
（営業）TEL. 03-5798-7257　FAX. 03-5798-7258
http://www.minjiho.com/　info@minjiho.com

企業進出・事業展開の予測可能性を高める！

メキシコ法務
―外資規制、許認可、労務、税務から
紛争対応までの完全ガイドブック―

TNYグループ 編

堤 雄史・永田貴久・津村亜希子 著

A 5 判・362 頁・定価 4,840 円（本体 4,400 円＋税 10％）

▶有望な投資先として注目されるメキシコに拠点を有し、多数の法務案件を取り扱う弁護士グループが、多種多様な事業の法規制対応を、法令・裁判例や担当官庁への調査に基づいて徹底解説！

▶世界最大の経済大国である米国と国境を接している地理的優位性に加え、製造業に欠かせない鉱物資源も豊富な一方で、文化や法制度が日本と大きく異なり、不安材料もあるメキシコ法制度への対応について、多数のメキシコ法務案件を取り扱った経験を活かして、ビジネスに関する法制度および実務上の留意点等について概説！

▶日本企業がメキシコで新規事業を開始するにあたり、メキシコでの新規事業の容易性や可能性を予測することを可能とし、メキシコ進出の促進およびメキシコにおける円滑な事業運営のために、民間企業のニーズの高い分野について正確な情報を収録したガイドブック！

▶企業経営者・法務担当者、各種専門家・実務家にとって垂涎の書！

本書の主要内容

第 1 章　概　況
第 2 章　進出形態と法人設立
第 3 章　会社の運営等
第 4 章　事業参入と外資規制
第 5 章　不動産の取得
第 6 章　労働者の雇用
第 7 章　知的財産の登録・保護
第 8 章　紛争解決
第 9 章　税　務
第 10 章　競争法上の規制
第 11 章　汚職に関する規制
第 12 章　個人情報の保護
第 13 章　広告に関する規制

HPの商品紹介は
こちらから→

発行　民事法研究会

〒150-0013　東京都渋谷区恵比寿 3-7-16
（営業）TEL. 03-5798-7257　FAX. 03-5798-7258
http://www.minjiho.com/　info@minjiho.com

海外展開する企業の不祥事や災害・感染症などのリスク対策充実のために！

日本企業の海外拠点における
リスク対策の革新と実践

公認内部監査人（CIA）・社会保険労務士　白石　斉　著

A 5 判・240 頁・定価 2,750 円（本体 2,500 円＋税 10％）

▶海外展開する企業において、企業本体（本社）と海外拠点のリスク対策、人事配置、教育・指導に悩む監査・人事担当者や弁護士はもちろん、経営者のための実践的手引！

▶2 つの Eff（Efficiency〔効率性〕と Effectiveness〔有効性〕）、3 階建ての規範/ルール、4 ステップのサイクル活動による〔2-3-4メソッド〕を提唱し、企業本体（本社）と海外拠点の役割分担を整理したうえで、コストパフォーマンスの高い、実効性のあるコンプライアンス体制構築と BCP（事業継続計画）策定を実践！

▶第 1 部では、日本企業の海外進出におけるリスク対策の概要を示し、第 2 部では、企業グループ全体でのコンプライアンス体制の構築、第 3 部では、BCP の策定と運用方法を取り上げ、第 4 部では、著者提唱の〔2-3-4メソッド〕の可能性と限界を鋭く考察！

本書の主要内容

第 1 部　日本企業の海外拠点におけるリスク対策

第 2 部　コンプライアンス体制の構築と実践
- 第 1 章　コンプライアンス体制の構築にあたって
- 第 2 章　コンプライアンス活動の方式
- 第 3 章　3 階建て規範/ルール方式によるコンプライアンス活動
- 第 4 章　4 ステップで進めるコンプライアンス活動

第 3 部　BCP の策定と実践
- 第 1 章　BCP の策定にあたって
- 第 2 章　従来方式の BCP とこれから
- 第 3 章　3 階建て方式による BCP
- 第 4 章　4 ステップで進める BCP の策定

第 4 部　〔2-3-4メソッド〕の可能性と限界を知る

HPの商品紹介はこちらから↓

発行　民事法研究会

〒150-0013　東京都渋谷区恵比寿 3-7-16
（営業）TEL. 03-5798-7257　FAX. 03-5798-7258
http://www.minjiho.com/　info@minjiho.com

最新実務に必携の手引

実務に即対応できる好評実務書！

2024年5月刊 緊急事態への対応と再発防止策がわかる関係者必携の書！

製品事故・企業不祥事対応実務マニュアル
――実例からみた防止策・初動対応から信頼回復まで――

企業が事故・不祥事発生を未然に防止するための観点から関係法令を幅広く概観し、リスクの早期発見・回避ができる企業運営や、万が一緊急事態が発生した場合の対応とともに、主に消費者からの信頼回復を図るための方策を詳解！

山崎良太・川端健太・金山貴昭・中田光彦 編著

（Ａ５判・456頁・定価 4,950円（本体 4,500円＋税10%））

2022年8月刊 内部通報制度が有効に機能するための設計・導入・運用上の基本事項、留意点をわかりやすく解説！

内部通報・内部告発対応実務マニュアル〔第2版〕
――リスク管理体制の構築と人事労務対応策Ｑ＆Ａ――

第2版では「通報者・通報対象事実の拡大」「通報者の保護要件の緩和」「内部公益通報対応体制の義務付け」等がなされた2022年6月施行の改正公益通報者保護法とそれに伴い策定された指針等に対応して改訂増補！

阿部・井窪・片山法律事務所　石嵜・山中総合法律事務所　編

（Ａ５判・325頁・定価 3,630円（本体 3,300円＋税10%））

2021年4月刊 会計不正の予防・早期発見と対策をＱ＆Ａ方式で詳解する実践的手引書！

会計不正のリスク管理実務マニュアル
――予防・早期発見の具体策から発覚後の対応まで――

会計不正に関する防止方法・発見方法・発覚後の社内調査や責任の明確化、経営を守るための対応策などの事後処理を具体的に詳解するとともに、実際に発生した事件を題材にして、不正の発生原因を分析し、対策のノウハウを詳細に明示！

樋口　達・山内宏光・岡村憲一郎　著

（Ａ５判・356頁・定価 4,180円（本体 3,800円＋税10%））

2021年11月刊 広範なリスクを網羅し、豊富な書式・記載例とともに詳解！

法務リスク・コンプライアンスリスク管理実務マニュアル〔第2版〕
――基礎から緊急対応までの実務と書式――

会社法、個人情報保護法、働き方改革関連法、独占禁止法、公益通報者保護法などの法改正、裁判例やＥＳＧ投資などの最新の実務動向等も踏まえて改訂！　企業リスク管理を「法務」「コンプライアンス」双方の視点から複合的に分析・解説！

阿部・井窪・片山法律事務所　編

（Ａ５判・730頁・定価 7,700円（本体 7,000円＋税10%））

発行　**民事法研究会**

〒150-0013　東京都渋谷区恵比寿 3-7-16
（営業）TEL. 03-5798-7257　　FAX. 03-5798-7258
http://www.minjiho.com/　　info@minjiho.com

最新実務に必携の手引

― 実務に即対応できる好評実務書！ ―

2024年9月刊 新制度をより精緻に、利用者目線で語る！

所有者不明土地解消・活用のレシピ〔第2版〕
―民法・不動産登記法・相続土地国庫帰属法の徹底利用術―

第2版では、改正法施行後に実際に使用されている書式の記載例や実務の運用を詳解するとともに、相続土地国庫帰属に関する章（第8章）を新設し、承認申請の手続の流れと留意点、利用者の関心事である「却下事由」「不承認事由」「負担金」の考え方について精緻に解説！

中里　功・神谷忠勝・倉田和宏・内納隆治　著

（Ａ５判・581頁・定価　6,380円（本体　5,800円＋税10％））

2024年9月刊 消費者の立場に立った解説で保険法の全体像をつかむ！

消費者のための保険法ガイドブック

保険にかかわる法令・判例・学説を、消費者側の視点から解説するとともに、法律実務家・消費生活相談員による事件対応の指針を明示！　解説する内容について重要だと考えられる判例を豊富に紹介したほか、図表を豊富に用いることで重要事項を視覚的に理解できる！

今川嘉文・内橋一郎　編著

（Ａ５判・379頁・定価　4,290円（本体　3,900円＋税10％））

2024年8月刊 この１冊でメンタルヘルス不調者対応の「出口」が見えてくる！

職場におけるメンタルヘルス不調対策の実務と書式
―未然防止・不調の気付き・休職・復職への対処法―

社員のメンタル不調の気付き、初動対応、休職させるための手続、休職中の賃金・連絡、社会保険料の請求、復職判断やリハビリ勤務など予備知識なしでは厳しいメンタル不調者への対応をわかりやすく解説！　令和５年「心理的負荷による精神障害の認定基準」に準拠！

根本法律事務所　編

（Ａ５判・250頁・定価　2,970円（本体　2,700円＋税10％））

2024年6月刊 組織を効率的に運用するための管理職対策を法律専門家が詳らかに解説！

Q&A現代型問題管理職対策の手引
―組織強化と生産性向上のための実務指針を明示―

能力不足や各種パワハラ行為を行う問題管理職への対応をＱ＆Ａ方式で解説！　厚生労働省から公表されたパワハラ防止指針に基づく管理職に求められる対応や、ワーク・ライフ・バランスを重視した働き方など、職場環境の変化に対応するための実務指針を明示！

弁護士法人　髙井・岡芹法律事務所　編

（Ａ５判・315頁・定価　3,960円（本体　3,600円＋税10％））

発行　民事法研究会

〒150-0013　東京都渋谷区恵比寿 3-7-16
（営業）TEL. 03-5798-7257　　FAX. 03-5798-7258
http://www.minjiho.com/　　info@minjiho.com